Bücherei des Marxismus-Leninismus

Franz Mehring

—

Zur Geschichte Preußens

Dietz Verlag Berlin
1987

Der Ausgabe liegen folgende Editionsprinzipien zugrunde: Rechtschreibung und Zeichensetzung sind, soweit vertretbar, modernisiert. Allgemein übliche Abkürzungen wurden beibehalten. Alle in eckigen Klammern stehenden Wörter und Wortteile stammen von der Redaktion. Offensichtliche Druck- oder Schreibfehler wurden stillschweigend korrigiert. Fußnoten von Mehring sind durch hochgestellte Ziffern mit Stern gekennzeichnet. Auf Anmerkungen der Redaktion wird durch hochgestellte Ziffern in eckigen Klammern verwiesen. Für Hinweise auf Karl Marx/Friedrich Engels: Werke, Berlin 1956 ff., wird das Sigle MEW verwendet.

Der Verlag

Mit einem Nachwort von Heinz Helmert

Mehring, Franz: Zur Geschichte Preußens /
Franz Mehring. Mit e. Nachw. von Heinz Helmert. –
3. Aufl. – Berlin : Dietz Verl., 1987. – 315 S.
(Bücherei des Marxismus-Leninismus)

ISBN 3-320-00816-1

3. Auflage 1987
© Dietz Verlag Berlin 1981, 1984
Lizenznummer 1
LSV 0269
Typographie: Horst Kinkel
Reihenentwurf: Gerhard Schmidt
Umschlag: Hildur Bernitz
Printed in the German Democratic Republic
Fotosatz: Druckerei Neues Deutschland Berlin
Druck- und Bindearbeit:
LVZ-Druckerei »Hermann Duncker«, Leipzig
Best.-Nr. 737 413 0

00350

Die Anfänge
des preußischen Staats

1914

Der Verlauf des offiziellen Jubeljahres 1913 hat mannigfache
Gelegenheit geboten, das historische Wesen des preußischen
Staats zu beleuchten und die Köpfe der Arbeiterklasse immun
zu machen gegen alle borussischen Geschichtsfälschungen der
herrschenden Klassen. Auch sonst ist über alle wichtigen Pe-
rioden der preußischen Geschichte manches klare Licht ver-
breitet worden, bis etwa auf ihre Anfänge, auf die Zeit bis
zum Westfälischen Frieden von 1648, von dem ab die sozusagen moderne Geschichte dieses absonderlichen Gemeinwesens mit der Einführung eines stehenden Heeres und ständiger Steuern beginnt.

Nun kann man freilich nicht behaupten, daß die preußische
Geschichte bis zum Abschluß des Dreißigjährigen Krieges ein
besonders reizvolles Kapitel darstelle. Im Gegenteil: Wie die
Geschichte aller deutschen Einzelstaaten, die sich seit der
beginnenden Auflösung des Heiligen Römischen Reiches
Deutscher Nation entwickelten, ist sie sehr langweilig zu
lesen, und wer sie nicht kennt, braucht um diese Lücke seines
Wissens nicht zu trauern. Aber solange der preußische Alp auf
dem deutschen Volke lastet, hat sie immerhin ihr bescheidenes
Interesse, namentlich soweit es sich um die Fäden handelt, die
sich von ihr in die Gegenwart hinübergesponnen haben.

Das hat die offizielle Gelehrsamkeit von ihrem Standpunkt
aus sehr wohl begriffen, und der Generaldirektor der preußischen Staatsarchive, Herr Reinhold Koser, veröffentlicht
eben — als ersten Band einer Geschichte der brandenburgisch-
preußischen Politik — eine »Geschichte der brandenburgischen
Politik bis zum Westfälischen Frieden von 1648« (Stuttgart und
Berlin 1913, J. G. Cottasche Buchhandlung Nachf.). Herr Koser

hat als Biograph des alten Fritz eine leidliche Unbefangenheit gezeigt, und so mochte er wohl der Berufenste sein oder sich für den Berufensten halten, eine patriotische Aufgabe zu lösen, an der sich seine Vorgänger Ranke und Droysen vergeblich abgearbeitet hatten.

Was er selbst als sein Ziel angibt — in dem Satze: »Gerade die brandenburgisch-preußische Geschichte erhärtet in ihren Wandlungen die Bedeutung der Persönlichkeit im historischen Leben, trotz der gegenteiligen Behauptungen einer materialistischen Geschichtsauffassung« —, hat Herr Koser allerdings nicht erreicht. Wir haben uns hier nicht mit dem abgetragenen Irrtum zu befassen, als ob die materialistische Geschichtsauffassung die Bedeutung der Persönlichkeit im historischen Leben verkenne; wann hätte diese Geschichtsauffassung je bestritten, daß ein Lassalle oder ein Marx für die historische Entwicklung unendlich viel mehr bedeuten als sämtliche Hohenzollern, die je gelebt haben? Allein wenn man auch von dieser grundsätzlichen Seite der Sache absieht, so lohnt es sich auch kaum, über den konkreten Fall viele Worte zu verlieren. Hat man die 500 Seiten des Herrn Koser mit allem Eifer durchschmarutzt, so begreift man erst recht nicht, welche Bedeutung das Dutzend hohenzollernscher Kurfürsten für das historische Leben gehabt haben soll; höchstens zwei oder drei von ihnen erreichen das Durchschnittsmaß normaler Menschen, während ihre Mehrzahl sei es nach ihrem Charakter oder sei es nach ihrem Verstand tief darunter bleibt.

In diesem Punkte ist also die Darstellung des Herrn Koser gänzlich verfehlt, allein es liegt uns sehr ferne, aus seinem Scheitern antimonarchisches Kapital zu schlagen. Die Hohenzollern seit 1648 bieten der schärfsten Kritik einen so ausgiebigen und sozusagen unerschöpflichen Stoff, daß man gar kein Verlangen danach zu tragen braucht, ihre hochseligen Vorfahren von vor 1648 ans Licht des Tages zu beschwören. Um so weniger, als sie im Grunde nicht besser und nicht schlechter waren als die deutschen Fürsten des fünfzehnten, sechzehnten und siebzehnten Jahrhunderts überhaupt.

Bei alledem aber enthält die Darstellung des Herrn Koser viel lehrreiches Nebenwerk. Er beherrscht vollkommen das urkundliche Material in all seiner Weitschichtigkeit, und seine Bewunderung der Hohenzollernherrlichkeit geht nicht so weit, um den Tatsachen selbst Gewalt anzutun. Er sieht sie in seiner Weise, aber er färbt sie nicht, geschweige denn, daß er sie fälscht, und so läßt sich aus seinem Werke immerhin ein Bild von den Anfängen des preußischen Staates gewinnen, das an dieser Stelle natürlich nur in einer flüchtigen Skizze nachgezeichnet werden kann.

I

Will man einmal in der patriotischen Sprache reden, die die geschichtliche Entwicklung an die Taten der Fürsten knüpft, so sind nicht die Hohenzollern, sondern die Askanier die Gründer der Mark Brandenburg gewesen. Nachdem das blutige Ringen zwischen Germanen und Slawen fast ein halbes Jahrhundert gewährt hatte, faßte Albrecht der Bär, dem das Land vom Kaiser im Jahre 1123 überwiesen wurde, endlich festen Fuß auf dem von Blut überschwemmten Boden zwischen Elbe und Oder.

Herr Koser ist aber selbst so verständig, den endlichen Erfolg nach so vielen Mißerfolgen nicht den besonderen Fähigkeiten jenes Albrecht zuzuschreiben, sondern dem Umstand, daß die — oft gelungene — Eroberung des Schwertes diesmal durch den Nachschub von Ansiedlern gestärkt wurde. »Als die Bevölkerung Deutschlands so gewachsen war, daß die alte Heimat sie nicht mehr bergen und nicht mehr ernähren konnte, da ergoß sich in das Neuland aus allen norddeutschen Gauen dieser breite Strom bäuerlicher Ansiedler, der den germanischen Charakter der Mark Brandenburg für immer so fest entschieden hat, wie es die Einwanderung des Ritters und des Kaufmanns für sich allein nicht vermocht hätte. Als der Strom am mächtigsten floß, in der ersten Hälfte des zweiten

Jahrhunderts askanischer Herrschaft, entstand neben immer neuen deutschen Dörfern auch die Masse der märkischen Städte; als der Strom dünner wurde, da haben auch die Grenzen der Mark sich nicht weiter vorgeschoben.« An alledem aber war die landesväterliche Weisheit Albrechts des Bären und seiner Nachfolger offenbar ganz unschuldig.

In anderer Weise schlägt die historische Wahrheitsliebe des Herrn Koser seinem hohenzollernschen Idealismus ein arges Schnippchen, indem er nachweist, daß die Grundzüge der brandenburgischen Politik schon von den Askaniern gelegt worden sind und nicht erst von den Hohenzollern. »Das von ihnen in Anspruch genommene Pommern, die Provinz, die der Vereinigung mit Brandenburg von allen am heftigsten widerstrebt hat, ist ganz erst im Jahre 1815 in den preußischen Staatsverband aufgenommen worden, auch die Lausitzen, die das askanische Haus schon besessen hat, auch Danzig, das sie zweimal erobert und zweimal verloren haben. Denn auch die Richtung auf die See war ihnen schon eigen und ist ein askanisches Erbe. Die politischen Überlieferungen der ersten Dynastie bleiben die Richtschnur für ihre Nachfolger.« Nun also! Natürlich haben auch die Askanier keine Politik aus freier Faust getrieben; namentlich ihr unablässiges Drängen an die See war ihnen durch die ökonomischen Lebensbedingungen der Mark Brandenburg vorgeschrieben. Aber sie haben zuerst das Muster der brandenburgischen Politik entworfen, das die Hohenzollern nur nachgeahmt und oft genug nur nachgestümpert haben.

In etwa zweihundert Jahren — von 1123, wo Albrecht der Bär die Mark Brandenburg erhielt, bis 1319, wo das Geschlecht mit dem Markgrafen Waldemar ausstarb — haben die Askanier eine ganz ansehnliche Herrschaft aufgerichtet. Sie errangen die Würde als des Reiches Kämmerer und traten dadurch in die erste Reihe der deutschen Fürsten, der sieben Kurfürsten, denen das Recht der Kaiserwahl zustand; ihr Landbesitz erstreckte sich von der hinterpommerschen Ostseeküste bis in die Lausitz und an die Ufer der Elbe, wo Dresden und Torgau ihnen gehörten. Sie besaßen die Lehnshoheit über Mecklenburg und Pommern und wußten den Dänen die Herrschaft über die Südküsten der Ostsee zu entreißen.

Jedoch war diese äußere Herrlichkeit nur das Spiegelbild eines inneren Verfalles, wie auch Herr Koser anerkennt. Ihrem Wesen nach war die Markgrafschaft erobertes Feindesland unter militärischem Befehl; der Markgraf war die höchste und einzige Obrigkeit, oberster Richter, oberster Kriegsherr, Obereigentümer von Grund und Boden, aber immerhin: Er verwaltete nur ein Amt, das ihm Kaiser und Reich übertragen hatten. Jedoch die Erblichkeit des Amtes hat die unter gleichen Umständen immer wiederkehrende Tendenz, es zu einem nutzbaren Besitz zu machen, eine Tendenz, die sich mit dem Verfall der Reichsverfassung um so stärker auswuchs; »die Summe der markgräflichen Amtsgewalt wurde zu landesherrlichen Attributen der Markgrafen« (Droysen).

Ein ganz ähnlicher Prozeß vollzog sich nun auch unter der »Mannschaft«, den Rittern, die das Heer bildeten, durch das die Markgrafen das Land erobert hatten und besetzt hielten. An und für sich bildete in einer Militärkolonie, wie die Mark Brandenburg war, die Rücksicht auf den Krieg die Grundlage aller Besitzverhältnisse; alle Grundstücke waren für diesen Zweck pflichtig; es wurde für sie gezinst oder Lehndienst geleistet. Diesen Lehndienst versahen die unfreien Ministerialen, die Kriegsmacht der Markgrafen; ihre Bestimmung war der Kriegsdienst und keineswegs der Ackerbau; das Lehngut sollte die Mannschaft unterhalten, und nur so viele Hufen sollten zinsfrei sein, als zur Erhaltung der lehnmäßigen Ausrüstung nötig wären; im Jahre 1280 wurde festgesetzt, daß der Ritter sechs, der Knappe vier Hufen unter dem Pfluge frei haben solle, aber für jede Hufe darüber zinsen müsse. Allein auch diese wackeren Kriegsknechte, die Urahnen der heutigen Junker, ursprünglich, wie gesagt, unfreie Leute, wußten aus ihrem Amte einen nutzbaren Besitz zu machen; bereits hundert Jahre später, in dem märkischen Landbuch von 1375, finden sich Rittergüter von 10, 20, 25 Freihufen, die doch nur ein Lehnpferd zu liefern haben; es gibt Rittergüter von mehr als 6 Freihufen, die nur $1/2$, $1/4$, $1/8$ Lehnpferd leisten; drei Ritter in Wilmersdorf bei Berlin haben 10, 8, 3 Freihufen und leisten jeder nur ein Viertelpferd.

Die kriegerische Politik der Askanier begünstigte diese Entwicklung. Sie zwang die Markgrafen, ihre Mannschaft bei immer guter Laune zu erhalten und ihre Zahl möglichst zu steigern, während der unablässige und an Beute reiche Krieg in den Kriegsleuten die Lust am wilden Leben, den Anspruch auf Lohn und Gewinn steigerte. Gegen Geld und Gunst belehnten die Markgrafen ihre Ritter mit dem Hufenzins, den Hand- und Spanndiensten, kurzum mit den Gefällen, die ihnen als Landesherren von den Bauern zustanden; sie bahnten der »Gutsherrlichkeit« den Weg, indem sie aus der dinglichen Pflicht gegen den Landesherrn, die durch die Dorfobrigkeit, den Lehnschulzen, wahrgenommen wurde, eine Art von persönlicher Abhängigkeit gegenüber Personen machten, die nicht zum Dorfe gehörten; sie verkauften den Rittern die höhere und niedere Gerichtsbarkeit über die Dörfer; sie duldeten, daß die Ritter neben den ihnen verkauften Abgaben und Diensten der Bauern noch eine Fülle anderer Abgaben, Dienste und Pflichten einführten; um den Rittern diese Fronden dauernd zu sichern, nahmen die Markgrafen schließlich den Bauern die Freizügigkeit und erklärten sie als »zur Hufe geboren«.

Mit dieser finanziellen Zerrüttung der Markgrafschaft ging ihre militärische Zerrüttung Hand in Hand. Vergaßen die Ritter ihr kriegerisches Amt über dessen Ausbeutung für ihre eigennützigen Zwecke, so verfiel auch die gemeine Landwehrpflicht der Bauern. In dem Maße, als obrigkeitliche Rechte in den Dorfschaften an die ritterlichen Dienstmannen verlehnt oder verpfändet wurden, sorgten diese dafür, daß die Arbeitskraft des Landmannes möglichst wenig für allgemeine Zwecke beansprucht wurde. Je mehr sich die Gutsherrlichkeit auf Kosten der Bauernfreiheit steigerte, um so mehr schwand die Kriegstüchtigkeit der bäuerlichen Klasse, und zur Zeit der

Raubritterschaft, die gleich nach dem Aussterben der Askanier über die Mark Brandenburg hereinbrach, war die ländliche Bevölkerung entwöhnt, die alte Pflicht des Dreinschlagens, die sie einst gegen die Einfälle der Slawen geübt hatte, gegen die Räubereien der landeingesessenen Edelleute als ein Recht der Notwehr zu beanspruchen; wehrlos ließen die Dorfschaften sich ihr Vieh wegtreiben, ihre Höfe auspochen, ihre Häuser niederbrennen.

Hatten die Askanier verstanden, sich auf Kosten fast aller ihrer Nachbarn auszudehnen, so fielen jetzt alle ihre Nachbarn über die innerlich morsche Markgrafschaft her, als der letzte Askanier ins Grab gesunken war. Die Herrschaft über das Land kam als erledigtes Lehen zur Verfügung des Kaisers, und sie wurde hin und her gerissen in dem Streit der Bayern und der Luxemburger um die Kaiserkrone. Weder die bayerischen noch die luxemburgischen Markgrafen vermochten festen Fuß in dem Lande zu fassen; von allen Seiten her gerupft, wurde der Rest der Mark Brandenburg ein Spielball der Ritter. Im vierzehnten Jahrhundert geriet die Mark in einen entsetzlichen Zustand. Pfandweise kam der größere Teil der Uckermark in pommerschen Besitz; die Mecklenburger brachten in gleicher Weise Stücke der Prignitz an sich; die Altmark zahlte Schutzgeld an die braunschweigischen Herzöge, und die Neumark wurde erst dem König von Polen zum Kauf angeboten und, als dieser nicht genug bot, an den Deutschen Orden verschachert.

Dazu kam das Land in unablässigen Raubfehden von Schloßgesessen und Zaunjunkern gegen die Städte, die Stifter, die Nachbarn, in gleich räuberischen Überfällen der nachbarlichen Mannschaften gegen die Marken, in maßlosen Verwüstungen des platten Landes, in immer wechselnden Hauptmannschaften, die entweder ohnmächtig waren oder habgierig gehandhabt wurden, in einen Zustand vollkommener Auflösung. Neben den Edlen Herren, den Putlitz und Ruppin, standen die Bredow und die Rochow in der Mittelmark, die Alvensleben und Schulenburg in der Altmark, die Wedell jenseits der Oder, die Polenz und die Biberstein in der Lausitz, vor allem aber die Brüder Dietrich und Johann v. Quitzow in der Prignitz. Die Quitzows hatten eine ganze Reihe landesherrlicher Schlösser und fester Plätze, Friesack, Saarmund, Botzow, Rathenow, Strausberg usw. inne; sie waren so mächtig, daß »niemand von Mannen oder Bürgern wagen durfte, um eines Bedrängten willen ein Pferd zu satteln oder ein Wort zu sprechen, das wider jene gewesen wäre«. Dabei waren die Quitzows und ihre Kumpane Straßenräuber und Strauchdiebe der allergemeinsten Art. Rauben und Stehlen, sagt ein Zeitgenosse, »sei damals in der Mark die größte Kunst und das beste Handwerk gewesen«, also daß, sagt ein anderer, »je näher jemand den Marken gekommen ist, je fährlicher er gereiset oder gewandert hat«. Denn wie die mächtigeren Junker auf eigene Hand, so führten die zahllosen kleineren in allerlei Vereinigungen ihre Fehden, die dann als »Zugriffe«, »Überfahrungen«, »Nahmen« zu förmlichem Raub, Brand und Mord entarteten.

So war die Mark Brandenburg im Anfang des fünfzehnten Jahrhunderts ein »halbverlorenes Land«, als der Luxemburger Sigismund im Jahre 1410 zum römischen König gewählt wurde und gleichzeitig die Herrschaft in der Mark wieder übernahm, die er bis dahin an seinen Vetter Jobst von Mähren verpfändet gehabt hatte. Dieser Jobst war unter allen Blutsaugern des unglücklichen Landes vielleicht der allerschlimmste gewesen. Zu dem greulichen Verfall im Innern kam nun aber noch eine drängende Gefahr von außen. Die Schlacht bei Tannenberg hatte im Jahre 1410 die Kraft des Deutschen Ordens gebrochen, und das polnische Königtum erhob sich als drohende Macht neben den Luxemburgern, die durch rastlosen Familienzwist innerlich zerrüttet waren. Bis zur Elbe hin hatte die polnische Propaganda freie Bahn, wenn ihr nicht in der Mark Brandenburg wieder ein Damm entgegengeworfen wurde.

Einstweilen sah es damit sehr trübe aus. Als Sigismund die Mannschaft und die Städte der Mark zum 1. Mai 1411 an sein Hoflager in Ungarn entbot, um ihm als dem rechten geborenen Erbherrn des Landes die Huldigung zu leisten, kamen zwar die Boten der Städte, von der Mannschaft aber nur ein Putlitz, der Erbmarschall der Mark Brandenburg. Die Städte erhoben nun vor dem König die beweglichsten Klagen. »Sie lagen ihm an«, sagt ein Chronist, »mit demütigen Bitten, daß er persönlich die Mark besuchen und von der Quitzower Beschwerung erlösen wolle, denn dies wäre ihr allerhöchstes und herzlichstes Begehren.« »Sie klagten«, sagt ein anderer, »dem König der Lande Mißstand und Notdurft, und namentlich klagten sie die v. Quitzow an und etliche andere Mannschaften und Landsassen und deren Helfer, die dem Lande überlegen waren mit Schlössern überall, die sie unter sich gebracht hatten und von denen aus sie das Land groß beschädigen, und die mit anderen Herren und Landen umher große Kriege führten; sie baten den König, daß er Rat finden möchte, daß solche Unsteuer, Krieg und Schaden hingelegt und niedergehalten werden möge.« Der König erklärte darauf, daß er selbst nicht kommen könne, da er das Reich handhaben müsse, aber er werde ihnen den Burggrafen Friedrich von Nürnberg ins Land senden, damit er ihnen behilflich sei gegen die Landplage der Quitzows. Er vollzog am 8. Juli 1411 in Ofen die Urkunde, die genannten Burggrafen zu einem »vollmächtigen gemeinen Verweser und obristen Hauptmann der Mark« bestellte; ihm wurde alle markgräfliche Gewalt übertragen; nur die Ausübung der Kur behielt sich König Sigismund einstweilen noch vor.

Die Burggrafen von Nürnberg entstammten dem schwäbischen Geschlecht der Hohenzollern. Sie waren kaiserliche Beamte; die Burggrafschaft, die sie innehatten, umfaßte für ihr Gebiet die oberste Rechtsprechung an Kaisers Statt und den militärischen Oberbefehl; ihre territoriale Ausstattung bestand nur in wenigen Dörfern bei Nürnberg. Jedoch hatten die hohenzollernschen Burggrafen ein immerhin ansehnliches Landgebiet zusammengebracht durch glückliche Heiraten und zahlreiche Ankäufe; sie besaßen die Fürstentümer Ansbach und Bayreuth, zwei geschlossene, durch das große Weichbild der Stadt Nürnberg und das Bamberger Stiftsland voneinander getrennte Landschaften, wie man damals sagte, ob und unter dem Gebirge.

Jedoch ist das Geschlecht, das mehr als jedes andere dazu beitragen sollte, die kaiserliche Gewalt zu zerstören, im Dienste dieser Gewalt emporgekommen. Erst am Hofe der Staufer, dann der Habsburger, weiter der Bayern und endlich der Luxemburger haben sie Ämter und Würden bekleidet und dabei nimmer vergessen, ihr eigenes Schäflein zu scheren. In den gewöhnlich sehr bedenklichen Praktiken des Königs Sigismund — es ist derselbe, der unter Bruch seines kaiserlichen Wortes den Ketzer Hus verbrennen ließ — war der Burggraf Friedrich sein rührigster Helfer; später hat er sich als Feldhauptmann des Kaisers die schönsten Prügel von den Hussiten geholt. Es herrschte auch keineswegs immer holder Friede und süße Eintracht zwischen den beiden wackeren Brüdern; zum Grenzhüter der Mark Brandenburg namentlich gegen Polen gesetzt, begann der neue Markgraf damit, mit dem polnischen König zu mogeln und so den von Treitschke beklagten Erbfehler der Hohenzollern an seinem Teil zu bekunden: nämlich die Undankbarkeit.

Die Übertragung der Mark Brandenburg an den Burggrafen Friedrich erfolgte unter dem Rechte des Rückkaufs. Gegen Zahlung von 100 000 und nach einer späteren Abmachung von 400 000 Goldgulden behielt Sigismund sich vor, die Herrschaft über die Mark wieder an sich zu nehmen, doch ist daraus mit Unrecht gefolgert worden, es habe sich um ein Anlehen des Königs bei dem Burggrafen gehandelt, das durch die Überlassung der Mark gedeckt werden sollte. In so gedeihlichen Umständen befand sich der Burggraf nicht, um solche Darlehen zu gewähren. Nur um die Rechte der luxemburgischen Agnaten zu schonen, machte Sigismund die Sache zu einem Rückkaufsgeschäft, wobei die Rückkaufssumme als Deckung für die Ausgaben gedacht war, die der Burggraf machen mußte, um sich in der Mark anzusiedeln und namentlich die landesherrlichen Burgen und Schlösser einzulösen, die den

Raubrittern verpfändet waren. Im Wesen der Sache war die provisorische Abmachung von 1411 schon endgültig gemeint, und einige Jahre später, im Jahre 1415, erhielt der Burggraf Friedrich auf dem Reichstag in Konstanz auch die Kur Brandenburg und das Amt des Reichserzkämmerers in aller Feierlichkeit übertragen.

So kamen die Hohenzollern ins Land, zunächst unter heftigem Widerstand der junkerlichen Krippenreiter und Strauchdiebe. Diese weigerten sich bis auf wenige Ausnahmen, die verpfändeten Schlösser und Städte herauszugeben, und der Burggraf konnte sie dazu nicht zwingen. Seine Geldmittel waren schnell aufgezehrt; was er etwa noch eingelöst hatte, mußte er alsbald von neuem versetzen, und die alte Raubwirtschaft der Junker dauerte unvermindert fort. Sie wurde dem Burggrafen aber insofern zum Heile, als die Nachbarn der Mark unter dem greulichen Unfug je länger je mehr litten und dem neuen Markgrafen ihre Hilfe für einen Feldzug gegen die Quitzows zusagten. Mit diesen hielten es nur noch die Herzöge von Pommern-Stettin; mit dem Markgrafen verbündeten sich dagegen der Erzbischof von Magdeburg und der Bischof von Halberstadt, der Kurfürst von Sachsen und ein Herzog von Braunschweig; ihrer überlegenen Macht gelang es im Februar 1414, einige Burgen der Quitzows zu brechen, wonach sich die aufsässigen Junker zur Huldigung an den neuen Markgrafen bequemten.

Damit war freilich noch lange nicht gesagt, daß er nun Herr im Lande war. Dieselben Fürsten, die ihm aus ihrem eigenen Interesse die ritterlichen Straßenräuber hatten bändigen helfen, kehrten sich nunmehr wieder gegen ihn selbst, um ihm das Leben sauer zu machen; der Erzbischof von Magdeburg nahm sogar die landflüchtigen Brüder Dietrich und Johann v. Quitzow in seinen Dienst, um sie auf verheerende Streifzüge in die Mark zu senden. Dabei waren die Quitzows so ziemlich die einzigen von den rebellischen Junkern, die für ihre Untaten überhaupt büßen mußten; alle anderen wurden zu Gnaden angenommen und in ihre Burgen wieder eingesetzt; keinem aus der fränkischen Mannschaft, die dem Markgrafen nach Brandenburg gefolgt war, wagte der angebliche Sieger ein märkisches Lehen anzuvertrauen. Und selbst ein so patriotischer Historiker wie Droysen, der die »unvergleichlichen Erfolge« Friedrichs über die Quitzows preist, muß dennoch hinzufügen: »Mag er gewußt oder nicht gewußt haben, daß hier erst seit einem Jahrhundert aus den Bauern arme Leute geworden, nichts berechtigt zu vermuten, daß er die Stellung der Gutsinhaber für ungerechtfertigt oder verderblich gehalten habe. Aber selbst wenn er dieser Ansicht gewesen wäre, so würde er es von sich gewiesen haben, demgemäß zu verfahren.« In der Tat — wann hätte je einer dieser hohenzollernschen Kurfürsten sich der unterdrückten Bauern angenommen? Das lag ganz außerhalb ihres Gedankenkreises.

Gewiß standen sie von Anfang an in einem Klassenkampf mit den Junkern, einem Kampf, der in wechselnden Formen bis auf den heutigen Tag fortdauert. Aber die erste Schlacht, die sie dem Junkertum lieferten, zeigt schon die vorbildlichen Züge aller folgenden. Wie die vielberühmte Reformgesetzgebung nach der Schlacht bei Jena darauf hinauslief, die Herrschaft des Junkertums aus einer lebensunfähigen in eine lebensfähige Form zu retten, so auch der Kampf des ersten Hohenzollern mit den Quitzows. Man darf dies elende Gesindel nicht etwa mit den Sickingen und Hutten vergleichen, die ein Jahrhundert später für die Existenz der reichsritterlichen Klasse fochten und starben; die Quitzows und ihre Spießgesellen waren Diebe und Räuber im nacktesten Sinne des Wortes; sie gehörten nicht vor die Schranken der Politik, sondern der Polizei, und sind schließlich Opfer der polizeilichen Exekution geworden, die die von ihnen geplünderten Nachbarländer gegen sie unternahmen. In solchen Formen mußte die Junkerschaft in der Mark Brandenburg über kurz oder lang untergehen, und das Verdienst des ersten Hohenzollern, wenn er anders eins hat, bestand nur darin, den brutalen Straßenraub als eine hinfällige Form der Junkerherrschaft zu beseitigen, aber diese Herrschaft selbst zu sichern durch die

gesetzliche Form eines raffinierten Ausbeutungs- und Unter-
drückungssystems, das über die bäuerliche Masse der Bevölkerung verhängt wurde.

Übrigens hörten die Straßenräubereien des Adels mit der
Niederlage der Quitzows noch nicht einmal auf; sie haben
noch reichlich ein Jahrhundert fortgedauert. Nicht zum wenigsten deshalb, weil ihnen der städtische Handel wehrlos
preisgegeben war. Dieses Hindernis des adligen Fehderechtes
weggeräumt, die aufblühende Macht der Städte gebrochen zu
haben, war die geniale Tat des zweiten Hohenzollern, der die
Mark Brandenburg herrlichen Zeiten entgegenführte.

II

Wie wir gesehen haben, war es nichts mit der holden patriotischen Mär von dem verheißenden Morgenstern, der mit dem
ersten hohenzollernschen Kurfürsten über der unglücklichen
Mark Brandenburg aufgegangen sein sollte. Friedrich selbst
hat auch nie einen so hochfliegenden Anspruch erhoben.
Nachdem er eine schwere Niederlage von den Pommern erlitten hatte und seine äußere Politik ebenso mißlungen war
wie seine innere, gab er die Geschichte als hoffnungslos auf
und zog sich im Jahre 1426 auf seine fränkischen Fürstentümer
zurück; in der Mark hat er sich nie wieder sehen lassen, obgleich er noch dreizehn Jahre lebte.

Sein Nachfolger in Brandenburg wurde im Jahre 1440 sein
Sohn Friedrich, der dreißig Jahre aushielt, aber sich dann
ebenfalls, nach einer schweren Niederlage, die ihm die Pommern beibrachten, mißmutig nach Franken zurückzog und die
Herrschaft über die Mark seinem Bruder Albrecht überließ.
Allein eine sehr nachhaltige Spur seines Wirkens hat dieser
zweite Friedrich der Mark hinterlassen: in der Vernichtung
des städtischen Handels. Die märkischen Städte hatten ihrer-
zeit seinen Vater in dessen Kampf gegen die Quitzows nach
Kräften unterstützt, um nun an den junkerlichen Haß verraten

zu werden. Die Blüte der märkischen Städte war nach allem Wirrsal der letzten Jahrhunderte bescheiden genug; immerhin waren die ansehnlicheren von ihnen, die Schwesterstädte Berlin-Kölln, Stendal, Salzwedel, Frankfurt, Landsberg und andere, im vierzehnten Jahrhundert Mitglieder der Hansa geworden. Ihr Handel im Ausland genoß den hansischen Schutz und die der Hansa zustehenden Vorrechte; dafür standen sie mit den Verbündeten in gemeinsamer Verteidigung zusammen, gewährten an ihrem Teil den Kaufleuten aus den Seestädten beim Durchzug durch die Mark bewaffnetes Geleit und haben einmal zum Kampf gegen die Seeräuber der Ostsee, die berüchtigten Vitalienbrüder, acht Schiffe mit 750 Gewappneten gestellt.

Wie der »Berliner Unwille« im Jahre 1448 — gerade vierhundert Jahre ehe die Berliner zum andern und einstweilen letzten Male den Hohenzollern ihren »Unwillen« bekundeten — im einzelnen entstand, läßt sich bei dem Mangel an urkundlichen Zeugnissen nicht mehr feststellen. Sicher ist nur, daß der Kurfürst seinen Schlag von langer Hand vorbereitet hat. Schon als er im November 1440 nach seinem Regierungsantritt die Huldigung der Schwesterstädte Berlin-Kölln entgegennahm, bestätigte er nicht zuvor, nach dem herkömmlichen Brauche, die Rechte der Städte, sondern ließ sich zunächst huldigen, um dann erst die einfache Versicherung — »mit schlichten Worten« — folgen zu lassen, daß er die Städte bei Ehren, Rechten und Gnaden erhalten, getreulich schützen und verteidigen wolle nach seinem Vermögen. »Aber er sagte das nicht« — bemerkt das Berliner Stadtbuch — »an Eides Statt zu den Heiligen, was vielleicht versäumt worden.«

Es wurde auch anderes und Wichtigeres »versäumt«. Nachbarlicher Hader zwischen Berlin und Kölln und in beiden Städten harte Spannungen zwischen Geschlechtern und Zünften gaben schon im Jahre 1442 den Anstoß, den Kurfürsten als Schiedsrichter anzurufen. Der Anstoß ging von den Zünften aus; sie waren verblendet genug, den Bock zum Gärtner zu setzen. In die Städte gerufen, beeilte sich der Kurfürst zu kommen; er beseitigte die Herrschaft der Geschlechter und gab den Zünften das Heft in die Hand, aber nur als einer kurfürstlichen Behörde, die »unserer Stadt Berlin Geschäfte nach unserer Herrschaft Nutzen und Frommen auszurichten habe«. Er trennte die beiden Städte und ließ sich ihre Privilegienbriefe geben, von denen er die Siegel abriß. Er verbot jedes Bündnis mit anderen Städten, auch nur mit den märkischen, und bedang sich den Platz für den Bau einer Zwingburg aus, zu deren Besatzung er eine starke Burgmannschaft in die Stadt legte und mit Burglehen ausstattete.

Darüber gingen denn den Zünften nicht weniger als den Geschlechtern die Augen auf, und es kam zu dem Ausbruch von 1448, über dessen näheren Verlauf wieder wenig bekannt ist. Der Kurfürst klagte die Städte an, daß sie ihn beschimpft, seinen Zöllnern Gewalt angetan, seine Richter vertrieben oder gefangen genommen, in gleicher Weise seinen Burgmannen mitgespielt, innerhalb und außerhalb des Landes Hilfe gesucht, den Städtebund wieder aufgerichtet und endlich seine Archive erbrochen hätten, nebst einigen weniger wichtigen Punkten. Im allgemeinen haben diese Anklagen wohl mit den Tatsachen übereingestimmt. Namentlich scheint Berlin auch auf die Hilfe der Hansa gerechnet zu haben. Auf den Hansatagen von Lüneburg und Lübeck im Jahre 1443, also nachdem der Kurfürst schon Berlin vergewaltigt und ihm die Beteiligung an der Hansa verboten hatte, verpflichteten sich die Mitglieder des Bundes zum gegenseitigen Beistand gegen die Fürsten und bekräftigten die Mitgliedschaft der brandenburgischen Städte, indem sie die mittelmärkischen der lübeckischen und die altmärkischen der hamburgischen Vorortschaft unterstellten. Auch auf dem Hansatag von 1447 waren die märkischen Städte trotz des landesherrlichen Verbots vertreten und erhielten nochmals den Schutz des Bundes zugesichert. Aber als die Berliner das Jahr darauf ihren Aufstandsversuch wagten, hat die Hansa zu ihrer Unterstützung keinen Finger gerührt.

Auch von den märkischen Städten hatte Berlin nichts zu erwarten. Die Antworten auf seine Hilferufe sind zum Teil erhalten. Neuruppin schrieb: »Wir wollen uns mit Hilfe und Rat beteiligen. Doch alles, wie es sich gehöret. Seiet Gott selig befohlen!« Und noch drastischer antwortete Neustadt-Eberswalde: »Kurfürst Friedrich ist bei uns gewesen und hat uns das Versprechen abgenötigt, ihm gegen euch beizustehen. Wir können euch also nicht helfen.« Es war ganz ähnlich wie vierhundert Jahre später, als die Berliner Vereinbarerversammlung[1] ihre Hilferufe ins Land sandte und von überallher aus den preußischen Städten die Antwort kam: Redensarten soviel ihr irgend verlangt, aber beileibe nicht die kleinste Tat.

Von der eigentlichen Eroberung der Stadt durch den Kurfürsten melden die gleichzeitigen Urkunden nichts. Ein späterer Chronist weiß nur, daß der Kurfürst mit 600 Pferden vor die Städte gerückt sei, was großen Schrecken erregt und die sofortige Öffnung der Tore erzwungen habe. Auch das würde an die bequeme Art erinnern, mit der im Herbst 1848 das Militär in Berlin einzog. Ausführlicher sind wir über die Strafen unterrichtet, die über die rebellischen Städte verhängt wurden. Natürlich wurde auch damals schon das Recht entweiht, um die nackte Gewalt zu beschönigen. Der Kurfürst setzte einen außerordentlichen Gerichtshof nieder und gab ihm als Richtschnur seiner rechtsprechenden Tätigkeit das famose Wort: »Auch über uns soll Recht ergehen wie über den Geringsten in der Mark.« Lieblicheres an augenverdrehender Heuchelei ist auch später nicht geleistet worden bis auf den heutigen Tag.

Das gerichtliche Verfahren verlief in zwei nebeneinandergehenden Prozessen, die das gemeinsame Ziel hatten, die Städte Berlin und Kölln weißzubluten. Der erste Prozeß richtete sich gegen die Städte als solche und endete damit, daß ihnen die Gerichte, Mühlen, Zölle und fast ihr ganzer Landbesitz genommen wurden. Der Kurfürst übergab diese Nutzungen seinem Küchenmeister Ulrich Zeuschel als Lehen, der dafür die Kosten der Küche, des Kellers, der Kammer und des Marstalls, das heißt die Kosten des gesamten kurfürstlichen Hofhaushaltes, zu tragen hatte.

Der zweite Prozeß richtete sich gegen die »Häupter« des Aufstandes, in Wahrheit gegen die patrizischen Geschlechter, die etwas zu verlieren hatten. Sie verloren ihre Lehen, selbst die Leibgedinge ihrer Frauen, und behielten nur ihr »fahrendes Gut«, von dem sie aber auch noch ungeheure – für die damalige Zeit ungeheure – Strafgelder zahlen mußten. In den Tagen vom 12. September bis zum 14. Oktober erschienen die Patrizier der Schwesterstädte Mann für Mann »in dem kleinen Stüblein über dem Torhaus zu Spandau« und haben, wie es in den Protokollen heißt, »ir liep und alle ir gut in mynes gnedigen Heren Hand gesetzet und gegeben«. An barem Gelde allein zahlten die Schum, die Blankenfelde, die Brakow, die Ryke je 3000, die Stroband, die Wins je 2000 rheinische Gulden und so weiter herab nach dem Besitz der einzelnen Familien bis auf je 1000 oder 700 Gulden. Der rheinische Gulden hatte damals den Wert von 2 Talern und belief sich nach dem heutigen Geldwert auf mindestens 20 Mark; es ist danach leicht zu ersehen, daß die »wohltätige Zucht des Staatsgedankens«, in die der Kurfürst die beiden Städte nahm, nichts anderes als eine vollständige Vermögenskonfiskation war. Eine so vollständige, daß nach der Annahme mancher bürgerlichen Historiker die Strafgelder in ihrem vollen Betrag gar nicht von den Bestraften gezahlt werden konnten und auch nicht gezahlt worden sind, da der Kurfürst sonst – nach den damaligen Begriffen – ein wahrer Krösus hätte werden müssen, wovon sonst nichts verlautet.

Zum Schaden fügte der Kurfürst dann den Spott, indem er seinen Hofrichter zum Bürgermeister und seine reisigen Knechte zu Ratmannen machte. So tief gedemütigt und ausgepumpt bis auf den letzten Blutstropfen, haben sich die märkischen Städte von diesem vernichtenden Schlage jahrhundertelang nicht erholt. Kulturfeindlich und selbstmörderisch, wie diese Hohenzollernpolitik war, ist sie doch vorbildlich gewesen und geblieben. Die rebellischen Junker, die den »Nürnberger Tand« nicht genug hatten verhöhnen können, wurden nach einer gelinden Abstrafung mit Sammethandschuhen gestreichelt und mächtiger gemacht denn je zuvor; die Städte dagegen wurden für das vorzeitige Vertrauen, das sie in ihren »geborenen Erbherrn« gesetzt hatten, bis aufs nackte Hemd geplündert, was denn freilich auch ihre eigene Schuld war.

Die sorgsame Hegung der Junker und die brutale Mißhandlung der Städte waren die Morgengabe, die die hohenzollernschen Kurfürsten der Mark Brandenburg brachten. Es erklärt sich deshalb von selbst, daß sich das Elend des Landes eher vermehrte als verminderte. Der dritte Kurfürst, Albrecht, der seinem Bruder Friedrich 1470 in die Herrschaft über die Mark folgte — bis dahin hatte er in den fränkischen Besitztümern des Hauses Hohenzollern geherrscht —, war ein ebenso arger, wenn auch kein ebenso erfolgreicher Städtefeind wie sein Bruder Friedrich; namentlich in Franken hat er sich immer wieder mit Nürnberg herumgebalgt, aber dabei wiederholt — so namentlich in dem auch kriegsgeschichtlich denkwürdigen Treffen bei Pillenreuth — die trefflichsten und gewiß auch verdientesten Schläge bekommen. Um die Mark Brandenburg kümmerte er sich nur so weit, als er Geld aus ihr herauszupressen vermochte oder versuchte; in den sechzehn Jahren seiner Regierung (1470–1486) hatte er kaum zwei- oder dreimal ihren Boden betreten. Er hatte seinen Sohn Johann als Statthalter eingesetzt, und es ist höchst ergötzlich zu lesen, wie der Alte den Jungen mit Strafpredigten heimsucht, damit er möglichst viel aus dem Lande presse und möglichst wenig für sich gebrauche; er soll mit tausend Gulden jährlich auskommen und dazu noch die Witwe und die Tochter des früheren Kurfürsten Friedrich unterhalten; er kann nicht heiraten, da es ihm an Bettgewand und Laken fehlt, auch sein »Silbergeschirr« sich auf zwölf Löffel beschränkt. In solcher Not rebelliert denn auch mitunter das sanfte Gemüt des Jungen, und er haucht den Alten nicht schlecht an: »Wenn Euer Lieb Landbede und Geld ausziehen und zu haben wüßt, so wär Euer Lieb wol geschickt hereinzukommen und solches aufzunehmen; aber die Land zu entsetzen und ihnen in Nöten, darzu Ihr sie bracht habt, zu helfen, könntet Ihr sie wol verlassen und außen bleiben.« Was zwar sehr unkindlich gesprochen war, aber sonst mit den Tatsachen vollkommen übereinstimmte.

Kurfürst Albrecht war einer jener fürstlichen Schlagetote, deren Leben in Morden und Rauben, in Plündern und Verheeren aufgeht — als sein Leibspruch wurde ihm nachgesagt, der Brand ziere den Krieg wie das Magnifikat die Vesper —, aber deren Andenken von den bürgerlichen Geschichtsschreibern als »heroisch« und »ritterlich« besonders gefeiert zu werden pflegt. Achilles ist der Beiname, den sie ihm gegeben haben, und in der sogenannten Dispositio Achillea[2] hat er die einzige Spur seines Daseins hinterlassen, die zwar nicht der Menschheit, aber dem Hause Hohenzollern von Nutzen gewesen ist. Er war im Besitze sowohl der märkischen wie der fränkischen Lande, die den Hohenzollern gehörten, und er bestimmte durch das genannte Hausgesetz, daß die Mark Brandenburg immer dem ältesten Sohne ungeteilt zufallen, der zweite und der dritte Sohn mit den fränkischen Fürstentümern abgefunden, vom vierten Sohne ab jedoch die Nachkommenschaft des regierenden Fürsten leer an Land und Leuten ausgehen sollte. Diese Dispositio Achillea war kein besonders genialer Gedanke, wie er nur — nach der Meinung der Hohenzollernbewunderer — einem gottbegnadeten Geschlecht kommen konnte; vielmehr bezeugte er nur die Gelehrigkeit eines Hundes, bei dem der Knüppel liegt. Wäre die Mark Brandenburg geteilt worden — was übrigens für jedes Kurfürstentum schon durch die Goldene Bulle[3] Karls IV. verboten worden, aber freilich ein papierenes Verbot geblieben war —, so wäre sie überhaupt vom Erdboden verschwunden: Die Altmark wäre sofort vom Erzbistum Magdeburg, die Uckermark von den Pommern, die Neumark von den Polen verschluckt worden. Auch haben die späteren Kurfürsten oft genug gegen den Stachel der Dispositio Achillea gelöckt. Aber immerhin hat sie dazu beigetragen, jenes »Mutschierungssystem« — die Ausschüttung einer fürstlichen Erbmasse unter allen privatrechtlich berufenen Erben —, das anderen deutschen Dynastien, namentlich der wettinischen, verhängnisvoll gewesen ist, von den Hohenzollern fernzuhalten.

Herr Koser meint, mit dem Tode Albrechts habe das »erste heroische Zeitalter der Hohenzollern« geschlossen, und er setzt in Gegensatz dazu die lange Friedenszeit, die von 1486 an begonnen habe. Was es mit dem »Heroismus« der drei ersten Kurfürsten auf sich hat, haben wir gesehen; mit ihnen schließt kein Heldenzeitalter, sondern vielmehr die Periode, wo sich die Hohenzollern ihres burggräflichen Ursprunges noch nicht vergessen hatten und sich lieber in den Händeln von Kaiser und Reich tummelten, als in landesväterlicher Fürsorge um die Mark Brandenburg kümmerten. Was dabei für dies »halbverlorene Land« herauskam, bezeugt am Ende des fünfzehnten Jahrhunderts einer der brandenburgischen Räte selbst mit den Worten: »Brandenburg hat, als ich glaube, seit achtzig Jahren nicht kleiner Gerücht im Reiche gehabt.« Kurfürst Johann hat von 1486 bis 1499 denn auch sein betrübtes Dasein im stillen geführt und nichts erreicht, als daß er die Lehnsherrlichkeit über Pommern aufgab, um die seit drei Jahrhunderten die blutigsten Kämpfe geführt worden waren. Erst mit der Wende des Jahrhunderts nahmen die Dinge eine neue Wendung, gewiß keine »heroische« und auch keine für das Land wohltätige, aber für das Haus Hohenzollern hoffnungsreiche Wendung.

Der Kurfürst Joachim I. kam im Jahre 1499 als fünfzehnjähriger Knabe zur Regierung. Er wußte sich die Vormundschaft seines fränkischen Oheims geschickt vom Halse zu schaffen, allerdings nur um den Preis, daß er sich »einige aus dem Lande« als Berater bei seinen Regierungsgeschäften gefallen ließ. Allzu arg drückte ihn aber auch diese Vormundschaft nicht, da er den märkischen Junkern an Bildung und Wissen weit überlegen war. Er hatte seine Erziehung in Franken genossen und einige Fühlung mit der humanistischen

Bildung der Zeit; in seiner Jugend zog er den Abt Tritheim an seinen Hof, und später war Carion, ein Schwiegersohn Melanchthons, sein Günstling. Der Kurfürst sprach Lateinisch, Französisch und Italienisch; er meinte, ein ungebildeter Fürst gleiche einem gekrönten Esel.

Von Tritheim haben wir eine Schilderung der Zustände, wie sie im Anfang des sechzehnten Jahrhunderts in der Mark Brandenburg bestanden. Das Land sei arm an Bauern; durch Mangel an fleißigen Arbeitern seien weite Strecken unbebaut; die ländliche Bevölkerung sei arm und faul, aber äußerst bigott; die Junker glichen entweder Bauern oder Landsknechten; Trinken und Müßiggang sei ihre Beschäftigung. Überzeugender noch als diese Schilderung des pfälzischen Humanisten ist ein Zeugnis, das sich etwa fünfzig märkische Junker, »unser viele vom armen unverständigen Adel«, noch in der Mitte des Jahrhunderts, im Jahre 1542, in einer Eingabe an die Landschaft selbst ausstellten. Sie sagen da: »Wi bitten uns, to vorgewen, dat wy so marcks (märkisch) schriwen, wy woldet garn averlandes (oberländisch) schriwen und konnes (können's) nicht.« Der Kurfürst selbst klagte, er müsse sich seine Berater außer Landes holen; die märkischen Junker seien unfähig, zu regieren.

Dennoch ist es nur eine patriotische Mär, daß Joachim den Junkern den Daumen aufs Auge gedrückt haben soll. Er hat einige adlige Wegelagerer aufknüpfen lassen, natürlich zum Kummer ihrer Klasse, die deshalb jedoch nicht daran dachte, dem Kurfürsten ernsthafte Fehde anzusagen. Daß die Junker ihm an die Tür geschrieben haben: »Joachimken, Joachimken, hüte dy, wo wi dy kriegen, hangen wy dy«, ist auch nur ein Erzählchen, gut genug, von den Kopsch und Mugdan ausgepatscht zu werden, wenn sie sich gegenüber den Heydebrand und Oldenburg als die wahren Triarier Seiner Majestät aufspielen möchten. Herr Koser trifft das Richtige, wenn er sagt: »Der Kampf galt nicht dem Adel als dem Stande, sondern nur den wirtschaftlich heruntergekommenen, beim Straßenraub angelangten Bestandteilen des Adels.« Von diesem Gesindel befreit zu werden war viel mehr ein Vorteil als ein Schaden für das märkische Junkertum.[1]*

Es ging ähnlich wie unter dem ersten Kurfürsten. Ein paar armselige Krippenreiter mußten daran glauben, aber der Adel als Klasse gewann unter Joachim die eigenartige Stellung, die, wie Droysen sich ausdrückt, für die nächsten Jahrhunderte seinen ständischen Charakter ausmachte. Die adligen Gutsherrschaften entwickelten sich immer mehr zu kleinen Staaten im Staat; es gelang ihnen immer besser, ihren Gutsbereich gegen die landesherrliche Einmischung abzuschließen, wie die Fürsten ihre Landschaften gegen die Reichsgewalt abschlossen.

Und wie dem ersten Kurfürsten in der Behandlung der Junker, so folgte Joachim dem zweiten Kurfürsten in der Behandlung der Städte. Die Polizeiordnung, die er für sie erließ, war ganz in dem Geiste gehalten, worin der »Berliner Unwille« von 1448 gebrochen worden war. Die Wahlen zum Rat

---

[1]*Siebzig Jahre ehe die bürgerliche Forschung zu der richtigen Erkenntnis kam, hatte sie die bürgerliche Dichtung schon begriffen. Willibald Alexis schaute dem brüchigen Anekdotenmaterial, auf das er noch angewiesen war, doch auf den Grund, wenn er einen pfiffigen Junker zur Zeit Joachims sagen läßt: »Warum auf der Straße liegen und den ersten besten werfen? Das gibt nur Geschrei und böses Blut. Preßt doch ein wenig euer Hirn, schlagt eure alten Pergamente nach, Verträge, Urkunden, Schenkungen, Gewohnheiten. Darauf trotzt! Mit Art und Manier zugegriffen, daß sie euch nicht Strauchdiebe und Wegelagerer schelten dürfen... Strengtet ihr alle, strengten wir alle unseren Grips an, da kämen Rechte zusammen wie Sand am Meere. Da zugeschlagen, da euch in Besitz gesetzt, und wenn die Kerle schreien, wir wieder! Wenn der ganze Adel zugleich den Mund auftäte, was würde das für ein Geschrei geben... Da dann gepocht, ihm (dem Kurfürsten) das Gewissen heiß gemacht. Solche verräucherte Scharteken mit alten Satzungen und Gerechtigkeiten; er dünkt sich was darauf, sie zu schützen und zu bewahren. Er muß nicht zur Ruhe kommen vor lauter Klagen und Beschwerden. Er muß so eingeheizt werden, daß er links und rechts ausschlägt. In der Wut schlägt man falsch; das gibt uns immer neue Waffen. Am Ende verwirrt, gescholten, mißverstanden, läßt er alles gehen, wie es ist, und mehr brauchen wir nicht. Dann ist das Regiment wieder in unseren Händen, wie es sein müßte von Gott und Rechts wegen in der Mark Brandenburg.« Die »Art und Manier«, wie die »brandenburgischen Vasallen« mit ihren Lehnsherren umzuspringen pflegten und pflegen, ist hier nicht übel geschildert.

bedurften der Bestätigung durch den Kurfürsten; der Rat galt einfach als landesherrliche Behörde, der die Gemeinde unbedingten Gehorsam schuldete. So verfielen die Städte immer mehr, während die Junker immer üppiger gediehen. So verfiel auch das Kammergericht, das Joachim als oberstes Landesgericht der Mark einsetzte; so verkümmerte die Universität, die er in Frankfurt a. d. O. gründete. Trotz seiner humanistischen Bildung spielt dieser Kurfürst als Vertreter des modernen Absolutismus eine durchaus kümmerliche Rolle.

Dagegen hat er zuerst die Bahn eingeschlagen, auf der sich der Staat der Hohenzollern zu einer Großmacht entwickelt hat; Joachim ist in gewissem Sinne ein Vorläufer des sogenannten Großen Kurfürsten und des sogenannten Großen Königs gewesen; was diese konsequent betrieben, um ihr Haus zu erhöhen: den Verrat von Kaiser und Reich an das Ausland und in erster Reihe an Frankreich, das hat Joachim zuerst versucht, mit einer Betriebsamkeit und einem Eifer, die ihn persönlich von jeder Schuld daran entlasten, wenn er zunächst noch nicht an das ersehnte Ziel gelangte.

Seine Vorgänger hatten ihren Ursprung als Reichsbeamte immer noch nicht ganz vergessen; sie hielten zum Kaiser, womit natürlich nicht ausgeschlossen war, daß sie sich gelegentlich auch mit diesem in die Haare gerieten, wie der erste Kurfürst mit seinem Wohltäter, dem Kaiser Sigismund. Namentlich auch der Vater Joachims, wenn er auch damit begann, sich auf die Mark zu beschränken, hielt doch zu den habsburgischen Kaisern ihrer Zeit. Dies änderte sich unter Joachim, wobei verschiedene Umstände mitspielten. Zunächst wollte Joachim seinen Bruder Albrecht als Mitregenten der Mark Brandenburg loswerden. Er bestimmte ihn für den geistlichen Stand, und es gelang ihm, für den jungen Menschen erst das Bistum Halberstadt und das Erzbistum Magdeburg, dann gar noch das Erzbistum Mainz zu ergattern, ihn zum ersten Kirchenfürsten Deutschlands zu machen, dem der Papst nun auch noch den Kardinalspurpur gewährte.

Die Geschichte war sehr kostspielig, und sie wurde nach der

Methode des Pferdehandels zwischen den Bevollmächtigten des Kurfürsten und des Papstes abgespielt. Der Papst beanspruchte für die Bestätigung Albrechts als Mainzer Erzbischof — außer den 20 000 Dukaten, die ihm nach kanonischem Recht ohnehin zustanden — noch eine besondere »Komposition«, das heißt einen Kaufschilling von 10 000 Dukaten. Er forderte zuerst sogar 12 000, da, wie sein Unterhändler scherzte, der Apostel zwölfe seien und nicht bloß zehn, worauf ihn der Unterhändler des Kurfürsten nicht weniger witzig abtrumpfte, dann wolle man sich lieber an die Zahl der Todsünden halten, deren ja nur sieben seien. Für diese »Komposition« und die sonstigen Kosten durfte sich Albrecht an der Hälfte der Erträge des Ablasses erholen, die ihm der Papst auf acht Jahre für den ganzen Umfang der magdeburgischen und mainzischen Kirchenprovinz anwies; die andere Hälfte sollte der römischen Kurie für den Bau der Peterskirche zufließen. Bekanntlich war es dies schmutzige Geschäft, das den äußeren Anstoß zu Luthers Auftreten gegen den Ablaßschacher gab. Joachim war seitdem der erbittertste Gegner Luthers, ein viel heftigerer Gegner sogar als sein Bruder Albrecht, der auf zwei Achseln trug und den Vorschlag Luthers, ein Weib zu nehmen und seine reichen Bistümer als weltliche Güter in die Tasche zu stecken, mitunter in sinnendem Gemüt erwogen hat.

Bei diesem Handel war Joachim schon auf den Widerstand des Kaisers gestoßen, der Halberstadt, Magdeburg und Mainz gern für einen habsburgischen Prinzen geschluckt hätte. Viel wichtiger aber war noch der Umstand, daß sich im Anfang des sechzehnten Jahrhunderts das Haus Habsburg zu einer Weltmacht aufschwang, die nur noch an der französischen Krone einen ebenbürtigen Nebenbuhler hatte. War Brandenburg bisher an Ausdehnung und Machtgeltung den deutschen Stammlanden des Hauses Österreich noch etwa ebenbürtig, so geriet es jetzt ganz ins Hintertreffen, als die Habsburger ihre burgundischen, italienischen, spanischen Besitzungen gewannen und als ihnen die Kronen Böhmens und Ungarns samt

Schlesien zufielen, die lange im Osten ein Gegengewicht gegen die habsburgische Macht gebildet hatten. Herr Koser meint über die nunmehrige Abwendung des Kurfürsten Joachim von den Habsburgern: »Man hat den Eindruck, daß Joachim das gewaltige Wachstum der bisher dem Hause Hohenzollern nicht wesentlich überlegenen österreichischen Macht, dessen Zeuge er während seiner Regierung wurde, mit dem unbehaglichen Gefühl des immer mehr in Rückstand kommenden, vom Glück vernachlässigten Mitbewerbers betrachtete.« Aber dieser biedere Hohenzoller war nicht der Mann, sich widerstandslos melancholisch-sentimentalen Betrachtungen über das Pech seines erlauchten Geschlechtes hinzugeben; mit seinem rührigen Geschäftssinn sagte er sich, daß er sich teuer an den französischen König verkaufen könne in der an sich ja freilich bescheidenen Rolle eines Pfahles im Fleische des Hauses Habsburg.

Den Gipfel erreichte Joachims französische Politik bei der Kaiserwahl von 1519, wo sich der Habsburger Karl mit dem französischen König um die Krone stritt. Joachim erwies sich unter den sieben Kurfürsten als der hartnäckigste Vorkämpfer des französischen Kandidaten. Freilich eine feile Seele bis ins innerste Mark, hatte er auch mit dem Habsburger gefeilscht, schon um den Preis bei dem Franzosen in die Höhe zu treiben. Als zähester Schacherer machte er den französischen Unterhändlern das Leben ebenso sauer wie den burgundischen Unterhändlern Karls. Jene warfen ihm das »Laster des Geizes« vor, diese nannten ihn den »Vater aller Habgier«. »Er ist ein Teufel, wenn man mit ihm Geschäfte machen soll«, schrieb ein französischer Gesandter. Herr Koser bemerkt dazu: »Diese Welschen betrachteten es wohl als ungehörig, daß ein deutscher Fürst in der Verhandlung sich von denselben Antrieben und Zwecken bestimmen, dieselben Künste und Ränke spielen ließ, die ihr eigenes politisches Lebenselement waren.« Kürzer und schlagender als der gegenwärtige Direktor des preußischen Staatsarchivs hat schon der alte Fritz diesen Gedanken in dem geflügelten

Worte zusammengefaßt: Wenn gegaunert werden soll, so seien wir Hauptgauner!

Trotz allen Schacherns mit den habsburgischen Unterhändlern war Joachim aber mit heller Begeisterung auf französischer Seite. Von allen Kurfürsten hat er am längsten gegen die Wahl des Habsburgers gewühlt. Sie erfolgte schließlich einstimmig, dank dem Heere des Schwäbischen Bundes, das in der Stärke von 20 000 Mann unter dem Befehl Sickingens vor den Toren Frankfurts stand; der französische König hatte versäumt, gleich durchschlagende Gründe auf die Beine zu bringen. »Der Kurfürst von Brandenburg hatte erst im letzten Augenblick nachgegeben. Es war stadtkundig, daß er sich sträubte; nach außerhalb wurde gemeldet, das Volk in Frankfurt habe gedroht, den Markgrafen in Stücke zu reißen.« Er selbst bestätigte diese Meldung, indem er in ohnmächtiger Wut über seine Niederlage am Abend des Wahltags durch einen Notar vor zwei Zeugen eine Urkunde aufsetzen ließ, worin er sagte, »daß ich diese Wahl aus rechter Furcht tue und nicht aus rechtem Wissen«[4].

Vielleicht war dies seltsame Schriftstück aber nicht nur ein Erzeugnis ohnmächtiger Wut — Anwandlungen von Gefühl beirrten diesen hartgesottenen Geschäftsmann wohl kaum jemals —, sondern es sollte ein Zeugnis sein, womit er sich vor dem französischen Könige rechtfertigen wollte. Allein der sagte trocken: Keine Krone, kein Geld, und wies den brandenburgischen Gesandten ab, der den verheißenen Preis der kurfürstlichen Dienste einheimsen sollte: für den Kurfürsten selbst ein beträchtliches Jahrgeld und für den Kurprinzen die Hand einer französischen Prinzessin mit reicher Mitgift.

Nun wandte sich Joachim an den neugewählten Kaiser Karl mit dem Angebot, gegen ein Jahrgeld in dessen Dienste zu treten. Jedoch hier erntete er nicht nur stille Verachtung, sondern offenen Hohn. Der Kaiser ließ ihm antworten, wenn der Markgraf dem König von Frankreich sein Dienstgeld aufschreibe, so könne von der Sache weiter gehandelt werden; geschehe dies nicht, so werde sich der Kaiser gegen ihn dermaßen bezeigen, daß der Markgraf befinden werde, der Kaiser sei sein Herr.

Mit diesem derben Fußtritt endete der erste Anlauf, mit Hilfe des Erbfeindes das Haus Hohenzollern zu erhöhen; es sollte noch reichlich ein Jahrhundert vergehen, bis der Versuch mit glücklicherem Erfolg erneuert werden konnte.

III

Im Widerspruch mit dem hohenzollernschen Hausgesetz teilte Joachim die Mark Brandenburg in seinem Testament zwischen seinen beiden Söhnen, nachdem er sich von ihnen an seinem Sterbebett — er starb im Jahre 1535 — »bei fürstlichen Würden, Ehren und Treuen an eines rechten geschworenen Eides Statt« hatte versprechen lassen, katholisch zu bleiben. Ebendarauf scheint er auch mit der Teilung des Landes abgezielt zu haben, die an und für sich natürlich das Ansehen und die Macht des Hauses Hohenzollern nicht unwesentlich schwächte; er mochte darauf rechnen, daß die Eifersucht zwischen seinen Nachfolgern jeden von beiden hindern würde, die Bestimmungen des väterlichen Testaments zu übertreten.

Diese Rechnung, wenn er sie anders angestellt haben sollte, hat ihn freilich schmählich betrogen. Er hatte kaum die Augen geschlossen, als der jüngere Sohn Johann, den nach dem Wort eines Zeitgenossen »unersättlicher Hunger und Durst nach geistlichem Gute« verzehrte, sofort protestantisch wurde; seine Gier wurde nicht wenig dadurch angestachelt, daß er die ungleich kleinere Hälfte des Landes, im wesentlichen nur die Neumark, erhalten hatte. Er wußte aber sein schmäleres Erbe gründlich auszuschöpfen und gehörte zu den größten Kapitalisten der Zeit, dank den vorteilhaften Geldgeschäften, die er mit seinem eigenen Bruder, mit zwei Kaisern und vielen anderen Fürsten, mit polnischen Woiwoden und »ganz insgeheim«, weil das nicht als standesgemäß galt, auch mit einzelnen Kaufleuten machte. Dabei war er ein strenger Lutheraner, dessen Briefe von Bekenntnissen, Gelübden und Predigten überströmten, was ihn übrigens nicht hinderte, in dem Schmalkaldischen Kriege mit dem katholischen Kaiser gegen seine protestantischen Glaubensgenossen zu fechten.

Von anderem Schlage war der ältere Bruder Joachim, der die Kurwürde und den größten Teil der Mark geerbt hatte. Er war vermutlich der ärgste Wüstling und Verschwender seiner Zeit; auch ihn dürstete nach den Schätzen der Kirche, aber nicht um mit ihnen zu wuchern, sondern um die Schulden zu decken, die sein Lasterleben immer wieder aufsummte. Aber er hatte aus den Schicksalen seines Vaters gelernt und hütete sich, mit dem Kaiser anzubinden. Die Aufgabe, die er sich demgemäß stellte, lief darauf hinaus, die Kirchengüter zu rauben, ohne doch mit der katholischen Kirche zu brechen. So nahm Joachim aus den Händen eines lutherischen Geistlichen das Abendmahl in beiderlei Gestalt, was als die äußere Form des Übertritts zum protestantischen Glauben galt, jedoch nur heimlich wie ein Dieb in der Nacht, so daß heute noch nicht festzustellen ist, wo dies nach Ansicht der preußischen Geschichtsschreiber »epochemachende« Ereignis sich eigentlich vollzogen hat. Die einen behaupten: im Berliner Dom, die anderen: in der Spandauer Nikolaikirche, vor deren Tür dem »Bekenner« ein Denkmal gesetzt worden ist.

Danach sandte dieser zweite Joachim einerseits eine »Visitationskommission« durch das Land, die den Befehl hatte, der Geistlichkeit das bare Geld, die Schuldbriefe, die Gold- und Silberschätze, die geistlichen Lehen, den kirchlichen Grundbesitz, die unbeweglichen Klostergüter abzunehmen und an die kurfürstlichen Amtsleute abzuliefern, andererseits aber erließ er die neue märkische Kirchenordnung, wonach es bei der bischöflichen Gewalt, der geistlichen Rechtsprechung, den kirchlichen Prozessionen, der letzten Ölung, den lateinischen Gesängen und sonstigen »papistischen Zeremonien« sein Bewenden haben sollte. Für diesen Hokuspokus gewann Joachim sowohl die Zustimmung Luthers wie des Kaisers, der sich freilich vorbehielt, sich sein Zugeständnis reichlich bezahlen zu lassen, und bei seinen katholischen Restaurationsversuchen in der Tat auch den getreuesten Helfershelfer an diesem protestantischen Glaubenshelden fand. Wie sein Bruder Johann kämpfte Joachim in dem Schmalkaldischen Kriege gegen die protestantischen Fürsten.

Außer der unmittelbaren Plünderung der märkischen Kirchengüter und Kirchenschätze, die unter anderem den Umfang der kurfürstlichen Domänen fast verdoppelte, brachte das Spiel, das dieser Hohenzoller mit dem »reinen Worte Gottes« trieb, ihm noch andere Vorteile ein, namentlich die Anwartschaft auf mehrfachen Landzuwachs. Zunächst auf das Erzbistum Magdeburg, das seit dem Kardinal Albrecht fast ununterbrochen von nachgeborenen Hohenzollern besetzt wurde und sozusagen durch Gewohnheitsrecht hohenzollernscher Besitz wurde, in heftiger Nebenbuhlerschaft mit den kursächsischen Wettinern, denen ihr ehrlicheres Bekenntnis zum evangelischen Glauben um so hinderlicher war, sich auf katholischen Bischofsstühlen niederzulassen. Hintereinander brachte der zweite Joachim zwei seiner Söhne und dann seinen Enkel an die Spitze des Magdeburger Erzstiftes.

Noch bedeutender war die Anwartschaft, die er auf das Herzogtum Preußen, die gegenwärtige Provinz Ostpreußen, zu gewinnen wußte. Dieser ehemalige Bundesstaat war durch den Hochmeister Albrecht, einen fränkischen Hohenzoller, säkularisiert worden; Luther selbst hatte ihm den Rat erteilt, die »alberne und sinnlose« Ordensregel abzutun und den Ordensstaat in ein weltliches Fürstentum zu verwandeln. Allerdings war auch dieser hohenzollernsche Erfolg nicht ohne Verrat an Kaiser und Reich zu erzielen gewesen; der neue Herzog von Preußen sicherte sich seine Stellung nur dadurch, daß er die polnische Lehnsherrlichkeit anerkannte. Auf ebendiesem Wege, durch die Gunst des katholischen Königs von Polen, dessen Schwester seine Gemahlin war, sicherte sich Joachim die Mitbelehnung über das Herzogtum Preußen. Dagegen scheiterte er mit dem Plane, die polnische Krone für einen seiner Söhne zu ergattern. Seine religiöse Zweideutigkeit kam ihm auch hier zustatten; wie er gegen den polnischen König den Katholiken herausgekehrt hatte, um die Mitbelehnung für das Herzogtum Preußen zu erhalten, so kehrte er bei seinen Umtrieben für die Wahl seines Sohnes zum polnischen König den Protestanten hervor, wobei er auf die große protestantische Partei in Polen zählte, deren Anhänger damals die meisten der weltlichen Kronämter an sich gebracht hatten. Allein der saubere Plan scheiterte daran, daß Joachim selbst den polnischen Woiwoden ein gar zu großer Liederjan war; der neugebackene Herzog von Preußen gab dem Berliner Vetter in einem Briefe offenherzig diesen Grund des Mißlingens an.

Auch in der inneren Politik wurde Joachims Liederlichkeit ihm zum Verhängnis. Er häufte immer neue Schulden an und mußte immer von neuem zu ihrer Tilgung die Hilfe der Landstände anrufen. Man darf anerkennen, daß die märkischen Junker sich nicht scheuten, ihrem gnädigen Landesherrn heimzuleuchten. Sie hielten ihm namentlich vor, daß er sich auf Jagden herumtreibe, statt die Regierungsgeschäfte pünktlich zu erledigen. »Se. Kurfürstliche Gnaden wolle doch nicht stets im Holze liegen und der Jagd gewarten, dieweil Seine Kurfürstliche Gnaden ja wol zur Lust und Küchen Wildpret genug bekommen kann.« Diese Sprache klingt heute etwas märchenhaft; eher hört man schon bekannte Klänge, wenn der Kurfürst antwortete, die Beschwerde über seine Tagedieberei rühre nur »von etlichen Meutemachern und zänkischen Leuten« her.

Inzwischen würde man die märkischen Junker doch gänzlich verkennen, wenn man annehmen wollte, sie hätten sich mit moralischen Vorlesungen begnügt oder mit diesen selbst nur eine bessernde Wirkung auf den Lebenswandel des Kurfürsten erhofft. Vielmehr waren sie ihnen nur das Mittel, ihre Hilfe im Preise zu steigern. Trotz allen moralischen Gezeters halfen sie dem ruchlosen Verschwender immer wieder aus seinen Geldverlegenheiten: durch neue Steuern, die sie den Bauern und den Städten auferlegten, aber deren Erhebung und Verwaltung sie, um den »Strick in der Hand« zu haben, sich selbst vorbehielten. Sie sicherten sich auch das Recht ihrer Mitwirkung bei allen Angelegenheiten, die »der Lande Gedeih und Verderb« angingen, so namentlich beim Abschluß von Bündnissen oder bei Kriegserklärungen; ganz besonders aber bauten sie das gutsherrlich-bäuerliche Verhältnis aus.

Herr Koser schreibt darüber: »Die Landschaft bewilligte nach langen Debatten schließlich immer von neuem rettende Geldhilfen und ließ sich ihre Freigebigkeit reichlich bezahlen. Joachim II. hat in seinen Reversen der kurmärkischen Ritterschaft für die Ausbildung ihrer Gutsherrlichkeit über die Bauern so viel bewilligt, daß seinen Nachfolgern nichts mehr hinzuzufügen blieb.« Das ist ganz richtig, aber ein wenig allgemein ausgedrückt. Herrn Kosers Vorläufer, der alte Droysen, schilderte vor sechzig Jahren, als es noch keine Arbeiterfrage gab, den Zusammenhang etwas ausführlicher. Die Junker sicherten sich nicht nur das Jagdrecht und das kirchliche Patronat auf ihren Gütern, was eher noch gegen den Landesherrn als gegen die Bauern gerichtet war; sie erhielten auch die Erlaubnis, »nach ihrer Gelegenheit etliche Bauern auszukaufen«; es wird ihnen gestattet: »Wenn sie ihre Güter mit Acker- oder Wiesenordnung ohne merklichen und großen Abbruch und Schaden der Bauernhütung und anderer Gerechtigkeit bessern können, so soll ihnen das ungewehrt sein.« Mit anderen Worten: Die Junker haben freie Hand, ihr Gutsfeld auf Kosten der für den Viehstand der Bauern unentbehrlichen Bruch- und Waldhutungen zu vergrößern. Sodann erhielten die kurfürstlichen Hauptleute den Befehl, »Bauern, die sich den Junkern zu dienen weigern, anzuweisen, daß sie ihnen wöchentlich zwei Tage mit Wagen, Pflügen und Handarbeit, und in der Ernte, sooft man ihrer bedarf, dienen, ihnen auch zu ihren Gebäuden mit Fuhren und Handdiensten helfen sollen«. So hatte der Adel seinen Preis; man war, wie Droysen ganz richtig sagt, auf dem furchtbaren Wege der Fronden, der ungemessenen Dienste, wenn auch das von den Junkern ersehnte Wort der Leibeigenschaft noch nicht zur Anwendung kam; in der Sache machte es keinen wesentlichen Unterschied. Der Adel hatte jetzt alle die Vorrechte, die er tatsächlich gewonnen hatte, als politisches Recht zugesprochen erhalten; er hatte die Städte vollständig überholt; die Städte und die Bauern trugen die Schuldenlast des Landes, woran der Adel nur insofern teilnahm, als er seine Bauern und deren Eigentum als Teilstücke seines Eigentums betrachtete. Die Bauern, das will sagen die Massen der damaligen Bevölkerung, waren nur noch mittelbar, durch das Mittel ihrer Gutsherrschaft, Untertanen des Landesherrn.

Der letzte Stein wurde in diesen scheußlichen Bau gefügt, als Joachim II. im Jahre 1571 gestorben und die von ihm hinterlassene Finanzverwüstung aus der Welt zu schaffen war. Gleichzeitig mit ihm starb sein Bruder ohne männliche Erben, so daß die Neumark jetzt wieder an die Kurmark fiel. Die Mark Brandenburg wurde wieder ein einheitliches Herrschaftsgebiet, aber ihre unumschränkten Herrscher waren nunmehr die Junker, nach deren Pfeife zu tanzen die bescheidene Aufgabe der hohenzollernschen Kurfürsten wurde. Bis zum Jahre 1640 folgten ihrer vier aufeinander, von denen es allzu schmeichelhaft wäre zu sagen, daß der Nachfolger immer unbedeutender gewesen sei als der Vorgänger: Sie waren alle gleich unbedeutend. Ihre wesentliche Beschäftigung bestand darin, durch pfiffig ausgeklügelte Heiraten Land und Leute zu erschleichen, gemäß jener dynastischen Familienpolitik, die in den jungen Tagen des modernen Absolutismus wucherte; ist doch selbst der mächtige Kaiser Karl V. nicht weniger als zehnmal verlobt gewesen, ehe er wirklich heiratete, und jede dieser Verlobungen hatte ihren politischen Zweck. Mit den heiligen Banden der Ehe ging es dabei kurios her; Säuglinge wurden schon in der Wiege verkuppelt, Kinder von zehn Jahren waren manchmal schon verschiedentlich verlobt und entlobt gewesen; ein junger Mann, der kaum ins heiratsfähige Alter getreten war, heiratete eine Greisin, die schon mit einem Fuße im Grabe stand, und umgekehrt.

Auf diese Weise kamen die Hohenzollern unter anderem zur Anwartschaft auf das rheinische Herzogtum Jülich-Kleve-Berg. Ein märkischer Kurprinz verlobte sich mit der ältesten Erbtochter dieses reichen Gebiets, obgleich sie erst vierzehn Jahre zählte, »nicht untadelhaft an Wuchs« und, wie ihre eigene Mutter dem Bewerber offenherzig erklärte, »keine der Schönsten« war. Die Heirat wurde vollzogen, aber um das Geschäft ganz niet- und nagelfest zu machen, heiratete der Kurfürst selbst nach dem Tode seiner Gemahlin die jüngste Erbtochter des Hauses Jülich-Kleve-Berg, also die jüngere Schwester seiner eigenen Schwiegertochter. Er wurde der Schwager seines Sohnes, aber trotz dieses doppelten Knotens entstand ein wüstes Geraufe um die Erbschaft, da noch ein paar Erbtöchter da waren, die von anderen Fürsten erschachert waren.

Auch in anderer Beziehung erwies sich die dynastische Familienpolitik auf Sand gebaut. Denn am letzten Ende waren diese Heiraten doch nur eine absonderliche Form von Verträgen, von denen der alte Fritz zu sagen pflegte, daß sie ohne Waffen nicht mehr bedeuteten als Noten ohne Instrument. Und mit der brandenburgischen Waffenrüstung sah es von der Mitte des sechzehnten bis zur Mitte des siebzehnten Jahrhunderts sehr übel aus. Die allmächtigen Junker verweigerten den Kurfürsten Geld wie Mannschaft: jenes, weil sie die Erträge der von ihnen verwalteten Steuern lieber in die eigene Tasche steckten, diese, weil sie den Bauern nicht die Mittel geben wollten, sich aus ihrer Dienstbarkeit zu befreien. Waren die Kurfürsten wirklich einmal einigermaßen bei Kasse, so konnten sie vielleicht eine Reitertruppe aufstellen, weil sich immer junge Edelleute fanden, die gern aufsaßen — natürlich gegen gute Bezahlung —, um sich einige Monate herumzutummeln, aber schon der zweite Joachim hatte beklagt, daß es schwer sei, in der Mark gutes Fußvolk aufzutreiben, und das Fußvolk wurde immer mehr die entscheidende Waffe des Krieges.

So schwebten die Anwartschaften des Hauses Hohenzollern mehr oder weniger in der Luft, als sie vor [dem] und im Dreißigjährigen Kriege fällig wurden, als im Jahre 1609 der letzte einheimische Herzog von Jülich-Kleve-Berg starb, im Jahre 1618 die preußische Linie des Hauses Hohenzollern erlosch und im Jahre 1637 die Herzöge von Pommern ausstarben, deren Erben nach alten Verträgen die hohenzollernschen Kurfürsten waren. Der rheinische Besitz wurde von anderen Tochtermännern des letzten Herzogs heftig bestritten und war weder rechtlich noch tatsächlich gesichert; in Ostpreußen war die Nachfolge nur möglich unter der drückenden Oberherrschaft des polnischen Königs und der nicht minder demütigenden Mitherrschaft der Stände; endlich Pommern war im Besitz der Schweden, die nicht daran dachten, das brandenburgische Erbfolgerecht anzuerkennen, das Land vielmehr für sich selbst beanspruchten und mit ihren siegreichen Waffen behaupteten.

Hilflos trieb der Hohenzollernstaat in den wilden Stürmen des Dreißigjährigen Krieges. Man versuchte es erst mit der Neutralität, aber nur mit dem Erfolg, daß man den Krieg überall im Lande hatte, ohne irgendwo am Kriege beteiligt zu sein. In Ostpreußen wie in Pommern lagen die Schweden; in den rheinischen Besitzungen hausten teils die Holländer, teils die Spanier, in der Altmark die Truppen Wallensteins und Tillys, die Prignitz und Uckermark suchten dänische Streifkorps heim, und die Neumark brandschatzte im Winter von 1626 auf 1627 selbst ein Schwarm auf eigene Faust kriegführender Kosaken. Dann versuchte man sich an das Haus Habsburg anzuschließen, um sich wieder für neutral zu erklären, als Gustav Adolf in Pommern landete, der für solche faden Scherze schlechterdings kein Verständnis hatte und die Gesandten des damaligen Kurfürsten, seines Schwagers, mit den derben Worten abfertigte, sie sollten nicht »italienisch«, sondern ehrliches Deutsch reden. Hier streite Gott und der Teufel; wolle Seine Liebden es mit Gott halten, so solle er sich für die Schweden erklären; erkläre er sich für den Teufel, so würde er ihn bei den Ohren kriegen, daß die Haare dabei herumfliegen sollten. Es ist beiläufig anzuerkennen, daß Herr Koser von dem »Glaubenshelden« Gustav Adolf nichts mehr weiß und die Politik des schwedischen Königs im wesentlichen treffend darstellt als eine Politik, die nach damaliger Staatsräson vom schwedischen Standpunkt aus berechtigt sein mochte, aber den deutschen Interessen gegenüber die Politik eines feindlichen Eroberers war.

Halb mit Gewalt gezwungen, segelte die brandenburgische Politik dann einige Jahre in der schwedischen Gefolgschaft, worauf sie sich wieder dem Kaiser zuwandte oder neue Versuche der Neutralität machte. Es hat heute nicht das geringste Interesse mehr, dieses kopflose Hin und Her zu verfolgen, zumal da es nichts an dem wirklichen Stande der Dinge änderte, der jahrzehntelangen Ausplünderung der wehrlosen Mark Brandenburg durch Freund und Feind. Nach zwanzigjähriger Dauer des Krieges, im Jahre 1640, war der Hohenzollernstaat ein »halbverlorenes Land«, mindestens in demselben Maße und Umfang wie zwei Jahrhunderte früher, als die Hohenzollern ins Land kamen.

In dem genannten Jahre gelangte der Kurfürst Friedrich Wilhelm zur Regierung, ein junger Mann noch von zwanzig Jahren, der nahezu fünfzig Jahre regiert hat und von der patriotischen Geschichtsschreibung nicht nur mit dem Namen des Großen geehrt, sondern auch als der eigentliche Schöpfer des brandenburgisch-preußischen Staates gefeiert wird. Unzweifelhaft war er seinen Vorgängern an Energie und Verstand überlegen, was freilich nicht viel sagen wollte; was ihm jedoch im Interesse seines Hauses größere Erfolge verschafft hat, war jener gänzliche Mangel an deutscher Gesinnung, den er mit seinem Vorfahren Joachim I. und mit seinem Nachfolger Friedrich II. teilte. In den ersten Jahren seiner Regierung versuchte er, sich mit [den] Schweden anzubiedern, denen er sich als Gemahl ihrer Königin Christine empfahl; als er damit nach langen Bemühungen bei den schwedischen Staatsmännern abblitzte, verkaufte er sich an Frankreich, oder, wie Herr Koser die Tatsache höflicher ausdrückt, überzeugte er sich frühzeitig von der Unerläßlichkeit einer politischen Verbindung mit Frankreich.

Die Franzosen hatten jetzt hellere Augen als vor hundert Jahren. Dazu mochte beitragen, daß ihnen der hohenzollernsche Kurfürst nicht nur als Sturmbock gegen ihren Gegner, den habsburgischen Kaiser, sondern auch gegen die Schweden, ihre eigenen Verbündeten, dienen konnte, die sie auf deutschem Boden nicht allzu üppig werden lassen wollten. In diesem doppelten Sinne empfahl Graf d'Avaux, der französische Bevollmächtigte auf dem westfälischen Friedenskongreß, die Fürsorge für die brandenburgischen Interessen dem Kardinal Mazarin, dem damaligen Leiter der französischen Politik. Natürlich wußte der Kurfürst sehr gut, daß die französischen Staatsmänner ihn nicht um seiner schönen Augen willen in ihr Herz schlossen, sondern daß diese Zärtlichkeit »im Grunde nur ein Hebel der französischen Eroberungspolitik« war, wie Herr Koser treffend sagt.

Bei solchem gegenseitigen Verständnis machte sich das Geschäft ziemlich leicht, wenn auch, da der Kurfürst gleich seinem Ahnen Joachim ein zäher Schacherer war, nicht ohne einige Weitläufigkeiten. Bei allem Argwohn gegen ihre schwedischen Bundesgenossen war den Franzosen der habsburgische Kaiser doch noch verhaßter, und sie gingen gleich aufs Ganze, indem sie dem Kurfürsten sichern wollten, was sie erst hundert Jahre später dem großen König Friedrich gesichert haben: nämlich Schlesien. Diese österreichische Provinz sollte eine Entschädigung dafür sein, daß der Kurfürst seine Erbansprüche auf Pommern zugunsten der Schweden einschränkte, die auf Vorpommern nebst Stettin und den Odermündungen schlechterdings nicht verzichten wollten, von hier auch nicht wohl vertrieben werden konnten. Aber ebensowenig wollten die Österreicher auf Schlesien verzichten, und auch ihr Widerstand war einstweilen nicht zu brechen. So setzten die Franzosen denn wenigstens durch, daß der Kurfürst für Vorpommern durch die Bistümer Magdeburg,

Halberstadt und Minden entschädigt wurde, ein noch immer sehr vorteilhafter Tausch.

In dieser Weise bewirkte die wohlwollende Patronage der französischen Politik, daß der brandenburgisch-preußische Staat, so kläglich er sich in den Gefahren des Dreißigjährigen Krieges gehalten hatte, aus diesem Kriege als der größte deutsche Einzelstaat hervorging und dem Hause Habsburg nun ein sehr unbequemer Nachbar zu werden begann. Es ist wahr, daß der Kurfürst Friedrich Wilhelm gelegentlich auch seinen französischen Gönnern den hohenzollernschen Erbfehler der Undankbarkeit bewiesen hat, und es ist auch wahr, daß der Kurfürst von Ludwig XIV. gelegentlich einen derben Fußtritt erhielt, wie hundert Jahre später sein glorreicher Nachfolger Friedrich sogar von der Marquise Pompadour. Aber das waren nur die Zänkereien zwischen Liebenden, und die schönen Seelen fanden sich schließlich doch immer. Wie der Große Kurfürst mit der französischen Lakaienschaft begann, so endete er auch mit ihr; am Schlusse seiner Regierung waren seine Familie, sein Hof, seine Regierung von französischem Gold verseucht, wofür sich der Kurfürst dadurch revanchierte, daß er dem französischen Gesandten einen mit Diamanten besetzten Ehrendegen überreichte, als Ludwig XIV. im Jahre 1681 die deutsche Stadt Straßburg überrumpelt hatte.

Die »rettende Tat«, wie Herr Koser das Überlaufen des Kurfürsten ins französische Lager nennt, hatte natürlich auch auf die innere Politik des brandenburgisch-preußischen Staats ihre Nachwirkungen. Er mußte militärisch gerüstet sein, wenn er der französischen Eroberungspolitik dienstbar werden sollte, und die Junker waren jetzt willig, die Mittel für ein Söldnerheer zu bewilligen, da die fremden Kriegsvölker im Dreißigjährigen Kriege sie ebenso unbarmherzig gezaust hatten, wie sie die Bauern und die Städte zausten. So kam der Landtagsabschied von 1653 zustande, der den Junkern noch einmal ihre Gutsherrlichkeit feierlich verbriefte, wofür sie gnädigst gestatteten, daß den Bauern und den Städten stehende Steuern auferlegt wurden, um Söldner zu werben und zu unterhalten. Des kleinen Items nicht zu vergessen, daß sie sich die vollkommene Herrschaft über das neue Heer sicherten, die sie, wie eben jetzt wieder Zabern[5] zeigt, bis auf diesen Tag glorreich behauptet haben.

So viel über die Anfänge des preußischen Staats, deren Kenntnis, so trostlos sie an sich sein mögen, immerhin manches Licht auf die Zustände der Gegenwart wirft.

Die Neue Zeit
32. Jg. 1913/14, Erster Band,
S. 569–576, 614–622, 647–653.
Franz Mehring: Gesammelte Schriften,
Bd. 5, Berlin 1977, S. 219–246.

Aus »Der rote Faden
der preußischen Geschichte«

1915/1916

Otto Hintze, Die Hohenzollern und ihr Werk. Fünfhundert Jahre vaterländischer Geschichte. Fünfte Auflage. (Fünftes Zehntausend.) Berlin 1915, Verlag von Paul Parey. 704 Seiten. Preis gebunden 5 Mark.

Am 30. April dieses Jahres war ein halbes Jahrtausend verflossen, seitdem der Burggraf Friedrich von Nürnberg, aus dem schwäbischen Geschlecht der Hohenzollern, vom König Sigismund die Markgrafschaft Brandenburg samt der Kurwürde übertragen erhielt. Am 21. Oktober 1415 empfing der neue Markgraf in Berlin die feierliche Erbhuldigung der märkischen Landstände, und am gleichen Tage dieses Jahres ist das offizielle Jubiläum gefeiert worden, in Anbetracht der Zeitumstände wesentlich nur durch den Austausch huldigender und dankender Telegramme sowie durch Feiern in Kirche und Schule.

Nicht an den Tag gebunden ist dagegen ein Buch, das Herr Otto Hintze, Professor an der Berliner Universität, als Jubiläumsschrift herausgegeben hat. Der Verfasser will »das Werk der Hohenzollern, so·wie es ist, der Welt vor Augen stellen« und fügt hinzu: »Das geschieht hier in einer schlichten, leidenschaftslosen Darstellung. Es ist auch kein Panegyrikus, trotz des festlichen Anlasses, sondern ein Buch, das vor allem nach wissenschaftlicher Wahrhaftigkeit strebt.« Das ist nun freilich nur mit dem bekannten Körnlein Salzes zu verstehen.

Schon der Titel des Buches erweckt einige Zweifel. Der gegenwärtige Krieg beweist schlagend genug, daß die »vaterländische Geschichte« doch etwas anderes ist als ein »Werk der Hohenzollern«. Auch rein äußerlich deuten der — namentlich bei seiner höchst splendiden Ausstattung — auffallend niedrige

Preis des Buches sowie die mehr als vierzigtausend Exemplare, die trotz seiner keineswegs leicht lesbaren Darstellung binnen weniger Monate abgesetzt worden sind, darauf hin, daß dies Schifflein doch nicht ganz auf eigene Rechnung und Gefahr das augenblicklich so windstille Meer des Buchhandels befährt.[1*]

Indessen darf das Werk des Herrn Hintze deshalb doch nicht mit den landläufigen Jubiläumsschriften in einen Topf geworfen werden. Der Verfasser hat sich jahrzehntelang mit der brandenburgisch-preußischen Geschichte beschäftigt, und wenn anders sich jedermann seines Fleißes rühmen darf, so kann er wohl beanspruchen, gehört zu werden, wenn er darstellen will, »wie unsere inneren Zustände geworden sind und warum sie so und nicht anders werden mußten«. Versteht sich, unter den gebotenen Einschränkungen, über die zunächst einige aufklärende Bemerkungen gestattet sein mögen.
[...]

IX

Ein bekanntes Verslein preist das Haus Habsburg glücklich, weil es nicht durch Kriege, sondern durch Heiraten emporgekommen sei. Immerhin war die dynastische Familienpolitik keine habsburgische Eigentümlichkeit, sondern eine allgemeine Erscheinung in den Tagen, da der moderne Absolutismus jung war, und auch das Haus Hohenzollern hat seinen reichlichen Anteil daran.

Es schloß im fünfzehnten und sechzehnten Jahrhundert unzählige Ehe- und Erbverträge, von denen einzelne, wie der Erbvertrag mit Mecklenburg, bis auf den heutigen Tag fortdauern, andere, wie eine Erbverbrüderung zu dritt zwischen Brandenburg, Hessen und Sachsen, immer nur auf dem Papier

---

1* Die im Text geäußerte Vermutung ist inzwischen durch die Veröffentlichung eines landrätlichen Erlasses bestätigt worden, wonach das Buch von den Landratsämtern zum Preise von 4 Mark vertrieben wird.

geblieben sind, noch andere, wie Erbverträge mit schlesischen Fürsten, von der habsburgischen Übermacht in Stücke zerrissen worden sind und höchstens fadenscheinige Vorwände für langwierige Kriege geliefert haben, endlich aber auch einige in der Tat zu wesentlichen Erweiterungen der hohenzollernschen Hausmacht geführt haben.

Der Stern oder Unstern des Hauses fügte, daß die wichtigsten dieser Anwartschaften fällig wurden, als es mit ihm am schlechtesten stand: in den ersten Jahrzehnten des siebzehnten Jahrhunderts. Im Jahre 1609 starb der letzte einheimische Herzog von Jülich-Kleve-Berg, von dessen Erbtöchtern zwei mit Hohenzollern verheiratet waren: die jüngere mit dem Vater, die ältere mit dem Sohne; im Jahre 1618 erlosch die preußische Linie des Hauses Hohenzollern, und im Jahre 1637 starben die Herzöge von Pommern aus, deren Erben nach alten, immer von neuem besiegelten Abmachungen die hohenzollernschen Kurfürsten waren. Es wäre eine Vergrößerung der Kurmark Brandenburg um nahezu das Dreifache gewesen, wenn alle diese Erbschaften hätten sofort und ungeschmälert eingeheimst werden können.

Damit sah es zunächst aber sehr trübe aus. In Jülich-Kleve-Berg meldeten sich noch andere Tochtermänner des verstorbenen Herzogs, und Brandenburg verzichtete schon 1614 auf den größeren Teil des Erbes, auf die Herzogtümer Jülich und Berg mit der Hauptstadt Düsseldorf; es begnügte sich vorläufig mit dem Herzogtum Kleve und der Grafschaft Mark, aber auch dieser Besitz hing völlig in der Luft, solange Holländer und Spanier im ganzen Lande hausten, zwischen deren Heeren die zusammengelaufenen Haufen von ein paar hundert Mann, mit denen die deutschen Erben allein antreten konnten, eine sehr armselige Rolle spielten. In Ostpreußen wurde der kurfürstliche Erbe nur geduldet als eine Art Puffer zwischen dem einheimischen Adel und dem polnischen Lehnsherrn, wobei er von beiden Seiten gepufft wurde, und Pommern endlich war im Besitz der Schweden, die es als

»Satisfaktion« für ihre sogenannte »Rettung des deutschen Protestantismus« beanspruchten.

Von dem alten, üblen Scherze, wonach Gustav Adolf »zum Schutze des Protestantismus« mit bewaffneter Hand in Deutschland eingebrochen sei, hält sich Herr Hintze nicht völlig frei, dagegen verfällt er nicht dem neuesten Sport der bürgerlichen Geschichtsschreibung, die Verheerungen des Dreißigjährigen Krieges möglichst abzustreiten. Sie waren nirgends so arg wie in der Mark Brandenburg; in der Altmark schätzte man den Menschenverlust auf 50, in der Mittelmark sogar auf 75 Prozent. Eine Tabelle der städtischen Feuerstellen aus dem Jahre 1645 zeigt, daß in vielen märkischen Städten die Hälfte, in anderen zwei Drittel, in einigen gar fünf Sechstel der Häuser wüste geworden waren. Wie es auf dem platten Lande aussah, zeigt ein Protokoll des Kreises Oberbarnim schon aus dem Jahre 1635, also reichlich ein Dutzend Jahre vor dem Schluß des Krieges; danach lag damals schon ein Drittel der Höfe und Hufen in diesem Kreise wüste.

Die Ursache dieses besonderen Elends war die völlige Wehrlosigkeit der Mark Brandenburg, die wie ein hilfloses Wrack zwischen den kämpfenden Mächten einhertrieb. Bald versuchte sie – oder richtiger: Der Not gehorchend, nicht dem eigenen Triebe, schloß sie sich bald der kaiserlichen, bald der schwedischen, bald überhaupt keiner Politik an. Die Stände waren auch jetzt nicht zu bewegen, die Mittel für die Aufstellung eines kriegstüchtigen Heeres zu bewilligen; höchstens rückten sie geringe Summen für eine kurze Frist heraus, womit etwa eine verlumpte Soldateska angeworben werden konnte, die nur die Plagen des Landes vermehrte. Allerdings dämmerte ihnen in dem jahrzehntelangen Jammer allmählich die Erkenntnis auf, daß sie im Grunde mit ihrer hartgesottenen Politik ein schlechtes Geschäft machten, daß sie billiger davonkommen würden, wenn sie ein schlagkräftiges Heer aufstellten, als wenn sie jedem bewaffneten Haufen, der in die Mark einbrach, mehr oder minder unerschwingliche Kontributionen zahlen mußten. Namentlich die Schweden wurden

nicht müde, dem märkischen Adel diese heilsame Lehre ein-
zubleuen. Wenn die Stände, unter Berufung auf ihre altver-
brieften Rechte, den schwedischen Kontributionen etwas abdingen wollten, kam aus dem schwedischen Hauptquartier die
barsche Antwort, damit möchten sie ihrer gnädigsten Lan-
desherrschaft kommen; das Recht des Schwertes kümmere
sich um keine Verfassung.

Dauernd wirkten diese Lektionen aber noch nicht auf die
Stände. Der Versuch des Ministers Schwarzenberg, nach dem
Anheimfall Pommerns im Jahre 1637 über ihren Kopf weg
Kriegskontributionen auszuschreiben, um ein Heer zur Behauptung der Erbschaft aufzubringen, scheiterte schmählich
und trug seinem Urheber nur den Ruf eines Landesverräters
ein, an dem er fast zwei Jahrhunderte gelitten hat. Es war so,
wie einer der kurfürstlichen Räte im Jahre 1640 schrieb:
»Pommern ist dahin, Jülich ist dahin, Preußen haben wir wie
einen Aal beim Schwanz, und die Marke wollen sie auch
vermarketendieren.« Und daran änderte zunächst auch nichts
der Thronwechsel, der in demselben Jahre den Kurfürsten
Friedrich Wilhelm (1640–1688), einen jungen Mann von
zwanzig Jahren, ans Ruder brachte.

Die Kriegsläufte, in denen er aufgewachsen war, hatten
seine Jugend freudlos gemacht, aber sie auch vor den tausend
Nichtigkeiten des Hoflebens geschützt; hinter den Mauern der
Festung Küstrin hatte er eine gute Erziehung genossen, dann
die ersten Jünglingsjahre bei seinen mütterlichen Verwandten,
den Oraniern, in den Niederlanden verlebt, im Feldlager und
auf der Universität Leyden. Nirgends konnte er die Blüte des
damaligen Kriegswesens genauer studieren und nirgends auch
schärfer erkennen, auf welche Höhe der Macht sich ein verhältnismäßig kleines Gemeinwesen durch die Herrschaft über
die See emporschwingen kann; diese Eindrücke haben sein
ganzes Leben bestimmt. Auch sonst hatte er seine Lehrjahre
nicht vertrödelt; außer seiner Muttersprache beherrschte er
das Französische, Holländische und Polnische.

Er begann seine Regierung unter den traurigsten Umständen

und wußte zunächst auch nichts Besseres zu tun, als das Land von neuem zu entwaffnen, soweit durch Schwarzenbergs Bemühungen einige Regimenter zusammengebracht worden waren. Sein Haupthelfer dabei und überhaupt sein maßgebender Berater im ersten Jahrzehnt seiner Regierung war Konrad v. Burgsdorff, ein märkischer Junker und ein Mann ganz nach dem Herzen der Stände, obgleich er selbst Kriegsobrister war. Nur so viel Mannschaft wurde zurückbehalten, um die Festungen notdürftig zu besetzen, etwa 2000 Mann Fußvolk und 100 Reiter, aber selbst für diese Handvoll Leute, die sich noch fortwährend durch Desertion lichteten, war von den Ständen kein Sold zu erlangen.

Worauf der Kurfürst hinauswollte, war ein Bündnis mit den Schweden, das von diesen übermütigen Eroberern nicht zu haben war, wie sie offen erklärten, wegen der »Ohnmacht des Kurfürsten« (impotentia electoris). Sie lagen im Lande, wenn auch nicht in den Festungen, so doch in Städten und Dörfern, rekrutierten sich aus der märkischen Bevölkerung und trieben allmonatlich ihr Kontributionsquantum, 10 000 Taler und 1000 Scheffel Mehl, pünktlich ein. So ging es jahraus, jahrein. Da sie um so weniger daran dachten, Pommern herauszugeben, so würde die Politik des Kurfürsten ganz unverständlich sein, wenn sie sich nicht dadurch erklärte, daß er gleichzeitig um die Hand der Königin Christine von Schweden warb, der unverheirateten Tochter Gustav Adolfs. Nach fünfjährigem Hin und Her sagten endlich die Königin und die schwedischen Minister ab. Nunmehr bewarb sich der Kurfürst um eine Oranierin, wobei er auch nur halben Erfolg hatte, indem er zwar ihre Hand erhielt, aber nicht das mit dieser Hand erstrebte politische Bündnis der Niederlande.

So nahm der Kurfürst die Überlieferungen seines Vorfahren Joachim wieder auf und sah die »rettende Tat« in einem Bündnis mit Frankreich. Hier fand er offene Türen, nicht als ein Verbündeter von gleich auf gleich, sondern als ein Werkzeug, das der französischen Politik trefflich dienen konnte, sowohl die habsburgische Macht zu dämpfen als auch die schwedischen Bundesgenossen nicht gar zu übermütig werden zu lassen. Bei den Friedensverhandlungen in Münster und Osnabrück unterstützten die siegreichen Franzosen die Ansprüche des Kurfürsten, die sonst keinen Anwalt gefunden hätten, mit allem Nachdruck, wenn auch selbstverständlich nur, soweit es ihrem Interesse entsprach. Trotz seines heftigen Sträubens mußte der Kurfürst die Insel Rügen, Vorpommern, die Odermündungen und Stettin an Schweden überlassen, den kleineren, aber reicheren und wertvolleren Teil des Landes; er selbst erhielt Hinterpommern und den Anspruch auf eine Entschädigung, die er selbst auf das Erzbistum Magdeburg, die Bistümer Halberstadt und Minden, einige schlesische Herzogtümer und eine große Geldabfindung bemaß. Dem widersetzte sich nun aber das Haus Habsburg, sowohl was die Bistümer als auch was die schlesischen Fürstentümer anbetraf. Die Franzosen, und diesmal die Schweden mit ihnen, schlichteten den Streit. Sie kürzten zunächst die übertriebenen Forderungen des Kurfürsten, indem sie die Geldabfindung strichen und ihm nur eines von beidem zubilligten, entweder geistliches oder weltliches Gut. Am liebsten hätten sie ihn in Schlesien angesiedelt, weil er hier dem Hause Habsburg am unbequemsten geworden wäre. Aber der Kaiser war, wie die Franzosen spotteten, um sein Hausgut viel besorgter als um den Besitz des heiligen Petrus und willigte endlich, um Schlesien ernstlich besorgt, in die Säkularisation von Magdeburg, Halberstadt und Minden. Es war immer noch eine reichliche Entschädigung für Vorpommern, wenn es dem Kurfürsten auch nicht die Odermündungen ersetzen konnte, um deren Besitz er noch vierzig Jahre gekämpft hat.

Der Westfälische Friede von 1648 gründete die deutsche »Libertät«; im Bündnis- und Waffenrecht gab er den deutschen Einzelstaaten die wesentlichen Eigenschaften der Souveränität; im Sinne völkerrechtlicher Selbständigkeit durften sie eigene Truppen halten und Bündnisse mit fremden Mächten schließen. Es war freilich nur die rechtliche Anerkennung einer tatsächlichen Entwicklung, die längst eingesetzt hatte, aber ebendadurch eröffnete sie eine neue Epoche der deutschen Geschichte, in der sich die Einzelstaaten auf und aus den Trümmern des Heiligen Römischen Reiches Deutscher Nation entwickelten.

Nächst dem Hause Habsburg war nach dem Westfälischen Frieden aber das Haus Hohenzollern das mächtigste in Deutschland, wenigstens insofern, als es über das verhältnismäßig ausgedehnteste Gebiet verfügte. Was es durch den Westfälischen Frieden gewann, erreichte an Umfang fast die Mark Brandenburg, und noch umfangreicher als dies alte Stammland war Ostpreußen, das sich der junge Kurfürst gleich nach seinem Regierungsantritt durch eine demütigende Vasallenfahrt an den Hof des polnischen Königs in Warschau gesichert hatte. Dazu kamen noch die Besitzungen am Niederrhein, die zwar noch von deutschen Nebenbuhlern bestritten, aber wenigstens nicht mehr von fremden Heeren verwüstet wurden. Die ganze Ländermasse war schon dreimal größer als Kursachsen, fünfmal größer als die Welfenlande, so groß wie heute Bayern, Württemberg und Baden zusammen sind.

Aber es war noch immer eine Masse, von der es heißen konnte: Wie gewonnen, so zerronnen, und es kommt nun darauf an, dem roten Faden nachzuspüren, der sie dennoch zusammenhielt.

X

Wenn der Kurfürst Friedrich Wilhelm mit der Abrüstung begonnen hatte, so wurde er bald durch den Zwang der Verhältnisse belehrt, daß er ohne Wehr und Waffen ein willenloser Spielball zwischen dem Kaiser und den Schweden bleiben werde. Sobald er sich entschlossen hatte, sein Schicksal der Krone Frankreichs anzuvertrauen, begann er mit neuen Rüstungen, wobei er von Burgsdorff unterstützt wurde. Anders jedoch, als er nach dem Frieden sich weigerte, die Truppen abzudanken, und ihre dauernde Unterhaltung von den

Ständen beanspruchte. Dem widersetzten sich die Stände, und Burgsdorff, der ihr Fürsprecher war, kam darüber zum Falle.

Was der Kurfürst verlangte, ein stehendes Heer und als dessen unentbehrliche Grundlage ständige Steuern, war für ihn eine unerbittliche Notwendigkeit, wenn er anders die hohenzollernsche Hausmacht aufrechterhalten wollte. Darüber braucht kein Wort verloren zu werden und am allerwenigsten allerlei ideologisches Gerede über die Erhabenheit einer modernen Staatsidee und dergleichen mehr. Was jedoch ausdrücklich zurückgewiesen werden muß, ist die von mehr als einer Generation preußischer Historiker aufgepäppelte Legende, als habe der Kurfürst mit eiserner Faust die Macht der Stände gebrochen, nun gar im Interesse der »armen Klassen«, die unter der ständischen Selbstsucht gelitten hätten, und den Adel der Zucht des monarchischen Staatsgedankens unterworfen. Es ist immerhin ein Fortschritt, wenn Herr Hintze schreibt: »Nicht die sozialen Vorrechte des Adels im Rechts- und Wirtschaftsleben sind unter dem Großen Kurfürsten angegriffen worden, sondern der kurzsichtige Mißbrauch seines politischen Mitregierungsrechts ... Die alte ständische Gesellschaftsordnung mit den Privilegien des Adels und der Zünfte blieb bestehen.« Richtiger noch wäre es gewesen, wenn Herr Hintze von dieser neuen Ordnung der Dinge dasselbe gesagt hätte, was er von der Begründung der hohenzollernschen Herrschaft in der Mark Brandenburg sagt, sie habe nicht auf der gewaltsamen Unterwerfung des Adels beruht, sondern auf Verträgen mit dem Adel, die sich in dem neueren wie in dem älteren Falle als Löwenverträge zugunsten des Adels herausstellen sollten.

Es ist bereits angedeutet worden, daß die schmerzlichen Erfahrungen des Dreißigjährigen Krieges nicht unbemerkt an dem Adel vorübergegangen waren, und ihre Nachwirkungen dauerten noch lange an. Die bäuerliche Bevölkerung war durch den Krieg aus ihrem dumpfen und stumpfen Sklavendasein aufgerüttelt worden; viele »Untertanen« hatten eigenmächtig die »Hufe« verlassen, zu der sie »geboren« waren, oder sie hatten gar Waffen führen gelernt, was der »Herrschaft« die grauenvollste Aussicht war. Wer eine Kriegsfeder am Hute getragen hatte, ließ sich schwer wieder in das harte Joch eines Hörigen spannen. Die großen Menschenverluste des Krieges hatten einen Mangel an Arbeitskräften geschaffen, der dem Adel um so empfindlicher auf die Nerven fiel, als er sich der wüst gewordenen Bauernhöfe bemächtigte, um sie zum Rittergut zu schlagen; der Umfang der Rittergüter, die damals durchschnittlich nur 12 Hufen gleich 360 Morgen groß waren (den siebenten Teil von ihrem durchschnittlichen Umfang im neunzehnten Jahrhundert), hat sich in den nächsten fünfzig Jahren um 30 Prozent vergrößert. Daß die Klagen des Adels über das »boshafte und mutwillige Gesinde«, die in den ersten Jahrzehnten nach dem Kriege unaufhörlich ertönten, in seinem Sinne nicht grundlos waren, beweist die Tatsache, daß Kost und Lohn in dieser Zeit viel eher ein menschenwürdiges Leben ermöglichten als in den Jahrhunderten vor- oder nachher. Viel billiger war das nötige Menschenmaterial für ein Söldnerheer in dem massenhaften Lumpenproletariat zu beschaffen, das der Krieg hinterlassen hatte. Es rekrutierte sich nicht nur aus den »Gartbrüdern«, den verlumpten Kriegsknechten, die haufenweise bettelnd oder raubend durchs Land zogen, sondern auch aus junkerlichen »Krippenreitern«, die sich ebenfalls, wie man damals sagte, koppelweise herumtrieben und, wenn sie sich überhaupt von den »Gartbrüdern« unterschieden, es in einer dem Adel peinlichen Weise taten, indem sie auf seinen Gütern schmarotzten. Sie waren durch den Krieg aus ihrer Klasse geworfen worden, die sich, seitdem sie »den Strick in der Hand hielt«, allzu massenhaft vermehrt hatte, und ein stehendes Heer konnte ihnen wieder zu einer »standesgemäßen« Versorgung verhelfen.

Alle diese Umstände haben dazu beigetragen, den Widerstand der märkischen Stände gegen den miles perpetuus[6] abzuschwächen, und sie erklären auch die Bedingungen, unter denen sie nach vierjährigem zähem Feilschen endlich nachgaben, indem sie 1653, zunächst auf sechs Jahre, dem Kurfürsten jährlich 560 000 Taler für den Unterhalt seiner Truppen bewilligten. In dem berühmten Landtagsabschied dieses Jahres, den der märkische Adel hinfort als seine Magna Charta betrachtete und wie seinen Augapfel hütete, werden ihm alle seine Vorrechte feierlich bestätigt und verbrieft, »sein Vorrecht auf den Besitz von Rittergütern, seine Herrenstellung im Gutsbezirk, seine obrigkeitlichen Rechte über die Bauern, seine Steuer- und Zollfreiheit, seine Verfügung über die Frondienste der Bauern«, genug, das ganze gutsherrlich-bäuerliche Verhältnis, wie es sich im Laufe der Jahrhunderte durch die fortgesetzten Übergriffe des Adels herausgebildet hatte. Er sicherte sich sogar eine immer noch ausgedehntere Herrschaft über die Bauern durch die Bestimmung, daß es bei der »Leibeigenschaft«, wo sie herkömmlich sei, ihr Bewenden haben solle. Denn eine »Leibeigenschaft« im juristischen Sinne des Wortes gab es wenigstens in der Mark Brandenburg nicht; für ihre Personen waren die Bauern erwerbs- und prozeßfähig; sie konnten nicht verkauft oder vertauscht werden.

Aber ihre »Erbuntertänigkeit« unterschied sich freilich nicht so sehr von der Leibeigenschaft. Sie waren samt ihren Kindern an den »angeborenen Grund und Boden« gebunden und durften das Gut ohne Bewilligung der Herrschaft nicht verlassen; entwichene Untertanen samt ihren auswärts geborenen Kindern konnten von der Herrschaft überall und zu allen Zeiten aufgesucht und zur Rückkehr genötigt werden. Die Untertanen mußten die herrschaftliche Genehmigung zur Heirat nachsuchen, die versagt werden durfte nicht nur, wenn die Braut als liederlich, sondern schon, wenn sie als widerspenstig bekannt oder auch nur unfähig war, den ihr obliegenden Arbeiten vorzustehen; wer ohne herrschaftliche Erlaubnis heiratete, verfiel Gefängnisstrafen oder Strafarbeiten. Die Kinder der Untertanen waren der Herrschaft zum Gesindedienst verpflichtet; fremde Dienste durften sie erst annehmen, wenn sie sich zuvor der Herrschaft angeboten und einen Erlaubnisschein zum Auswärtsdienen erhalten hatten, der gewöhnlich nur auf ein Jahr erteilt wurde; ebenso hatte die Herrschaft ihre Genehmigung zu erteilen, wenn sie ein bürgerliches Gewerbe erlernen oder ein Studium ergreifen wollten. Die Herrschaft konnte faules, unordentliches und widerspenstiges Gesinde mit der ledernen Peitsche züchtigen, die Bauern oder deren Frauen durch Gefängnis oder Strafarbeiten zu ihrer Pflicht anhalten.

Innerhalb des allgemeinen Bereichs der Erbuntertänigkeit stufte sich das Besitzrecht der Bauern an ihren Höfen und Hufen mannigfach ab. Verhältnismäßig am günstigsten waren die Erbzinsbauern gestellt, die ihre Stellen erblich und so wenigstens ein Untereigentum an ihnen besaßen; sie hatten dem grundherrlichen Obereigentümer nur die Abgaben, Dienste und Fronden zu leisten, die auf ihrer Scholle lasteten. Doch war ihrer nur eine verhältnismäßig geringe Minderzahl. Die große Masse der Bauern waren sogenannte Lassiten; sie hatten nur ein Nutzungsrecht an ihrer Stelle und zerfielen wieder in solche, die erblich oder nur lebenslänglich oder gar nur auf Kündigung angesetzt waren; die erblichen waren hier wieder die Minderzahl, und ihr Erbrecht war insofern beschränkt, als der Herrschaft gestattet war, unter mehreren Miterben demjenigen, den sie für den Tüchtigsten hielt, die Stelle zuzuwenden, eine Bestimmung, die dazu mißbraucht wurde, daß fleißige Bauern ein oder gar mehrere Male einen durch ihre Bemühungen emporgebrachten Hof mit einem verwüsteten vertauschen mußten.

Der Herrschaft standen die Hand- und Spanndienste der Untertanen zur Verfügung, hier gemessen, dort ungemessen, hier nach Tagen, dort nach Ackermaß berechnet, hier auf Hofarbeit beschränkt, dort auch auf den Forst oder die Jagd oder die Reise oder das Botenlaufen ausgedehnt. Die Musterkarte dieser Dienste ist so bunt wie das System der bäuerlichen Abgaben und Fronden überhaupt. Doch galt ein drei- bis viertägiger Hofedienst in der Woche schon für mäßig; er wurde oft genug auf fünf und sechs Tage in der Woche ausgedehnt.

Damit waren die Rechte des Gutsherrn aber noch nicht erschöpft. Er war Patron der Gutskirche, ernannte den Geistlichen und den Küster. Ihm stand die Polizei und die Gerichtsbarkeit zu. In seiner Patrimonialgerichtsbarkeit gipfelte seine Machtstellung. Er konnte die Bauern, selbst ganze Gemeinden in seinen Gerichten belangen, während sie ihn ohne seine Einwilligung nicht wiederbelangen durften. Nicht mit Unrecht nannten sich die Rittergüter Dominien; die 1262 adligen Güter der Mark Brandenburg waren in der Tat ebenso viele kleine Fürstentümer.

Neben ihren unzähligen Pflichten hatten die Bauern freilich auch einige Rechte – auf dem Papier. Sie durften Gelegenheit zum Erwerb ihres Unterhalts beanspruchen, was natürlich die Gutsherrschaft nicht am »Bauernlegen« hinderte und auch nicht einmal hindern sollte; ferner sollten sie in vorkommenden Notfällen unterstützt und vor Übervorteilung geschützt werden, in den Gerichten, in denen sie verklagt werden, aber nicht klagen durften; der Hohn überschlug sich endlich in der Verpflichtung der Gutsherren, den Kindern der Untertanen eine gute christliche Erziehung zu geben.

Am treffendsten hat dies »patriarchalische Verhältnis« der König Friedrich von Preußen – versteht sich in seinen Schriften – gekennzeichnet, indem er sagte: »Unter allen Lebenslagen ist es unzweifelhaft die unglücklichste und das menschliche Herz am meisten empörende, wo die Bauern dem Acker angehören und Knechte ihrer Edelleute sind. Gewiß ist kein Mensch geboren, um der Sklave von seinesgleichen zu sein.«

XI

Aber auch in diesem Trauerspiel hatte nicht nur der Adel und der Bauer, sondern auch der Bürger seine Rolle. Es verstand sich von vornherein von selbst, daß der Adel keinen Pfennig zu den »Heeresgefällen« beitrug, wie die neuen Auflagen genannt wurden, die zur Unterhaltung des stehenden Heeres bestimmt waren, aber seine alte Praxis, den Städten mehr aufzubürden als den Bauern, bewährte er auch hier.

Allerdings ließ sich bei der ungeheuren Verarmung der Städte das alte Verhältnis von 2:1 nicht völlig aufrechterhalten; nach dem sogenannten »Quotisationsrezeß« von 1643 zahlten die Städte 59, die Ritterschaft (das heißt die Bauern) 41 vom Hundert. Allein auch dieser Maßstab erwies sich für die Städte als unmöglich. Die neue Steuer, Kontribution genannt, wurde auf den Grundbesitz der Bauern und der Bürger gelegt; sie wirkte hier wie dort zerstörend, jedoch in der Stadt noch zerstörender als auf dem Lande. Sie hinderte den neuen Anbau der wüsten Stellen und das Wiederaufleben des städtischen Verkehrs; namentlich den ärmeren Schichten fiel sie zur unerträglichen Last; die Zünfte überschütteten den Kurfürsten nicht nur mit »Winseln und jammerlichen Klagden«, sondern sie drohten auch wohl, »den Exekutoribus die Hälse zu brechen«.

Der Kurfürst hörte nicht ungern weder auf die Klagen noch auch nur auf die Drohungen. Er schlug als Heeressteuer nach holländischem Vorbild die Akzise vor, nicht einfach eine bloße Verbrauchssteuer, sondern ein zusammengesetztes System verschiedener Steuern, unter denen freilich, neben einer mäßigen Grund-, Gewerbe- und Kopfsteuer, die indirekten Abgaben auf fast alle Gegenstände des Verbrauchs, Getränke, Lebensmittel, Kaufmannswaren die Hauptrolle spielten. Eine ganze Menge von Vorteilen empfahl dem Kurfürsten diese Steuer; sie machte ihn von der ständischen Bewilligung unabhängig und mußte mit dem Anwachsen von Handel und Verkehr immer ertragsfähiger werden; sie wurde sozusagen unmerklich erhoben und beseitigte die gehässigen Exekutionen, die oft genug schon in den Städten zu Tumulten geführt hatten. Endlich aber beseitigte sie die Steuerfreiheit des Adels; sie war eine allgemeine und sozusagen eine demokratische Steuer, die demgemäß in Holland »gemeene middelen« hieß. Ebendieser Gesichtspunkt machte die Akzise den Städtern begehrenswert und willkommen; sie erkannten noch nicht, daß die neue Steuer die ärmeren Klassen verhältnismäßig stärker belasten mußte als die wohlhabenden, und sie ahnten nicht einmal, daß sie mit diesem goldenen Halsband sich selbst erwürgten.

Der Adel war sich, wie gewöhnlich, von vornherein klar über seine Klasseninteressen. Er widersetzte sich mit aller Kraft der Ausdehnung der Akzise auf das platte Land. Solle er von seinen verbrieften Vorrechten nichts als den Namen behalten? Und könne er seine Kinder nach Einführung der Akzise noch in adligen Tugenden und guten Künsten erziehen? Neben diesen gemütvollen Tönen des Ritters kam dann auch die nüchterne Forderung des Kaufmanns zu ihrem Rechte, daß die Kommerzia frei sein müßten. Auf jeden Fall forderte der Adel, daß die Landbewohner nicht dem Zwange des städtischen Marktes unterworfen werden dürften, da sie sonst durch Verteuerung der Lebensmittel die Akzise mitzuzahlen hätten. Dagegen erklärten dann die Städte, sie würden dem sicheren Ruin preisgegeben sein, falls nicht Gewerbe und Handel des Adels gleichfalls der Akzise unterworfen würden. Die Städte hatten ihre Erfahrungen mit der Bierziese gemacht und machten sie fort und fort von Jahrhundert zu Jahrhundert; als sie auf dem Landtag von 1683 die endliche Ausführung der kurfürstlichen Edikte verlangten, wonach das Brauen und Branntweinbrennen auf dem Lande abgeschafft und die Krüge in die Städte verlegt werden sollten, kehrte der Adel ihnen einfach den Rücken, und den Städten blieb nur die »jammerliche Klagde«, sie hätten »zuletzt mit Bestürzung erfahren, daß die Herren Deputati der Ritterschaft nobis insciis (ohne unser Vorwissen) davongereist seien«.

Mit so wackeren Gesellen war natürlich schlecht Kirschen essen. Der Kurfürst mußte ihnen schließlich nachgeben und sich darauf beschränken, den Städten anheimzustellen, ob sie Kontribution oder Akzise zahlen wollten. Sie entschieden sich nach und nach für die Akzise, die anfangs von den städtischen Behörden verwaltet wurde, um aus ihrem Ertrag die nach dem Quotisationsrezeß auf die Städte entfallenden 59 Prozent der

Heeresgefälle aufzubringen. Aber sobald sich die Akzise als eine Goldgrube erwies, wurde sie, seit 1682, in eine obligatorische Staatssteuer verwandelt; ihr Überschuß über das bisherige Steuerkontingent floß nicht mehr in die städtischen, sondern in die kurfürstlichen Kassen. Die Städte mußten nun völlig, durch Mauern oder Palisaden, gegen das platte Land abgesperrt werden. Die Torschreiber hatten den Verkehr zu überwachen; bei dem Einnehmer in der Stadt war nach den von ihnen ausgestellten Zetteln die Akzise zu entrichten; in Stadt und Umgegend waren Kontrolleure und Visitateure tätig. Und als ein neuer, höchst wichtiger Beamter erschien der »Commissarius loci«, der »Kriegs- und Steuerkommissarius«, später einfach »Steuerrat« genannt, der in je einer Anzahl von Städten die Akziseverwaltung zu überwachen hatte.

Hatte der Adel die Akzise von dem platten Lande abgewälzt, so schaffte er sie sich auch vom Halse, soweit er Burglehen und Rittersitze innerhalb der Städte besaß, obgleich es in der neuen Akziseordnung hieß, daß niemand, wer es auch sei, in den Städten von der neuen Steuer frei sein und nicht einmal durch den Landesherrn eine Ausnahme gemacht werden dürfe. Ferner sicherte sich der Adel davor, daß im Interesse ausgleichender Gerechtigkeit zwischen Stadt und Land die Kontribution in demselben Maße gesteigert werden konnte, wie die Akzise stieg. Sie blieb ein für allemal fixiert; der Anteil des Landesherrn und des Adels an der Leistungsfähigkeit des Bauern durfte nicht zuungunsten des Adels verschoben werden.

Indem die verschiedene Steuerart zwischen Land und Stadt jede Interessengemeinschaft zwischen Ritter- und Bürgerschaft gegenüber dem Landesherrn aufhob, gab sie dem alten landständischen System einen Stoß, den es nicht überwinden konnte. Aber es ist eine irreführende Behauptung, daraus zu folgern, daß die Macht des Adels nunmehr gebrochen und die Souveränität des Landesherrn gesichert gewesen sei. Der Kurfürst hatte das stehende Heer und die stehenden Steuern damit erkauft, daß er das unbedingte Herrenrecht des Adels über den weitaus größten Teil der Bevölkerung feierlich verbriefte und versiegelte. Bei dem ersten Versuch, die Vorrechte des Adels im Interesse des Heeres anzutasten, war er scheu zurückgewichen, und dieser Adel hätte nicht er selbst sein müssen, wenn er nicht versucht hätte, mächtiger zu werden denn je, indem er das stehende Heer selbst aus einer Waffe des Landesherrn zu seiner eigenen Waffe machte. Das ist ihm denn auch gelungen.

XII

Einstweilen war mit der Gründung des stehenden Heeres die Mark noch kein eigentlicher Militärstaat geworden. Der Ertrag der »Heeresgefälle«, Kontribution und Akzise, reichte höchstens hin, im Frieden etwa 7000 Mann zu unterhalten; wollte der Kurfürst für den Krieg die doppelte Anzahl aufbringen — zuletzt hat er es auf etwa 30 000 Mann gebracht —, so bedurfte er der Subsidien fremder Mächte. Brandenburg war nach dem Ausdruck der damaligen Zeit erst eine »Auxiliarmacht«, und es liegt auf der Hand, wie sehr der Kurfürst Friedrich Wilhelm dadurch in seiner auswärtigen Politik behindert wurde, daß ihre Voraussetzung immer zahlungsfähige Bundesgenossen waren.

Er hat sich durch jähe Umschläge in dieser Politik zu helfen gesucht, und schon zu seinen Lebzeiten war es eine gemeine Rede im Reiche, daß er am Wechselfieber litte. Und wer anders der Ansicht huldigt, daß die Fürsten die Geschichte machen, wird sich der Schlußfolgerung kaum entziehen können, daß für diesen Fürsten Treu und Glauben gänzlich unbekannte Begriffe gewesen seien. Wer dagegen einsieht, daß die Geschichte die Fürsten macht, wird es eher anerkennen, daß der Kurfürst, so sehr er sich der Staatsräson seiner Zeit fügen mußte, doch eigentlich nie zu einem roi mercenaire geworden ist, um einen Ausdruck seines Urenkels Friedrich zu gebrauchen, zu einem feilen Mietskönig, der seine Truppen an fremde Interessen verschacherte. Er hat in den vierzig Jahren, um die er den Westfälischen Frieden überlebt hat, trotz aller Kreuz- und Quersprünge unablässig das gleiche Ziel verfolgt: die Erwerbung der Odermündungen und Stettins, als der »Tür zum Reich«, um eine Seemacht nach dem niederländischen Muster zu schaffen.

Gleich in dem ersten Kriege, in den er verwickelt wurde, kaum daß die Anfänge eines stehenden Heeres geschaffen waren, in dem Polnisch-Schwedischen Kriege von 1655 bis 1660, handelte es sich um die Herrschaft über die Ostsee. Polen verlangte als Lehnsherr über Ostpreußen die Gefolgschaft des Kurfürsten, während Schweden denselben Anspruch unter der Drohung erhob, sich sonst Ostpreußens zu bemächtigen. Der Kurfürst schlug sich je nach den besseren Aussichten, die sich ihm boten, bald auf diese, bald auf jene Seite, und im Kampfe gegen Schweden hatte er 1659 bereits das schwedische Pommern bis auf Stettin und Stralsund erobert, als ihm der Einspruch Frankreichs, das in Schweden noch immer die Vormauer seiner Interessen im nordöstlichen Europa sah, die schon halb erfaßte Beute aus der Hand schlug. Im Frieden von Oliva mußte der Kurfürst 1660 auf seine pommerschen Eroberungen verzichten, dagegen wurde ihm die Souveränität über Ostpreußen verbürgt, die er sich bei seinen verschiedenen Frontwechseln zwischen Polen und Schweden erhandelt hatte.

Es war immerhin ein wertvoller Erwerb, aber auch der einzige, der dem Kurfürsten in seinen Kriegszügen beschieden gewesen ist. Wenn es das Verhängnis jeder »Auxiliarmacht« war, bei ihrer Kriegführung an Subsidien gebunden zu sein, so war es nicht minder ihr Verhängnis, bei Friedensschlüssen als ein überflüssiges Möbel beiseite geschoben zu werden. Sie konnte sowenig auf die Feinde rechnen, die sie geschädigt hatte, wie auf die Freunde, die sie bezahlt hatten. In der empfindlichsten Weise machte der Kurfürst diese Erfahrung, als Ludwig XIV. 1672 seine Eroberungskriege zunächst gegen die Niederlande unternahm. In diesen Krieg war der Kurfürst durch seine niederrheinischen Besitzungen verwickelt, und er hatte lange geschwankt, auf welcher Seite die größeren Profite einzuheimsen sein würden; schließlich entschied für ihn, daß die »Kommerzien« mit den Niederlanden lebten und stürben und daß, wenn sie gefallen wären, Ludwig XIV. eine Übermacht erhalten müßte, die ihm gestatten würde, deutsche Fürsten in die Bastille zu werfen wie die französischen Grandseigneurs. Der Kurfürst schloß also ein Bündnis mit den Niederlanden, die ihm die Hälfte der Werbegelder und des Truppensoldes zu ersetzen versprachen. Auch der Kaiser unterstützte die Niederlande, freilich mehr, um zwischen den Parteien zu lavieren und die Neutralität des Reiches zu schützen, als um wirklich zu kämpfen.

Indessen zunächst brach die Macht der Niederlande unter dem ersten Ansturm Ludwigs zusammen, und der Kurfürst erkannte, daß er die schlechtere Partie erwählt hatte, zumal da die kaiserlichen Truppen, mit denen er gemeinsam kämpfen sollte, jede energische Kriegführung versagten. So schloß der Kurfürst mit den Franzosen 1673 den Separatfrieden von Vossem; sie verbürgten ihm für den künftigen Frieden die Nachzahlung der Subsidiengelder, die er noch von den Niederlanden zu fordern hatte, und erfrischten ihn zunächst selbst durch eine Zahlung von 800 000 Livre aus ihrer Tasche.

Aber das französische Übergewicht wurde so stark, und die Übergriffe Ludwigs in das Reichsgebiet wurden so dreist, daß sich eine große Koalition gegen ihn bildete: der Kaiser und fast alle deutschen Fürsten im Bündnis mit Spanien und den Niederlanden. Im Mai 1674 wurde der Reichskrieg an Frankreich erklärt, und einige Wochen später schloß auch der Kurfürst mit dem Kaiser ab. Er stellte 20 000 Mann, deren Bezahlung bis zur Hälfte des Bedarfs Spanien und die Niederlande übernahmen. Der Kurfürst erhielt sogar den Oberbefehl über das verbündete Heer, war aber abhängig von einem gemeinsamen Kriegsrat und behindert durch die Eifersucht der österreichischen Generale; genug, er verlor den Feldzug im Elsaß und wurde im Januar 1675 bei Türkheim von Turenne geschlagen.

Zugleich erhielt er die Nachricht, daß die von Frankreich aufgehetzten Schweden in die Mark gefallen seien. Er meinte unverzagt: Das kann ihnen Pommern kosten, gönnte seinen Truppen zunächst erfrischende Winterquartiere in Franken, sicherte sich durch neue Bündnisse mit dem Kaiser, mit den Niederlanden, mit Dänemark und brach dann im Mai 1675 mit seinen 15000 Mann in Eilmärschen nach Norden auf. Durch das siegreiche Treffen bei Fehrbellin fegte er die Mark von den Feinden rein, worauf in Regensburg der Reichskrieg gegen die Schweden beschlossen wurde. Im nächsten Jahre eroberte der Kurfürst das schwedische Pommern bis auf die Odermündungen; nur Stettin und Stralsund widerstanden noch. Aber im Dezember 1677 fiel Stettin nach einer Belagerung von vier Monaten und im Oktober des nächsten Jahres auch Stralsund, das seit Wallensteins Tagen als unbezwinglich galt. Dann versuchten es die Schweden im Winter von 1678 auf 1679 noch mit einem Einfall in Ostpreußen, aber auch von hier vertrieb sie der Kurfürst in einer wilden Jagd.

Es waren in ihrer Art großartige Erfolge, zumal da Schweden neben Frankreich noch immer als die erste Militärmacht der Zeit galt. Jedoch inzwischen hatten die Niederlande und Spanien schon im Jahre 1676 einen Separatfrieden mit Frankreich geschlossen. Alsbald begannen auch Kaiser und Reich zu wanken; in Wien meinte der leitende Minister, es liege nicht im Interesse des Kaisers, daß an der Ostsee ein neuer König der Vandalen erstehe, und zur Zeit, wo der Kurfürst das aufgelöste Schwedenheer durch eine Eiswüste jagte, schlossen Kaiser und Reich, im Februar 1679, ihren Frieden mit Frankreich und Schweden. Der Kurfürst stand völlig allein, und zähneknirschend mußte er sich dem Befehl Ludwigs XIV. fügen, alle seine Eroberungen an Schweden zurückzugeben. Es geschah im Frieden von St-Germain, am 29. Juni 1679. Nur eine kleine Grenzberichtigung erlangte der Kurfürst, und es war weniger eine Genugtuung als der Gipfel der Demütigung, daß der französische Selbstherrscher den Kurfürsten mit einer Handsalbe von 300 000 Talern darüber tröstete, daß die Niederlande und Spanien im Zahlen der vertragsmäßigen Subsidiengelder überaus saumselig gewesen waren.

Die grausame Enttäuschung rief in dem Kurfürsten eine ähnliche Reaktion hervor wie einst in seinem Vorfahren Joachim I. die Erkenntnis, daß er gegen die überlegene Macht Kaiser Karls V. nicht aufkommen könne. Friedrich Wilhelm warf sich in würdelosester Weise zu den Füßen Ludwigs XIV. Wenn die Treitschke und Genossen diesen Kurfürsten als nationalen Helden gefeiert haben, so darf man sich durch diesen Unsinn nicht verleiten lassen, in das entgegengesetzte Extrem zu verfallen und ihn einen nationalen Verräter schelten; eine nationale Politik im modernen Sinne des Wortes war für die damaligen deutschen Fürsten überhaupt kein Begriff. Darin war keiner besser oder schlechter als der andere, und für eine innerhalb fünf Jahren von 100 000 auf 500 000 Livre steigende Jahrespension hätte sich jeder zum gehorsamen Vasallen des »Sonnenkönigs« gemacht. Gerade aber wenn man die Beziehungen des Kurfürsten zum Pariser Hofe nur unter dem Gesichtspunkt einer unbedenklichen Hauspolitik betrachtet, tritt ihr überaus demütigender Charakter hervor. Der Kurfürst verpflichtete sich, bei der nächsten Kaiserwahl für den französischen König oder einen von diesem empfohlenen Kandidaten zu stimmen, sowie zur Waffenhilfe auf jeden Fall, unter Verzicht auf jede selbständige Prüfung des einzelnen Falles; nur Subsidien für den Kriegsfall hatte er, zuletzt im Betrag von einer halben Million Taler jährlich, außer seiner Jahrespension zu beanspruchen.

Was Ludwig XIV. mit diesem Bündnis bezweckte, lag vor aller Welt Augen; es diente ihm zum Schutze der »Reunionen«, womit er nach dem Frieden von Nymwegen begann, um dem Deutschen Reich ein Stück seines Gebiets nach dem anderen, so die Stadt Straßburg, unter den nichtigsten Reichsvorwänden zu entreißen. Das Gelingen dieser Raubpolitik hat der Kurfürst in wirksamer Weise gefördert, sich selbst aber —

außer einer Jahrespension und den Be..echungsgeldern für seine Generalität und seine Räte — durch die trügerische Aussicht verführen lassen, der französische König werde ihm doch noch zum Erwerb des schwedischen Pommern verhelfen. Für dies Gaukelspiel hatte Ludwig XIV. in dem Grafen Rebenac, seinem Gesandten in Berlin, einen trefflichen Komödianten gefunden. Als aber die »Reunionen« im Jahre 1684 von Kaiser und Reich anerkannt worden waren, hieß es: Der Mohr hat seine Schuldigkeit getan, der Mohr kann gehen. Dem Kurfürsten wurde trocken erklärt: Er habe nie auf Frankreichs Hilfe zur Erwerbung Pommerns zu rechnen. Er machte jetzt die letzte Schwenkung seines Lebens und kehrte zum Kaiser zurück. Diese Richtung ist, ein halbes Jahrhundert hindurch, auch für seine beiden Nachfolger maßgebend geblieben. Ehe man mit der französischen Vormacht Kirschen essen konnte, mußte sich noch manche Voraussetzung erfüllen.

Einen kleinen Schabernack spielte der Kurfürst seinem französischen Gönner aber noch im Augenblick des Scheidens. Als Ludwig XIV. im Jahre 1685 das Edikt von Nantes aufhob, lud der Kurfürst durch das Edikt von Potsdam die französischen Protestanten, die um ihres Glaubens willen ihr Vaterland verlassen wollten, in seine Staaten ein, indem er ihnen wichtige wirtschaftliche Vorteile, Unterstützung aus Staatsmitteln, Privilegien zur Anlegung von Manufakturen usw. zusicherte. Wie hieraus schon hervorgeht, war der Kurfürst dabei mehr von ökonomischen als von religiösen Beweggründen geleitet; er hatte schon früher, um den Handel zu beleben, den Juden, die hundert Jahre früher aus der Mark vertrieben worden waren, die Wiedereinwanderung gestattet.

Es kamen im Laufe der nächsten Jahre etwa 20 000 französische Flüchtlinge; von Kleve bis Königsberg entstand fast in jeder Stadt eine französische Kolonie. Die Einwanderung hat einen großen Einfluß auf das geistige Leben und namentlich auf die industrielle Entwicklung gehabt, nicht jedoch ist sie von politischer oder sozialer Bedeutung gewesen. Wie einst die deutschen Städte, die mit ihrem entwickelten Gemeinderecht, ihrer Schöffenjustiz, ihrem demokratischen Gemeinwesen nach Polen verpflanzt wurden, wo noch feudales Hofrecht herrschte, die Erfahrung machen mußten, daß sie außerhalb aller sozialen Zusammenhänge niemandem helfen und niemandem schaden konnten, so erwiesen sich auch die Freiheiten und Rechte, die den französischen Emigranten verliehen wurden, als wertlos für die politische und soziale Entwicklung der Städte.

Die Städte führten unter der Herrschaft dieses Kurfürsten das elende Dasein fort, in das sie durch den Dreißigjährigen Krieg geworfen worden waren, und ebenso die Bauern; die langjährigen Kriege vernichteten schon im Keime jeden Ansatz zu nachhaltiger Erholung. Namentlich der Einfall der Schweden im Jahre 1671 erneuerte alle Greuel des großen Krieges. Dagegen erholte sich der Adel, dem der Kurfürst strenge hielt[7], wozu er sich im Landtagsabschied von 1653 verpflichtet hatte und in Bauern-, Gesinde-, Hirten- und Schäferordnungen von neuem verpflichtete; blieb der Adel ja auch von dem furchtbaren Steuerdruck verschont, unter dem Bauern und Städte ächzten.

Nur mit den ostpreußischen Ständen hatte der Kurfürst noch einen harten Tanz zu bestehen, als ihm 1660 der Frieden von Oliva die Souveränität über das ehemalige Ordensgebiet verbürgt hatte. Der Adel war hier insofern schlechter gestellt als in der Mark, als er unter der Herrschaft des Deutschen Ordens steuerpflichtig geworden war, aber unter der polnischen Herrschaft hatte er sich eine große Unabhängigkeit errungen und kämpfte gemeinsam mit den Städten gegen den neuen Landesherrn. Er hatte das verbriefte Recht auf seiner Seite, und der Kurfürst mußte mit bewaffneter Hand gegen Königsberg einschreiten. Doch kam es nicht zu wirklichem Blutvergießen, da es den Truppen gelang, den Führer des städtischen Widerstandes, den Schöppenmeister Hieronymus Rothe, rechtzeitig zu verhaften. Durch einen Machtspruch des Kurfürsten wurde er, ohne rechtliches Urteil, in der Festung Peitz eingetürmt, wo dieser Vorkämpfer des »alten guten Rechts«

sechzehn Jahre bis an seinen Tod saß, ohne die Bitte um Gnade auszusprechen, die ihm, wie er wußte, die Freiheit wiedergegeben hätte. Ärger war noch die Gewalttat, womit der Oberst Kalckstein, ein Führer des adligen Widerstandes, in Warschau heimlich aufgehoben, der Folter unterworfen und hingerichtet wurde. Auch er bestieg heiteren Mutes das Schafott. Die ostpreußischen Stände aber haben bald genug ihre Märtyrer vergessen; zumal der Adel lernte aus dem Vorbild seiner kurmärkischen Klassengenossen, sich in die neue Zeit schicken.

Nicht jedoch wurde der Kurfürst im Herzogtum Kleve und der Grafschaft Mark mit den Ständen so leicht fertig. Die soziale Struktur war in seinen niederrheinischen Besitzungen eine wesentlich andere als in seinen ostelbischen Provinzen, und dagegen ist auch mit Kanonen nichts zu machen. Die Hörigkeit bestand in Kleve-Mark entweder gar nicht oder doch in ungleich milderen Formen als in Brandenburg; wo sie bestand, zinste der Bauer dem *Grund*herrn, aber eine obrigkeitliche Gewalt des *Guts*herrn über den Bauern war unbekannt. Alle Versuche, das ostelbische System an die Ufer des Rheins zu verpflanzen, erwiesen sich als erfolglos. Es kam bald dahin, daß die Hohenzollern die wertvollsten Teile ihrer Besitzungen als lästige Anhängsel betrachteten.

Von einer Begründung des »brandenburgisch-preußischen Gesamtstaats« durch den Kurfürsten Friedrich Wilhelm zu sprechen, ist eine Übertreibung der preußischen Historiker, der auch Herr Hintze noch huldigt. Vom Staate konnte noch keine Rede sein, sondern von einer Anzahl mehr oder weniger zerstreuter Landesteile, die einen kostspieligen Hof und höchstens noch ein kostspieliges Heer gemeinsam hatten. Aber dies Heer war auch lange noch nicht aus dem Kondottierewesen heraus; die Generale und Obersten verhandelten mit dem Kurfürsten über die Aufstellung ihrer Regimenter wie Macht zu Macht, so daß der Kurfürst schwer mit ihrer Unbotmäßigkeit zu ringen hatte, zumal da sie sich die Ernennung der Regimentsoffiziere vorbehielten. War ja doch im Grunde der

Kurfürst selbst nur erst ein großer Kondottiere; es fragte sich, ob seine Nachfolger das Ziel erreichen konnten, nach dem er vergebens gestrebt hatte, aus einer »Auxiliarmacht« eine wirkliche Macht zu werden.

XIII

Zunächst sank sein Sohn, der Kurfürst Friedrich III. und spätere König Friedrich I. (1688–1713), in der Tat zu einem roi mercenaire herab.

Nur in den ersten neun Jahren seiner Regierung bemühte sich sein leitender Minister Danckelmann, sein früherer Erzieher, die Überlieferungen des Kurfürsten Friedrich Wilhelm fortzuführen, in dessen Diensten er emporgekommen war wie viele andere Bürgerliche, wie Meinders und Fuchs, von denen jener die französische, dieser die österreichische Partei im Geheimen Rat führte. Es ist früher darauf hingewiesen worden, wie gern sich der märkische Adel die Hilfe der bürgerlichen Intelligenz gefallen ließ; aber nur unter der unumstößlichen Bedingung, daß sie sich beschied, seine gehorsame Dienerin zu sein, und darin versah es Danckelmann. Er kehrte den gebieterischen Herrn gegen den Adel heraus, und so wurde er durch einen Machtspruch desselben Kurfürsten, der ihm die größten Verpflichtungen schuldete, und ohne daß ihm das geringste Versehen nachgewiesen werden konnte, unter Konfiszierung aller seiner Güter in die Festung Peitz geworfen. Seine Freiheit erhielt er erst unter dem Nachfolger, seine Güter aber niemals wieder. Um die Lektion desto eindringlicher zu machen, ließ der Adel die sechs Brüder Danckelmanns, die keine unangemessenen Ansprüche erhoben, unbehelligt in ihren zum Teil hohen Staatsämtern.

Sein Nachfolger wurde Kolbe v. Wartenberg, ein pfälzischer Edelmann, der als adliger »Butenländer« die Eifersucht des märkischen Adels zu schonen wußte und niemals den Titel eines Ministers erhalten hat, ja nicht einmal Mitglied des

Geheimen Rats geworden ist. Ein überaus geschmeidiger Höfling, beherrschte er als Oberkammerherr den eitlen und schwachen Fürsten vollständig im Interesse einer adligen Mißwirtschaft, die dem Lande ungeheure Summen kostete. Einen besonders heftigen Aderlaß verursachte die Erwerbung der Königskrone, der Danckelmann als eine eitle Spielerei widerraten hatte, [die] Kolbe v. Wartenberg aber mit eigennütziger Liebedienerei betrieb. Sie stützte sich auf das souveräne Herzogtum Preußen und bedurfte eigentlich der kaiserlichen Zustimmung nicht. Aber um ihr höheren Glanz zu geben, warb der Kurfürst um die Genehmigung des Kaisers und ließ sie sich auch etwas kosten, indem er sein Heer für den langwierigen Krieg um die spanische Erbfolge an den Kaiser vermietete.

Zwölf Jahre lang haben die brandenburgischen Truppen als Mietsvölker unter habsburgischen Fahnen gefochten, in den Niederlanden, in Süddeutschland, in Ungarn, in Oberitalien, ja bis in den Kirchenstaat und das Königreich Neapel. Um die Interessen des eigenen Landes handelte es sich dabei gar nicht, oder sie spielten in sehr entfernter Weise mit, während sie aufs tiefste verwickelt waren in die Kämpfe um die Ostsee, die gleichzeitig entbrannten. Aber freilich lag der Knüppel beim Hunde. Subsidien waren wohl von den Niederlanden und von Spanien, aber nicht von Polen, Schweden oder Rußland zu erwarten, und ohne Subsidien konnte das Heer nicht unterhalten und noch viel weniger die höfische Verschwendung fortgesetzt werden; nicht weniger als 14 Millionen Taler hat das Ausland an diese Regierung gezahlt.

Inzwischen brach die innere Mißwirtschaft schon ein paar Jahre vor dem Tode des nunmehrigen Königs zusammen. Eine Pest, die 1709 in Ostpreußen entstand und bis 1711 dauerte, gab den ersten Anstoß, die heillose Fäulnis der Verwaltung aufzudecken, von der ein Bericht des Sanitätskollegiums an den König sagte, daß sie die pestilenzialische Seuche erzeuge und nähre. Die Regierung stand hilflos der verheerenden Epidemie gegenüber, die zu einer völligen Auflösung aller gesellschaftlichen Bande führte und erst einschlief, als sie ein Drittel der ostpreußischen Bevölkerung dahingerafft hatte. Dazu kamen grobe Unterschlagungen öffentlicher Gelder, die sich mit den krampfhaftesten Anstrengungen nicht mehr vertuschen ließen, ans Tageslicht und überhaupt eine Verwirrung der Finanzen, die sehr bald zum völligen Bankrott führen mußte. Endlich arbeitete der junge Thronfolger, der mit wachsendem Ingrimm die Verwüstung seines Erbes durch das adlige Hofgeschmeiß ansah, gegen Wartenberg und dessen Helfershelfer so lange, bis der König sie entließ, Wartenberg selbst mit einer Jahrespension von 24 000 Talern.

Eine gründliche Änderung der Dinge war von diesem unglaublich schwachen Fürsten freilich nicht mehr zu erwarten; erst sein Nachfolger hat sie geschaffen.

XIV

Friedrich Wilhelm I. (1713–1740) kam als noch junger Mann von 24 Jahren zur Regierung, in deren neuntem Jahre er sich rühmte, ein »rechtes Meisterstück« geschaffen zu haben, indem er die unsagbar verfahrenen »Affären« in eine gute Ordnung gebracht habe.

An derselben Stelle, einem politischen Testament für seinen Nachfolger, brach er völlig mit der Überlieferung, die brandenburgischen Truppen an fremde Mächte zu vermieten. Ein preußischer König dürfe nur marschieren lassen, um Land und Leute zu gewinnen; auf alle Lockungen auswärtiger Mächte müsse es nur die Antwort geben: Point de pays, point de Prussien[8]. Der König konnte so sprechen, denn er hatte es dazu. Im Laufe seiner Regierung steigerte er die Jahreseinnahmen seiner Länder auf 7 Millionen Taler, mit denen er ein Heer von 80 000 Mann unterhalten konnte, in vierfacher Höhe dessen, was nach der damals herrschenden Ansicht ein Land im Verhältnis zu seiner Einwohnerzahl tragen konnte. Unter den europäischen Heeren stand das preußische nunmehr an vierter Stelle; ziffermäßig waren ihm nur noch das französische, das österreichische und das russische Heer überlegen.

Der Mitwelt galt dieser König als ein halb lächerlicher, halb grausamer Tyrann, und nicht anders schildert ihn seine eigene Tochter, die Markgräfin von Bayreuth, in ihren Denkwürdigkeiten. Im Urteil der Nachwelt erscheint der König viel günstiger; sein Sohn und Nachfolger, den er aufs ärgste mißhandelt hatte, hat ihn als Regenten gepriesen; Carlyle hat ihm überschwenglich gehuldigt, und auch Herr Hintze feiert ihn als Begründer des preußischen Beamten- und Militärstaats. Auf dieser Seite liegt jedoch die weitaus größere Übertreibung; der König glich, nach dem betreffenden Wort des sonst sehr ehrerbietigen Historikers Stenzel, einem »asiatischen Despoten« mehr als billig. Aber seine Roheit und sein gänzlicher Mangel an Bildung schützten ihn vor allen höfischen Lastern, und in seiner barbarischen Weise verstand er doch recht gut, daß, um sich als »Herr despotique zu soutenieren«, pünktliche Buchführung und genaues Exerzieren geeigneter seien als der Pomp und Prunk seines Vaters.

Von früh an verriet er zwei Eigenschaften, die bis zum letzten Atemzug sein Tun und Lassen bestimmt haben: einen unbändigen Geiz, der schon seiner gebildeten Mutter, der Freundin Leibnizens, den schmerzlichen Seufzer entlockte: »Mein Gott, geizig in einem so zarten Alter! Andere Laster kann man verringern, dieses wächst«, und dazu eine närrische Soldatenliebhaberei von so stark pathologischem Charakter, daß sie den Pfennigfuchser zu der unsinnigsten Verschwendung verlockte, nicht etwa um tüchtige, sondern um nur möglichst lange Soldaten zu bekommen. Um dieser Schrulle willen zertrat er jedes Gebot der Menschlichkeit und der Vernunft.

Er haßte den Adel, der ihm sein Erbe verwahrlost und verwüstet hatte, doch ist es eine patriotische Legende, daß er dem Junkertum den Fuß in den Nacken gesetzt habe. So weit reichte wohl sein Wille, aber sicherlich nicht seine Macht. An kräftigen Worten ließ er es freilich nicht fehlen. »Die Leute wollen mir forciren, sie sollen nach meiner Pfeiffe tanzen, oder der Deuffel hohle mir, ich lasse hangen und braten wie der Zahr und traktire sie wie Rebellen«; »ich will sengen und brennen und als Tirang mit ihnen verfahren«; »ich stabilire die Souveränität und setze die Krone fest wie Rocher de Bronce und lasse den Herren Junkern den Wind vom Landtage«. Genug, den »Junkers ihre Offocität zu ruiniren« hat sich der König nach Kräften bemüht.

Aber das Maß seiner Erfolge stand im umgekehrten Verhältnis zu der Kraft seiner Rede. Bei dem bekanntesten dieser Worte, dem »Stabiliren der Souveränität«, handelte es sich gar nicht einmal um einen Streit zwischen Adel und Krone, sondern um einen Streit zwischen dem großen und dem kleinen Adel in Ostpreußen um die Verteilung der Steuerlast zwischen beiden, wobei der König für den kleinen Adel eintrat. Wenn in Ostpreußen die Steuerpflicht des Adels von alters her bestand, so hat der König nicht entfernt daran gedacht, sie in den übrigen Provinzen einzuführen.

Nur einen ganz unbedeutenden Beitrag zu den Lasten des Landes hat er, mit Ach und Krach und unter mörderischem Zetergeschrei des Opfers, dem Adel aufzuerlegen vermocht, die sogenannten Lehnpferdegelder, die jährlich die erschütternd hohe Summe von 60 000 Talern eintrugen. Sie sollten eine rechtliche Ablösung des Vasallendienstes gegen eine jährliche Abgabe sein, die sich in der Mark Brandenburg auf 40, in Ostpreußen auf 10 Taler für jedes im Kriegsfall zu stellende Ritterpferd belief. Da aber der Vasallendienst längst verfallen war, so sträubten sich die Junker, ihn abzulösen, obgleich die meisten Rittergüter nicht einmal ein ganzes, sondern nur ein halbes Pferd, ja selbst nur einen Fuß oder einen halben oder einen viertel Fuß auf den jährlichen Kanon zu zahlen hatten. Am heftigsten und längsten sträubte sich der Adel der Altmark und Magdeburgs; er ging mit seinen Beschwerden bis an den Reichshofrat in Wien und ließ sich die paar Taler nur durch militärische Exekution abknöpfen. Noch in seinem politischen Testament gedenkt der König grollend dieser »ungehorsamen

Leute«, unter denen die Schulenburg, Alvensleben und Bismarck die schlimmsten seien, und seinen Behörden befahl er, diesen »renitirenden Edelleuten allerhand Schikane« zu machen.

War aus dem Adel selbst nichts herauszuschlagen, so duldete der Adel auch keine Erhöhung der Kontribution, die seinen Anteil an der Ausbeutung der Bauern schmälern mußte. War sie doch ohnehin so hoch – im Durchschnitt aller Provinzen gegen 40 Prozent dessen, was der Bauer für seinen eigenen Bedarf und für den Verkauf erntete –, daß einige Jahrzehnte später der Präsident der Oberrechenkammer in einer zum Unterricht des Thronfolgers bestimmten Denkschrift ausführte, es sei eigentlich nicht zu verstehen, wie sich die Bauern durchschlügen. Blieb also nur die Akzise als Mittel, um die Staatseinnahmen wesentlich zu erhöhen, und die Städte mußten ein neues Blatt in ihrer Leidensgeschichte aufschlagen. Sie hörten überhaupt auf, Städte zu sein, und wurden ein Mittelding von Domänen und Garnisonen.

Der Steuerrat, den schon der Kurfürst Friedrich Wilhelm zur Verwaltung der Akzise über je eine Anzahl von Städten eingesetzt hatte, gewöhnlich ein alter Quartier- oder Wachtmeister, hatte sich zum richtigen Tyrannen von Mottenburg entwickelt. König Friedrich hat ihn in etwas späterer Zeit ergötzlich genug geschildert: »Er ist impertinent gegen den Bürger; er spielt den Minister; er traktiret alle Sachen en bagatelle; wenn er von einer Stadt zur anderen reiset, hat er einen Train bei sich, daß man ihn vor einen Feldmarschall ansehen sollte«, usw. Diesen Leuten vertraute nun der König Friedrich Wilhelm die ganze städtische Verwaltung an, zu dem alle anderen Rücksichten zurückdrängenden Endzweck, nicht nur die an den Toren und auf den Pachthöfen erhobene Akzise möglichst zu steigern, sondern auch für die königlichen Kassen einen Überschuß aus den rein städtischen Einkünften zu gewinnen, sei es selbst auf Kosten dringender Kulturaufgaben.

Preußische Historiker haben diese »städtische Reform« dadurch zu rechtfertigen gesucht, daß die städtischen Verwaltungen ganz verrottet gewesen seien, daß in ihnen eigennützige Spießbürgercliquen geherrscht hätten und was dessen mehr ist. Das ist an sich gewiß nicht unrichtig; wie hätte es in diesen seit Jahrhunderten mißhandelten Gemeinwesen anders sein können? Aber es war eine Kur nach dem Muster des Doktors Eisenbart, die kommunale Selbständigkeit einfach totzuschlagen; die invaliden Unteroffiziere und Regimentspauker, mit denen nun die städtischen Beamtenstellen besetzt wurden, waren auch alles andere eher als Musterknaben der Verwaltung.

Neben dem Steuerrat hatten die Städte aber noch einen Tyrannen auf dem Halse: nämlich den Garnisonschef. Wiederum um die Akzise zu heben, legte der König alle Truppen in die Städte; »wenn die Armee marschirt, nimmt die Akzise um ein Drittel ab«, pflegte er zu sagen. Kein Bürger war vor den ärgsten Schimpfreden und Schlägen sicher, wenn er irgendwie das Mißfallen des Garnisonschefs oder auch nur der sonstigen Offiziere erregte; in jeder Stadt konnte man dasselbe Schauspiel beobachten wie in Berlin oder Potsdam, wo alles von den Straßen flüchtete, was den König mit seinem dicken Bambusrohr schon von fern einherschreiten sah. Wenn er dennoch einen Unglücklichen ergriff, prügelte er ihn um so derber durch, mit der landesväterlichen Mahnung: Ihr sollt mich nicht fürchten, sondern lieben.

Eine andere Maßregel, die Erträge der Akzise zu steigern, war scheinbar den Städten günstig, indem sie das platte Land ihrem Marktzwang unterwarf. Der König ordnete an, daß auf dem Lande nur die für den landwirtschaftlichen Betrieb und für jede Hauswirtschaft unentbehrlichen Handwerker geduldet werden sollten: Schmiede, Stellmacher, Zimmerer, Leineweber, Schneider und Spinner. Allein hier nahm der Adel seine gründliche Revanche für die Lehnpferdegelder, indem er für sich völlige Gewerbe- und Handelsfreiheit beanspruchte. Der jahrhundertelange Streit um das adlige Bierbrauen und Branntweinbrennen entschied sich jetzt zugunsten des Adels und — soweit er der größte Grundbesitzer des Landes war — auch des Königs; die Domänenämter und Rittergüter durften nach Herzenslust brauen und brennen, so daß für den Verkauf städtischen Bieres und Branntweins auf dem Lande so gut wie gar kein Raum übrigblieb.

Indem es dem König gelang, die Einkünfte auf 7 Millionen Taler jährlich zu steigern, sorgte er allerdings für eine pünktliche Buchführung. »Eure Finanzen müßt Ihr selber und allein traktiren«, riet er seinem Nachfolger, und seinem Freunde, dem alten Dessauer, schrieb er: »Auf dieser Welt ist nichts als Mühe und Arbeit, und wo man nicht selber die Nase in allen Dreck steckt, so gehen die Sachen nicht, wie sie gehen sollen.« Arbeitsam war der König in hohem Grade und kümmerte sich um alle möglichen Kleinigkeiten; selbst seinem Koch rechnete er die Kosten jeder Mahlzeit nach.

Für die Verwaltung der Landesfinanzen begründete er das Generaldirektorium, das sowohl die Domänen- wie die Kriegsgefälle zu verwalten hatte und nach den Provinzen in fünf Departements zerfiel, deren jedem ein Minister vorstand. Unter dem Generaldirektorium standen in den einzelnen Bezirken die Kriegs- und Domänenkammern, die heutigen Bezirksregierungen, denen dann wieder in den Städten die Steuerräte und auf dem platten Lande die Landräte untergeordnet waren, die freilich viel mehr Beamte des Adels als des Königs waren. Neben dem Generaldirektorium gab es an obersten Behörden noch das Kabinettministerium für auswärtige Angelegenheiten, das mit drei oder vier Ministern besetzt war, und ein ebenfalls mehrköpfiges Ministerium für Justiz und geistliche Angelegenheiten.

Worin die besondere Genialität dieser Behördenorganisation bestanden haben soll, ist schwer einzusehen. Ihr Schwerpunkt lag durchaus in dem Generaldirektorium, und dessen einziger Zweck war, möglichst viel Geld für die Unterhaltung des Heeres aufzubringen. Es ist richtig, daß der König sich in seinen Beamten auch ein Gegengewicht gegen den Adel zu schaffen suchte; er bevorzugte bei ihrer Auswahl das bürgerliche Element, namentlich Domänenpächter und Kaufleute. Unter den fünf Ministern des Generaldirektoriums waren drei bürgerliche; auch die auswärtigen Angelegenheiten wurden von Bürgerlichen, wie Ilgen und Thulemeyer, erledigt, und die Hauptkraft der Justiz war der ebenfalls bürgerliche Cocceji. Aber der König pflanzte dem »Beamtenstaat« selbst den Krebsschaden ein, indem er die Ämter käuflich machte, zugunsten der Rekrutenkasse, die ihm »lange Kerle« für seine Potsdamer Garde zu werben bestimmt war. Derselbe König nämlich, der täglich mit seinem Koch um jedes Bund Petersilie feilschte, verschwendete Millionen über Millionen für dies Riesenspielzeug.

Wenn jedoch der König dem Adel auf dem Gebiet der Finanzen immerhin gewisse kleine Erfolge abrang, so half sich der Adel um so gründlicher, indem er sich des Heeres bemächtigte, dessen Unterhaltung und Vermehrung der Zweck dieser ganzen Finanzwirtschaft war.

XV

Der König Friedrich Wilhelm I. begann seine Regierung mit einer bedeutenden Vermehrung des stehenden Heeres; er brachte es von 38 Bataillonen und 53 Schwadronen auf 66 Bataillone und 114 Schwadronen.

Alsbald zeigte sich jedoch, daß ein Heer in dieser Stärke nicht von dem Lande aufrechterhalten werden konnte, wenn es bei dem bisherigen Werbesystem blieb. Nicht nur wegen der Kostspieligkeit der Werbungen, nicht nur, weil der entsetzliche Menschenraub der preußischen Werber im Ausland fortwährende Konflikte mit den benachbarten Staaten hervorrief, sondern in erster Reihe, weil der gleiche Menschenraub im eigenen Lande einen Widerstand erzeugte, dem der König gern oder ungern weichen mußte.

Treffend wird die Lage der Dinge dadurch gekennzeichnet, daß der Generalauditeur Katsch einmal den Wunsch aus-

sprach, daß bei den Werbungen wenigstens das viele Blutvergießen vermieden werden möchte. In der Tat machten
Adel und Bauern gemeinsame Sache gegen die Werber des
Königs und erwehrten sich ihrer im Notfall mit gewaffneter
Hand. Dann aber wich die junge Mannschaft, wo sie irgend
konnte, über die Grenze; es fehlte an ausreichenden Arbeitskräften, die Saat zu bestellen und die Ernte einzubringen; die
Behörden äußerten sich besorgt darüber, daß die Kontribution
nicht mehr pünktlich entrichtet und auch das Kommerzium
nicht mehr florieren, also die Akzise ebenfalls abnehmen
würde. Schon ein Jahr nach dem Antritt seiner Regierung
mußte der König alle gewaltsame Werbung verbieten. Er ließ
noch alle möglichen Hintertüren offen; die »freiwillige«
Werbung sollte in der Form gestattet werden, »daß nämlich
keine Exzesse und große Gewalttätigkeiten dabei vorgehen
und desfalls keine Klagen einkommen mögen« usw. Indessen
der Widerstand der Bevölkerung war nicht zu überwinden. So
hat denn der König — wenn anders die patriotische Legende
zutrifft — sich durch das Kantonreglement von 1733 zur allgemeinen Wehrpflicht bekehrt und das Heer, wenn nicht
schon aus der ganzen Bevölkerung, so doch aus ihrer bäuerlichen Masse rekrutiert. Urheber dieser Legende ist Scharnhorst, der sie im Jahre 1810 erfand, um die allgemeine Wehrpflicht dem widerstrebenden König als ein althohenzollern-
sches Erbstück schmackhaft zu machen. Die Legende hat sich
dann fast ein Jahrhundert lang am Leben erhalten, obgleich
ihre Unmöglichkeit sozusagen auf der Hand lag.

Es ist noch das wenigste, daß Friedrich Wilhelm I. dermaßen
in das Söldnerheer verliebt war, daß er nicht nur das Wort
»Miliz«, sondern selbst das Wort »Militär« auf seine Regimenter anzuwenden verbot. Rätselhaft war vor allem, daß der
Adel, ohne ein Sterbenswörtlein des Protestes, sich der »allgemeinen Wehrpflicht« seiner Hintersassen gefügt haben
sollte, obgleich er schon wegen der paar Groschen Lehen-
pferdegelder einen wahren Höllenspektakel erhoben und
sogar in den für ihn sauersten Apfel gebissen und seine Höri-

gen bewaffnet hatte, um die gewaltsame Werbung des Königs zu hindern. Endlich in dem Kantonreglement von 1733 stand etwas ganz anderes, als was Scharnhorst darin gelesen haben wollte.

In der Tat, wenn der preußische Militärstaat, wie seine Historiker nicht mit Unrecht sagen, erst unter Friedrich Wilhelm I. entstanden ist, so doch nicht als Schöpfung dieses Königs, sondern als einer jener Verträge zwischen Adel und Monarchie, die die preußische Geschichte kennzeichnen, Verträge, bei denen der Löwenanteil immer auf die Seite des Adels fällt. Der märkische Adel hatte sich von Anfang des miles perpetuus an in die Offiziersstellen gedrängt, aber im Anfang noch mit ausländischen Adligen, deutschen Kleinfürsten oder auch bürgerlichen, im Dreißigjährigen Kriege emporgekommenen Offizieren zu kämpfen gehabt. Seine eigentliche Domäne wurde das Heer erst, als er die Frage zu lösen verstand, wie eine Bevölkerung von wenig über 2 Millionen ein Heer von 80 000 Mann unterhalten könne.

Die Lösung war verhältnismäßig einfach. Noch war das Heer nicht so weit »verstaatlicht«, daß es nicht noch beträchtliche Reste des Kondottierewesens enthalten hätte, vor allem die sogenannte Kompaniewirtschaft. Der Kompaniechef war, um die Worte Max Lehmanns zu gebrauchen, »ein in der Regel glücklicher, zuweilen aber auch unglücklicher Unternehmer an der Spitze einer Waffengenossenschaft«. Aus der königlichen Kasse erhielt er ein Pauschquantum, aus dem er, wie es im Reglement hieß, »alle Unkosten, die bei der Kompanie vorfallen, bezahlen« mußte. Das heißt, er mußte nicht nur Uniformen und Waffen beschaffen und im Stande halten, sondern vor allem für die ansehnlichen Werbegelder aufkommen, um die Kompanie vollzählig zu erhalten, sobald sie durch Todesfälle und namentlich durch die zahlreichen Desertionen gelichtet wurde.

Von dieser Last und namentlich von allem Risiko befreiten sich die militärischen »Unternehmer«, indem sie nicht mehr Rekruten warben, sondern ihre gutsuntertänige Jungmannschaft einzustellen begannen, mit einer Dienstpflicht von 20 Jahren, so jedoch, daß diese Rekruten jedes Jahr nur ein paar Monate, später sogar nur einen Monat, bei der Fahne zu bleiben brauchten, die übrige Zeit aber auf den adligen Gütern schanzen konnten, zu denen sie »geboren« waren. Auf diese sinnige Weise verlor der Adel keine Arbeitskraft, machte aber durch die Ersparung von Werbegeldern einen ansehnlichen Profit an den königlichen Kassen; wer sich zur Kompanie heraufgedient hatte, war ein gemachter Mann.

Der Adel war bescheiden genug, von seinem bahnbrechenden Verdienst um den Militärstaat kein Aufhebens zu machen; diese »Heeresreform« vollzog sich ganz im stillen. In die Öffentlichkeit trat sie erst durch das Kantonreglement von 1733, das sie keineswegs einführte, sondern als längst vorhanden voraussetzte und nur insoweit regelte, als es dem Adel mit dem wachsenden Appetit so ging wie dem König im Anfang seiner Regierung, indem er, über die Kreise seiner Hintersassen hinaus, alles, was er gewaltsam in seine Hände bekommen konnte, zu rekrutieren oder, wie es damals hieß, zu »enrollieren« versuchte, vor allem auch die städtische Bevölkerung. Hiergegen mußte sich der König wehren, schon im Interesse der Akzise; seine Reglements beschränkten sich darauf, die gewerblichen Klassen der Bevölkerung vor der »Enrollierung« durch die adligen Offiziere zu schützen und überhaupt einige Ordnung in das wild gewachsene System zu bringen, indem er, wie in dem Reglement von 1733, den einzelnen Regimentern bestimmte Kantons zum »Enrollieren« anwies: nach dem Maßstab von 5000 Feuerstellen für jedes Infanterie- und 1800 Feuerstellen für jedes Kavallerieregiment.

Daß er sich diesem eigenmächtigen Vorgehen des Adels fügte, war begreiflich genug. Es gab keine andere Möglichkeit für ihn, das viertgrößte Heer Europas auf den Beinen zu erhalten. Auch hatte er jetzt einen reichlichen Offiziersersatz in dem zahlreichen armen Adel, der sich gern ein paar Jahrzehnte in den unteren Offiziersstellen plagte und plagen ließ, mit der Aussicht auf die Kompanie, die ihm reichlich ein

Rittergut ersetzte. Freilich begann hier die Kehrseite der Sache, die andere preußische Historiker schon oft und neuerdings Herr Hans Delbrück in seiner Schrift über »Regierung und Volkswille« überzeugend auseinandergesetzt haben, nämlich daß »den Geist der Armee das Offizierkorps bestimmt, das die Mannschaft in seinem Geiste erzieht und vermöge der Disziplin in seinem Geiste regiert«, also »die stärkste Gewalt ist, die wir im ganzen Deutschen Reiche haben, unzerbrechlich von innen heraus, von außen wäre sie nur zu zerbrechen durch die allerfurchtbarsten Niederlagen«. Delbrück geht dabei von der Illusion aus, daß zwischen Adel und Königtum, um mit Leibniz zu sprechen, eine »prästabilierte Harmonie« besteht, von welcher Illusion der König Friedrich Wilhelm I. jedoch weit entfernt war. Er sprach es offen aus, daß ein Beamter, der ihm treu dienen wolle, den ganzen Adel wider sich haben werde.

Bis zum Jahre 1791 hat es in diesem Heere nicht weniger als 895 Generale aus 518 adligen Familien gegeben, darunter aus der Familie Kleist 14, Schwerin 11, Goltz 10, Bork und Bredow je 9, Dohna und Marwitz je 7; aus der Familie Marwitz allein haben von der Mitte des siebzehnten bis zum Anfang des neunzehnten Jahrhunderts einige hundert Offiziere gedient. Geben diese Ziffern schon einen Begriff davon, in welchem Umfang der Adel das Heer beherrschte, so ist der Beweis noch kürzer und schlagender durch die Tatsache geführt, daß die Grundlage der ganzen Heeresverfassung das gutsherrlich-bäuerliche Verhältnis war. Wo es nicht bestand, erwies sich die »Enrollierung« als unmöglich, so in Kleve-Mark. Daraus erklärt sich die herzhafte Abneigung, die Friedrich Wilhelm I. und fast noch mehr sein Nachfolger gegen die niederrheinischen Besitzungen der Krone empfanden, obgleich diese den ostelbischen Provinzen an Kultur und Wohlstand weit voran waren. Friedrich Wilhelm I. sagt in seinem politischen Testament, die Vasallen in Kleve-Mark seien »dume Oxen, aber Malitiös wie der Deuffel«; »die Nacion ist intrigant und falsch dabei und saufen wie die Beester, mehr wissen sie nichts«, und der Philosoph von Sanssouci gibt, ebenfalls in seinem politischen Testament, der niederrheinischen Bevölkerung die denkbar schlechteste Note; von ihr sei der geringste Nutzen zu ziehen; der dortige Adel sei in der Trunkfälligkeit der Altvordern erzeugt und empfangen.

Für die Mitwelt aber war dieser neue Militärstaat ein Gegenstand halb des Grauens und halb des Spottes: des Grauens, weil seine Voraussetzung soziale Zustände waren, die man als barbarisch empfand; des Spottes, weil man keinen irgend vernünftigen Zweck einer so beispiellosen Verwüstung von Gut und Blut zu erkennen vermochte. Die auswärtige Politik des Königs hatte weder Hand noch Fuß; der einzige Erfolg, der ihm, gleich nach Beginn seiner Regierung, in den Agonien des schwedischen Karl XII. mit leichter Mühe zufiel, war der Erwerb Stettins und der Odermündungen, aber er hatte keine Ahnung davon, weshalb sein Großvater so hartnäckig und solange diesem Erwerb nachgejagt war. Im allgemeinen war dieser König in seiner auswärtigen Politik ein Spielball der europäischen Mächte, was in der Tat nicht geeignet war, seinem Militarismus ein ernsthaftes Ansehen zu geben. Damals kam das geflügelte Wort vom »preußischen Wind« auf und das andere: Die Preußen schießen nicht.

Einige Übertreibung lief freilich bei diesem Spott mit unter. Wie die pünktliche Buchführung das Finanzwesen dieses Königs auszeichnet, so das genaue Exerzitium sein Militärwesen. Man erkennt den Fortschritt, der darin lag, in der Klage der Kaiserin Maria Theresia, es sei kein Wunder, wenn ihre Truppen überall geschlagen würden. »Ein jeder machte ein anderes Manöver, im Marsch, im Exercitio und in allem. Einer schoß geschwind, der andere langsam. Die nämlichen Wort und Befehl wurden bei einem also, bei dem anderen wiederum anders ausgedrückt.« Diese Klagen anzustimmen, bekam Maria Theresia allen Grund, als die Preußen nun doch schossen.

XVI

König Friedrich (1740–1786) hat seine Bedeutung auf dem Gebiet der auswärtigen Politik, auf dem sein Vater gänzlich versagte. Er nahm entschlossen die Überlieferungen seiner Vorfahren Joachim und Friedrich Wilhelm auf, denen er auch darin glich, daß er an der Bildung seiner Zeit seinen Anteil hatte. Friedrich verbündete sich mit Frankreich, um dem Hause Habsburg dessen Provinz Schlesien zu entreißen. Es wird auch von den preußischen Historikern nicht mehr bestritten, daß die Eroberung Schlesiens dem preußischen König nur durch die Hilfe Frankreichs möglich geworden sei; am wenigsten machte der König selbst ein Hehl daraus; er war auch dankbar, indem er die Ansprüche Frankreichs auf Elsaß-Lothringen und das linke Rheinufer als berechtigt anerkannte.

Nicht jedoch ging seine Dankbarkeit so weit, sich einfach als »Auxiliarmacht« behandeln zu lassen, als Frankreich seine Unterstützung beanspruchte in einem Kriege mit England, der die preußischen Interessen nichts anging. Wie er sich diesem Ansinnen zu entziehen versuchte und darüber in den Siebenjährigen Krieg geriet, habe ich erst jüngst an dieser Stelle in den »Kriegsgeschichtlichen Problemen« geschildert[9]. Herr Hintze faßt den Siebenjährigen Krieg richtig auf, nicht als ein urwüchsiges Stück preußischer Heldengeschichte, sondern wie er sich etwas pathetisch ausdrückt, als »den großen weltpolitischen Kampf um die See- und Handelsherrschaft zwischen der romanischen und angelsächsischen Rasse«, und in diesem Kampfe wurde der preußische Staat eine englische »Auxiliarmacht«, weil er keine französische »Auxiliarmacht« sein wollte. In demselben Jahre 1759, wo Friedrich durch die Schlachten bei Kaγ, Kunersdorf und Maxen fast völlig vernichtet wurde, durfte Horace Walpole lachend sagen: »Wir müssen jeden Morgen fragen, was für ein Sieg errungen worden ist, aus Furcht, daß uns einer entgeht.« In der Fülle seiner Siege dachte England aber gar nicht an die Nöte seiner »Auxiliarmacht«. Als sie ihm mit ihren Hilferufen unbequem wurde, warf er sie wie eine ausgepreßte Zitrone fort, und selbst ein englischer Historiker, J. R. Green, sagt in seiner »Geschichte des englischen Volkes« von dem König Georg und dessen Ministern: »Mit schamloser Gleichgültigkeit für die Nationalehre ließen sie Friedrich nicht nur im Stich, sondern boten sich sogar an, ihm einen Frieden zu vermitteln, durch den ihm zugemutet wurde, Schlesien an Österreich und Ostpreußen an Rußland abzutreten.« Hat je ein Mensch triftigen Grund gehabt, über das »perfide Albion« zu klagen, so ist es der König Friedrich gewesen.

Was ihn endlich doch noch aus dem Strudel gerettet hat, der ihn fast schon verschlungen hatte, ist der Schutz des närrischen Zaren Peter und nach dessen alsbaldiger Ermordung die berechnende Schonung der Zarin Katharina gewesen, die den preußischen König als »Auxiliarmacht« brauchte, um das polnische und das türkische Wild in ihr Garn zu treiben. Der König selbst empfand die russische Vasallenschaft viel schwerer als ehedem die französische, aber abschütteln konnte er dies Erbe des Siebenjährigen Krieges nicht, das seitdem mit mehr oder minder drückender Schwere auf dem preußischen Staat und dem Deutschen Reiche gelastet hat.

Und zwar um so weniger, als der König sich nicht im geringsten darum bemüht hat, die innere Entwicklung des Staates im Sinne westeuropäischer Kultur zu entwickeln. Er beließ es im wesentlichen bei den Einrichtungen seines Vaters; was er daran änderte, waren zum geringeren Teile Verbesserungen, zum weitaus größeren Teile aber Verschlechterungen. So löste er die Riesengarde auf, womit die Rekrutenkasse und der Ämterverkauf fortfiel, aber wenn bisher nur das Offizierskorps dem Adel gehörte, so lieferte ihm der König nun auch die ganze Bürokratie aus, die sein Vater gerade als Gegengewicht gegen den Adel geschaffen hatte.

Unter den zwanzig Ministern, die der König im Laufe seiner Regierung ernannt hat, ist nur ein Bürgerlicher gewesen, und der hat nur ganz kurze Zeit amtiert. Zu Präsidenten und Direktoren der Kriegs- und Domänenkammern wurden nur

Adlige genommen, wie denn auch die Landräte immer von Adel waren. Unzählig sind die Verordnungen des Königs zugunsten des Adels. Er verbot, Rittergüter für die Krone zu erwerben, wie es sein Vater vielfach getan hatte, denn er wolle Edelleute behalten. In Streitigkeiten mit dem Fiskus sollte den Edelleuten soviel als möglich nachgegeben werden; bei Strafe des Stranges wurde den Fiskalen und ebenso den Jägern verboten, die Edelleute zu schikanieren, ihnen alte Prozesse und Grenzstreitigkeiten aufzuwärmen. In Streitsachen zwischen Domänen und Rittergütern sollten die Behörden den Edelleuten nicht allein Gerechtigkeit widerfahren lassen, sondern »Mir lieber selber Unrecht tun. Denn was ein kleiner Verlust vor mir ist, das ist für den Edelmann ein großer Vorteil, dessen Söhne das Land defendieren und die Rasse davon so gut ist, um auf alle Art meritiert und konserviert zu werden.« Am bezeichnendsten trat diese Begünstigung des Adels in der alten Streitfrage wegen des Bierbrauens und des Branntweinbrennens hervor. Seinen Domänenpächtern verbot es der König unter der zutreffenden Begründung: »Dieses soll durchaus nicht seind, denn es schneidet den Bürgern den Hals ab«, aber den Rittergutsbesitzern verbriefte er es noch nachdrücklicher, als schon sein Vater getan hatte.

Mit der Auslieferung des gesamten Verwaltungsorganismus an den Adel wollte der König keineswegs seine Selbstherrlichkeit aufgeben. Im Gegenteil glaubte er sie dadurch zu befestigen, daß er das Prinzip seines Vaters, »die Nase in jeden Dreck zu stecken«, in anderer Weise anwandte als dieser. Er arbeitete nicht mehr mit seinen Ministern gemeinsam, sondern sah sie überhaupt nur einmal im Jahre, griff aber über ihre Köpfe weg, je nach Laune, Willkür und Zufall, mit Hilfe einiger subalterner Schreiber, in den geregelten Geschäftsgang ein, um seine souveräne Machtvollkommenheit zu beweisen oder sich, wie er es ausdrückte, als »erster Diener des Staats« zu bewähren. Man kann diese Regierungsmethode heute an vielen Hunderten von Kabinettsordern studieren, die, von jenen subalternen Schreibern auf Befehl des Königs verfaßt und von ihm oft noch mit eigenhändigen Randbemerkungen versehen, den denkbar gröbsten Ton gegen die ersten Beamten des Landes anschlagen, sie als Esel, Ignoranten und mit besonderer Vorliebe als bestechliche Subjekte titulieren, wozu dann in eigentümlichem Gegensatz die geheimen Schreiben standen, in denen der Minister des Auswärtigen v. Podewils, der Generaladjutant v. Winterfeldt oder der Großkanzler Cocceji die »Kabinettsräte«, die jeden Morgen das Ohr des Königs hatten, als »liebe Herzensfreunde« umschmeichelten.

So mischte der König Friedrich den Kelch, den er dem Adel kredenzte, mit einem bitteren Tropfen Wermut, aber dem Adel schmeckte er dennoch sehr süß. Denn die tatsächliche Macht war in seiner Hand, was sich sofort ergab, wenn der König in seinen Kabinettsordern einmal eine sachlich durchgreifende Anordnung treffen wollte. Nie ist ein wirkungsloserer Schlag ins Wasser geführt worden, als da der König 1763 befahl: »Sollen absolut, und ohne das geringste Räsonniren, alle Leibeigenschaften, sowohl in Königlichen, Adligen als Stadteigentumsdörfern, von Stund an gänzlich abgeschafft werden, und alle diejenigen, so sich dagegen opponiren würden, so viel möglich mit Güte, in deren Entstehung aber mit force dahin gebracht werden, daß diese von Sr. K. M. so festgesetzte Idee zum Nutzen der ganzen Provinz Pommern ins Werk gesetzt werde.« Es lag nicht in der Macht des Königs, die Herrschaft des Adels über die bäuerliche Klasse zu brechen, wenn er sich auch im Interesse seiner Rekruten und seiner Steuern darum bemühte. Nur so viel erreichte er, daß der Adel, der nunmehr auch ein dringendes Klasseninteresse an der Erhaltung des Heeres hatte, auf das Bauernlegen verzichtete, wie es gleichzeitig in Mecklenburg und Schwedisch-Pommern das Land verwüstete.

Solange sich der König auf despotische Eingriffe in den Gang der Finanz- und Militärverwaltung beschränkte, die sein Vater eingerichtet hatte, hielt der Organismus noch einigermaßen zusammen. Anders jedoch, als der König nach den Verwüstungen des Siebenjährigen Krieges, dessen zerrüttende Qualen seine geistige Kraft ohnehin gebrochen hatten, auf eigene Faust zu »reformieren« begann. Er hat das Werk seines Vaters tatsächlich ruiniert, so daß schon im Bayerischen Erbfolgekrieg von 1778 das Heer völlig versagte. Beim Tode des Königs war der altpreußische Staat bereits völlig reif für den Untergang, der ihn zwanzig Jahre später bei Jena ereilte.

Nach der Legende, und namentlich nach der liberalen Legende, ist der Verfall freilich erst unter dem Nachfolger des Königs eingetreten. Man muß mit dieser Legende, die Herr Hintze erst schüchtern antastet, etwas gründlicher aufräumen, da sie den roten Faden der preußischen Geschichte völlig verdunkelt, so anerkennenswert die Pietät der liberalen Enkel sein mag, den Einzug ihrer Ahnen in dies Gemeinwesen zu verschönern.

XVII

König Friedrich Wilhelm II. (1786–1797) war ein schwacher und unbedeutender Regent, von dem nicht viel mehr zu sagen ist, als daß es im wesentlichen beim alten blieb. Seine Mätressenwirtschaft ist sehr übertrieben worden, namentlich soweit es auf die Gräfin Lichtenau ankam, die bürgerlichen Ursprungs war; in die Politik hat diese nicht einmal sehr kostspielige Wirtschaft kaum übergegriffen, wie sich denn die Hohenzollern vom politischen Mätressentreiben überhaupt, namentlich im Vergleich mit anderen Fürstengeschlechtern, auffallend frei gehalten haben.

Das Unglück des Staates soll der neue König nun aber doch verschuldet haben, indem er die Aufklärung ausrottete, die unter seinem Vorgänger die dumpfen Köpfe zu erleuchten begonnen habe. Und das sei um so unentschuldbarer gewesen, als er sich dabei von einem Manne habe betören lassen, den der Adlerblick des großen Friedrich bereits als einen »betrügerischen und intriganten Pfaffen« erkannt habe. Durch Wöllners Religions- und Zensuredikt sei die »geistige Freiheit« vernichtet worden, und ohne sie sei der »Staat der Intelligenz« ins Verderben getaumelt.

Die Sache stimmt nun schon insofern nicht, als das Zensuredikt ganz und gar, das Religionsedikt aber zur Hälfte nichts als friderizianisches Erbe waren. Das Zensuredikt erneuerte einfach — sogar nur in gemilderter Form — die Zensuredikte des Königs Friedrich, und das Religionsedikt machte das geflügelte Wort dieses Königs, wonach im preußischen Staate jeder nach seiner Fasson selig werden dürfe, in seinem ersten Teil zu einem staatsrechtlichen Grundsatz, was es bisher nicht gewesen war. In seinem zweiten Teile mordete es allerdings die, wenn anders Lessing recht hatte, »einzige Freiheit«, die unter dem vorigen König bestanden hatte, nämlich die Freiheit, gegen die Religion so viele Sottisen zu Markte zu bringen, als man wolle; bei Strafe der Kassation wurde den Geistlichen verboten, die Bekenntnisschriften zu verspotten, auf die sie durch ihren Amtseid verpflichtet waren; sie sollten sich diese Bekenntnisschriften in ihrer öffentlichen Wirksamkeit vielmehr zur Richtschnur nehmen. Was Lessing und Kant durch moralische Mittel erreichen wollten, indem jener sagte, der »einzigen Freiheit«, über die Religion zu spotten, müsse sich der rechtliche Mann bald schämen, und dieser: Wenn das Gewissen eines Geistlichen mit seinem Amte kollidiere, so gebiete ihm der kategorische Imperativ, auf sein Amt zu verzichten, das suchte Wöllner durch Stockschläge auf den Magen zu erzwingen.

Die Aufklärung, wie sie in der zweiten Hälfte des achtzehnten Jahrhunderts in Deutschland und namentlich in Berlin um sich griff, war kein bodenständiges Gewächs, denn eine bürgerliche Klasse mit irgendwelchem Selbstbewußtsein gab es nicht, wenigstens nicht im preußischen Staate. Sie war eine Reflexerscheinung ausländischer Klassenkämpfe, keine geistige Waffe, sondern ein geistiges Spielzeug, ein lärmender Spatz gegen den lieben Gott, aber ein stummer Hund gegen

»Despotismus und Unterdrückung«, wie Lessing den Gegensatz markiert. Immerhin gab es auch in Preußen einzelne Aufklärer, die sich nicht am »seichten Aufkläricht« genügen ließen, und einer von diesen war der Wöllner des Religionsedikts.

Er mag ein mehr oder minder schlechter Kerl gewesen sein, und es soll hier keineswegs seine persönliche Apologie geschrieben, sondern nur der historische Ort bestimmt werden, wo der Mann steht. Ursprünglich evangelischer Theologe, war Wöllner doch von aller pfäffischen Beschränktheit frei und hat sich nach Kräften bemüht, die preußischen Juden aus der niederdrückenden Knechtschaft zu befreien, zu der sie durch den König Friedrich verurteilt worden waren. Der Fall Wöllners steht beiläufig darin einzig da, daß ein um die Judenemanzipation verdienter Mann von der heutigen liberalen Presse nicht als Engel des Lichts gefeiert, sondern als Ausgeburt der Hölle verflucht wird.

Als Hauslehrer war Wöllner in die adlige Familie der Itzenplitze geraten, deren einzige Tochter er als Dorfpfarrer geheiratet hatte. Über diese »Mißheirat« war der philosophische König in höchsten Zorn geraten; er ließ den jungen Ehemann in die Hausvogtei stecken und die junge Ehefrau unter Vormundschaft stellen. Da sich beide aber nicht brechen ließen, so mußte sich der König begnügen, die Ehe mit einem Schimpfwort über den »betrügerischen und intriganten Pfaffen« zu segnen.

Daß Wöllner danach seine Bewunderung für den alten Fritz wesentlich einschränkte, war ihm am Ende nicht so sehr zu verdenken, doch ist es nicht wahr, daß er aus persönlicher Ranküne gegen den König plötzlich umgelernt habe. Durch seine Heirat war er veranlaßt worden, den geistlichen Beruf aufzugeben und sich der Landwirtschaft zuzuwenden; er wurde ein sehr tüchtiger Ökonom und behandelte in Nicolais »Allgemeiner Deutscher Bibliothek«, dem Hauptorgan der damaligen Aufklärung, fünfzehn Jahre lang volkswirtschaftliche Fragen in einer für die damalige Zeit sehr aufgeklärten

Weise. Diesen Anschauungen ist Wöllner auch keineswegs untreu geworden, als er durch den geheimen Orden der Rosenkreuzer in vertraute Beziehungen zu dem Thronfolger geriet, den er geistig bald beherrschte.

Gewiß »hetzte« er gegen den alten König bei dem Prinzen, aber wenn er diesem in seinen Vorträgen empfahl, den launenhaften Despotismus der Kabinettsregierung aufzugeben und wieder an den geregelten Geschäftsgang Friedrich Wilhelms I. anzuknüpfen, wenn er dem Thronfolger die Ausrottung der Erbuntertänigkeit bis auf die letzte Spur, die Beseitigung der adligen Steuerfreiheit, die Einführung einer progressiven Einkommensteuer, den Verzicht auf die ausländische Werbung, die Emanzipation der Juden usw. anriet, so ist Wöllner geradezu ein Vorläufer der Scharnhorst, Stein und Hardenberg gewesen. In alledem stand er turmhoch über dem »seichten Aufklärricht«, den er mit dem Polizeiknüppel verfolgte, um den frömmelnden und mystischen Vorstellungen zu schmeicheln, die sich, wie so oft beobachtet werden kann, in dem neuen König mit zügelloser Sinnlichkeit verbanden.

Wöllner war auch darin ein echter Sohn der Aufklärung, daß er meinte, um notwendige Reformen durchzuführen, müsse man die Fürsten geistig beherrschen und zum Guten anleiten. Der Aufklärung heiligte dabei, ähnlich wie dem Jesuitenorden, mit dem sie überhaupt Geschwisterkind war, der Zweck die Mittel, und sie scheute nicht — siehe den Marquis Posa — vor Intrigen zurück, um ihren Zweck zu erreichen. Allerdings konnte Wöllner sich sagen, daß selbst die geringste der von ihm geplanten Reformen mehr wert war als die Freiheit, von Kanzeln der christlichen Kirchen herab Sottisen gegen die christliche Religion zu schleudern, und die Art, wie selbst ein Kant vor seinem drohend erhobenen Polizeistock zurückwich, konnte Wöllners geringe Achtung vor dieser »janzen Richtung« nicht erhöhen. Aber bei alledem verfolgte er seine wirklich gefährlichen Gegner, wie den Minister Zedlitz und den Großkanzler Carmer, mit einer Gehässigkeit, die sicherlich nicht gerechtfertigt oder auch nur entschuldigt werden kann. Er hat beide — und andere dazu — um die Ecke gebracht, und sie erscheinen deshalb in der liberalen Legende als unschuldige Märtyrer, was sie nun aber doch auch nicht waren. Zedlitz begünstigte als Minister des geistlichen Departements den »seichten Aufkläricht« mit einer ungeschminkten Parteilichkeit, die vollkommen die Prophezeiung Lessings erfüllte, daß diese Sorte Aufklärung, wenn sie einmal zur Herrschaft gelangen sollte, unduldsamer sein würde als die Orthodoxie, und war im übrigen ein beschränkter Vorkämpfer der Adelsherrschaft; in einer besonderen Schrift verlangte er, daß alle hervorragenden Ämter in der Militär- und Zivilverwaltung dem Adel vorbehalten werden müßten. Carmer aber hat als Leiter der Justizverwaltung das gutsherrlich-bäuerliche Verhältnis in ganzer Herrlichkeit in das Allgemeine Landrecht aufgenommen und es auch formell zur gesetzlichen Grundlage des Staates gemacht, was es tatsächlich freilich schon seit dem Jahre 1653 gewesen war. Die Tendenzen, die diese Männer vertraten und die Wöllner bekämpfte, haben den Staat nach Jena geführt und nicht das Religions- oder das Zensuredikt, von denen das erste schon lange vor Jena beseitigt wurde, das zweite aber nicht nur Jena, sondern selbst Waterloo überdauert hat und erst am 18. März 1848 abgewürgt worden ist.

Inzwischen hatte Wöllner seine Rechnung ohne den Wirt gemacht. Indem er den frömmelnden und mystischen Neigungen des Königs schmeichelte, wurde er insoweit zum mächtigen Manne, machte aber auch hier schon die Erfahrung, daß man mit dem Feuer nicht spielen kann, ohne sich die Finger zu verbrennen. Was für ihn Mittel war, das war für den König Zweck. Der König trieb die Verfolgung der Aufklärer weit über die Grenzen, die Wöllner sich gesteckt hatte, so daß dieser zuletzt, wie auch Herr Hintze anerkennt, schon auf diesem Gebiet mehr der Getriebene als der Treibende war. Ganz und gar nicht gelang es ihm aber, den König auf die Bahn der Reformen zu treiben, die er tatsächlich plante. Denn um sie durchzuführen, wäre ein Kampf auf Leben und Tod mit dem Adel aufzunehmen gewesen, und dem König fehlten alle intellektuellen und moralischen Eigenschaften, um diesen Kampf auch nur einzuleiten, geschweige denn siegreich durchzuführen.

So ist Wöllner von der Nemesis ereilt worden, und niemand wird versucht sein, seinem Schicksal eine Träne nachzuweinen. Jedoch wenn die liberale Legende aus diesem Schicksal nur die Lehre entnimmt, daß »seichter Aufkläricht« das Prinzip ist, mit dem die Staaten stehen und fallen, so vermag man sich diese Auffassung wohl aus einem Gefühl intimster Seelenverwandtschaft zu erklären, aber sie hat wirklich nichts mit dem inneren Zusammenhang des historischen Problems zu schaffen, das sich an Wöllners Namen knüpft.

In allem Wesentlichen blieb es, wie gesagt, unter Friedrich Wilhelm II., wie es unter seinem Vorgänger gewesen war. In den inneren Zuständen nahm der Verfall von Jahr zu Jahr zu, und die auswärtige Politik wurde durch das verhängnisvolle Erbe gelähmt, das der König Friedrich in seiner russischen Vasallenschaft hinterlassen hatte. Mit diabolischer Geschicklichkeit hetzte die Zarin Katharina im Interesse ihrer polnischen Raubpläne den König in den abenteuerlichen Krieg mit der Französischen Revolution, aus dem der preußische Staat schon nach wenigen Feldzügen als völlige Ruine hervorging: In dem demütigenden Frieden von Basel erkaufte er sich 1795 dadurch noch eine kurze Galgenfrist, daß er das linke Rheinufer den Franzosen opferte.

XVIII

Friedrich Wilhelm III. (1797–1840) hatte eine trostlose Erbschaft überkommen, und er war am wenigsten der Mann, den verfahrenen Karren wieder halbwegs ins Geleise zu bringen.

So schmählich der Frieden von Basel war, so sicherte er dem Staate immerhin eine Reihe von Jahren, in denen er sich nach dem berufenen Schlagwort durch »friedliche und gesetzliche Reformen« hätte erholen können. Es sind denn auch mancherlei Versuche unternommen worden, dies Jahrzehnt als eine Periode solcher Reformen darzustellen, die zum gedeihlichsten Ende hätten führen müssen, wenn nicht die Schlacht von Jena, sozusagen als ein Unglücksfall von außen her, dazwischen gekommen wäre. Indessen ist diese Auffassung schon vor mehreren Jahrzehnten durch einen preußischen Historiker mit dem treffenden Satz erledigt worden, daß sie alles historische Verständnis glatt abschneide.

Der altpreußische Staat konnte sich so wenig selbst helfen, als sich Münchhausen am eigenen Zopf aus dem Sumpf ziehen konnte. Eine bürgerliche Klasse, die diesen Namen irgend in historischem Sinne verdiente, gab es nicht, und die bäuerliche Bevölkerung lebte in völligem Stumpfsinn dahin, es sei denn, daß sie hier und da in ziellose Unruhen ausbrach. Der Adel aber hielt zähe an seinen Vorrechten fest und dachte nicht daran, sie aus freien Stücken zu opfern, so wenig, wie je eine herrschende Klasse daran gedacht hat, und die Monarchie konnte sie ihm nicht entreißen.

Ebendeshalb mußten alle Reformversuche scheitern. Richtig ist nur, daß es an solchen Reformversuchen in dem Jahrzehnt vor Jena nicht gefehlt hat. Die Schäden dieses Gemeinwesens sprangen, namentlich in dem Licht, das der Widerschein der Französischen Revolution auf sie warf, so klar hervor, daß sie in nicht völlig verblendeten Köpfen ein unheimliches Gefühl der Unsicherheit hervorrufen mußten. Selbst in der nächsten Umgebung des Königs fehlte es an solchen Köpfen nicht. Seine Kabinettsräte waren zum Teil fähige und in ihrer Art liberale Männer, wie Mencken, der Großvater Bismarcks von mütterlicher Seite, und dann namentlich Beyme; auch im Heere gab es jüngere Offiziere, die wohl ahnten, daß es unaufhaltsam in den Abgrund gehe, und die hier oder da zu bessern gedachten. Aber über allerlei hilfloses Flick- und Stückwerk kam man nirgends hinaus.

Das Haupthindernis jeder Reform blieb das gutsherrlich-bäuerliche Verhältnis, das der Adel nach wie vor als Landesverfassung betrachtete, von der er sich auch nicht ein Tüttelchen abdingen ließ. Die einsichtigeren Elemente der Bürokratie mußten sich daran genügen lassen, die Ketten der Bauern auf den Domänen, wenn auch keineswegs völlig zu lösen, so doch einigermaßen zu lüften, was mit Recht als die verhältnismäßig bedeutsamste der vorjenaischen Reformen gerühmt worden ist. Indessen hatte es auch mit der Emanzipation der Bauern, so wie sie von denjenigen Reformern geplant wurde, die in ihr die entscheidende Tatsache sahen, eine eigene Bewandtnis.

Sie wurden dabei keineswegs von dem praktischen Vorbild der Französischen Revolution bestimmt, deren flammende Schlagworte sie nicht einmal in ihrem historischen Sinn verstanden, sondern im Sinne der verkrüppelten Welt, in der sie lebten. Dadurch kamen sie, wie von gegnerischer Seite nicht mit Unrecht gesagt worden, zu »halb verrückten« Phantasien. So die »Beiträge zum republikanischen Gesetzbuch«, die 1798 in der Form von Anmerkungen zum Allgemeinen Landrecht anonym in Königsberg erschienen. Um einen Begriff von dem kunterbunten Inhalt dieser Schrift zu geben, sei erwähnt, daß sie, da das Verhältnis zwischen Eltern und Kindern von der Stiftung des Staates unabhängig sei, die Ehe zwischen Vater und Tochter oder Mutter und Sohn gestatten, aber die Preßfreiheit nur insoweit zulassen wollten, als sie darauf verzichte, Leidenschaften zu erwecken. Verfasser dieser Schrift war keineswegs der erste beste, vielmehr einer der namhaftesten Justizbeamten Preußens, ein gewisser Morgenbesser, der noch von 1819 bis 1834 als Chefpräsident des Königsberger Oberlandesgerichts, bis auf den heutigen Tag der einzige Bürgerliche in diesem hohen Amt, tätig gewesen ist.

Um so tiefer wirkten auf die Reformer der preußischen Bürokratie die Lehren Adam Smiths ein, was natürlich keinen ideologischen, sondern einen ökonomischen Zusammenhang hatte. Der Kornhandel nach Schweden, Holland und England war die ergiebigste Quelle des Wohlstandes für die preußischen Provinzen; ihre Korn ausführenden Junker schwärmten für Handelsfreiheit; so fand Adam Smith unter den Wortführern dieser Klasse dankbare Schüler. »Ich weihte diesen Morgen der Lektüre des göttlichen Smith und habe es mir zum Gesetz gemacht, alle Morgen mein Tagewerk mit dem Lesen eines Kapitels im Smith zu beginnen«, schrieb einer von ihnen in sein Tagebuch.

Und man muß gestehen: Sie verstanden ihren »göttlichen Smith«, viel besser sogar als die liberalen Wortführer, die später mit Smith prahlten und die Auflösung der feudalen Produktionsweise ausschließlich darstellten als Emanzipation des Arbeiters und nicht zugleich auch als Umwandlung der feudalen in die kapitalistische Produktionsweise. Diese Produktionsweise bedarf der freien Arbeiter, aber »der freien Arbeiter in dem Doppelsinn, daß weder sie selbst zu den Produktionsmitteln gehören, wie Sklaven, Leibeigene usw., noch auch die Produktionsmittel ihnen gehören, wie beim selbstwirtschaftenden Bauer usw., sie davon vielmehr frei, los und ledig sind«. Diesen »Doppelsinn« der neuen Lehre, die der »göttliche Smith« verkündete, war den vorjenaischen Reformern vollkommen klar, und in dem naiven Stolz auf ihre frische Erkenntnis machten sie aus ihrem Herzen auch keine Mördergrube.

Indem sie die persönliche Freiheit der Bauern befürworteten, forderten sie zugleich die Proletarisierung der bäuerlichen Klasse.

XIX

Die zerschmetternde Niederlage von Jena führte auch noch nicht zu einer Wiedergeburt des preußischen Staates aus sich selbst heraus. Die Periode der nunmehrigen Reformen stand durchaus unter dem Zeichen der französischen Fremdherrschaft. Ihr erster Teil, der sich an den Namen Steins knüpft, erhielt seinen Anstoß aus dem Großherzogtum Warschau, das Napoleon aus den ehemals polnischen Landesteilen des preußischen Staates gebildet hatte; der zweite Teil, der sich an den

Namen Hardenbergs knüpft, war beherrscht von der Gesetzgebung des Napoleonischen Königreichs Westfalen, das in seinem Kern aus den ehemals westelbischen Provinzen des preußischen Staates entstanden war.

In der Begründung des vielgerühmten Edikts vom 9. Oktober 1807, das den Bauern die persönliche Freiheit gewährte, ist es mit aller Offenheit ausgesprochen, daß diese Maßregel durch die Aufhebung der Hörigkeit und Leibeigenschaft im Großherzogtum Warschau zur »dringenden Notwendigkeit« geworden sei. Man konnte nicht einmal so lange damit warten, bis der Freiherr vom Stein, den Napoleon selbst dem König zum leitenden Minister vorgeschlagen hatte, nach Königsberg gekommen war, wo damals der Hof residierte. Stein kam gerade noch zur rechten Zeit, um den verhängnisvollen Schlag, den das Oktoberedikt gegen die bäuerliche Klasse führte, einigermaßen abzuschwächen.

Denn die preußischen Reformer, deren namhaftester Vertreter Schön war, wollten mit ihrem »göttlichen Smith« völligen Ernst machen und, unter Beseitigung des Schutzes, den die friderizianische Gesetzgebung nicht dem Bauern, aber dem Bauern*acker* gewährt hatte, den Rittergutsbesitzern die Einziehung aller nichterblichen Bauernhöfe – und deren war die große Überzahl – unter der Verpflichtung gestatten, an Stelle des vertriebenen Bauern einen Tagelöhner anzusetzen. Dem widersetzte sich Stein und erließ eine Ausführungsverordnung des Edikts, wonach die Einziehung des Bauern- zum Ritteracker nur gestattet sein sollte, wenn gleichzeitig eine ebenso große Fläche Bauernlandes in große erbliche und freie Bauernhöfe umgewandelt würde. Trotz dieser Einschränkung wären die meisten Bauern zu Tagelöhnern herabgedrückt worden, wenn nicht die Not der Zeit die Rittergutsbesitzer gehindert hätte, aus Mangel an Betriebsmitteln ihre Güter zu vergrößern. Es ist aber gar nicht übertrieben zu sagen, daß die »Habeas-Corpus-Akte« des preußischen Staates, wie Schön das Oktoberedikt lobpreisend nannte, die Masse der Bevölkerung in eine üblere Lage versetzte, als in der sie je gewesen war.

In Schöns Augen war Stein ein Reaktionär, und so viel ist gewiß, daß Stein von den Herrlichkeiten der kapitalistischen Produktionsweise noch keinen rechten Begriff hatte. Er war wesentlich noch in ständischen Anschauungen befangen und wollte dem Adel durchaus nicht an den Kragen, aber als Reichsfreiherr betrachtete er das ostelbische Junkertum nur mit sehr gemäßigter Hochachtung, und er wollte dessen lastendes Übergewicht über eine kraftlose Bürger- und eine verelendete Bauernklasse allerdings beseitigen. In der Herstellung eines kräftigen Bürger- und Bauernstandes sah er die Rettung des Staates, und er begann damit, die Axt an die obrigkeitlichen Rechte des Junkertums zu legen, zunächst an die Patrimonialgerichtsbarkeit. Allein noch ehe er damit zu Rande kam, stürzten ihn die Junker mit nichts weniger als wählerischen Mitteln, und Stein mußte nach kaum einjähriger Wirksamkeit vom Platze weichen. Es war ihm jedoch noch vergönnt, im Augenblick seines Scheidens eine neue Städteordnung zu erlassen.

Sie war die freisinnigste aller nachjenaischen Reformen; einzelne ihrer Bestimmungen sind wörtlich der Gemeindegesetzgebung der Französischen Revolution entnommen worden. Das war weniger das Verdienst Steins, der die Französische Revolution haßte, als des Polizeidirektors Frey, der sein Haupthelfer bei der Städteordnung war. Allerdings war auch in ihr noch lange nicht ganze Arbeit gemacht worden, und ein tüchtiger Schuß aus dem trüben Wasser des Allgemeinen Landrechts verdünnte den fremden Wein. Aber im Grunde waren es mehr die Vorzüge als die Schwächen der Städteordnung, die ihr verhängnisvoll wurden. Die preußischen Städte hatten ein eigentümliches Pech: Nachdem sie durch mehrere Jahrhunderte völlig unterdrückt und in der mannigfachsten Weise von einer gesunden Entwicklung abgedrängt worden waren, wurden sie jetzt mit Rechten gesegnet, mit denen ihre verarmte, verdummte, zünftlerisch verhutzelte Bürgerschaft nichts anzufangen wußte. Und als sie sich in die neue Ordnung der Dinge einzuleben anfing, begann auch die Rückwärtsrevidierung der Städteordnung, bis sie zu dem verkümmerten Abbild wurde, das die heutige Städteordnung im Vergleich mit der Städteordnung von 1808 darstellt.

Nach dem Sturze Steins stockte die preußische Reform, und sie kam erst im Frühjahr 1810 wieder in Fluß, unter dem finanziellen und moralischen Drucke der Fremdherrschaft. Die nunmehrigen Reformgesetze, die Hardenberg als leitender Minister ausgehen ließ, waren nichts anderes als eine verschlechterte Kopie der napoleonisch-westfälischen Gesetzgebung, die ihrerseits eine verschlechterte Kopie der französischen Revolutionsgesetzgebung war. Das ist stets von dem preußischen Adel behauptet worden, namentlich auch von Bismarck; inzwischen ist die Tatsache durch eingehende Forschungen deutscher und französischer Historiker so festgestellt worden, daß ihre Richtigkeit nicht mehr bestritten werden kann.

Gleich Hardenbergs erstes Finanzgesetz, das eine sklavische Wiederholung westfälischer Steuergesetze war, versprach »der Nation eine zweckmäßig eingerichtete Repräsentation sowohl in den Provinzen als auch für das Ganze«. Im Jahre 1811 wurde zunächst eine Notabelnversammlung einberufen, deren Mitglieder vom König ernannt waren; vom 10. April 1812 bis zum 15. April 1815 hat dann aber, mit starken Unterbrechungen, die erste preußische Volksvertretung getagt, »interimistische Landesrepräsentation« genannt. Sie bestand aus 18 Rittergutsbesitzern, 9 bäuerlichen Grundbesitzern von mindestens einer Hufe und 9 grundbesitzenden Vertretern, darunter je einem von Berlin, Breslau und Königsberg. Sie hatte, wie die Notabelnversammlung, nur beratende Stimme, aber beide Körperschaften haben tiefe Spuren in der preußischen Geschichte hinterlassen.

Hardenberg hatte aus dem Schicksal Steins gelernt; er hat die adligen Vorrechte der Rittergüter gar nicht angetastet, weder die Patrimonialgerichtsbarkeit noch die gutsherrliche Polizei, noch das Kirchen- und Schulpatronat, noch das Jagdrecht, noch die Steuerfreiheit usw. Nur die Besitzverhältnisse der Bauern konnte er nicht in der Schwebe lassen, in die sie durch das Oktoberedikt geraten waren, denn die Bauern bildeten den Kern des neuen Heeres, das den Kampf gegen die Fremdherrschaft führen sollte. Sein Rat Scharnweber machte den einfachen Vorschlag, alle Bauern mit unsicherem Besitzrecht, ob sie nun erblich oder lebenslänglich oder nur zeitweise auf ihren Hufen saßen, über einen Kamm zu scheren und allen sofort Eigentum zu verleihen, dann aber die Rechte und Pflichten zwischen Bauern und Gutsherren gegeneinander aufzurechnen, wobei die Möglichkeit bestand, daß die Bauern etwas herausbekamen und nicht die Gutsbesitzer.

Das wagte aber schon Hardenberg nicht dem Adel zu bieten. Er verlangte, daß mindestens die Zeitpachtbauern die Hälfte ihres Ackers an den Gutsherrn abtreten sollten, um den Rest dienstfrei zu erhalten. Damit war aber die Notabelnversammlung von 1811, die den Gutswert begutachten sollte, noch lange nicht zufrieden; sie verlangte, daß die lebenslänglichen Besitzer mit den Zeitbauern auf dieselbe Stufe gestellt und die erblichen Besitzer mindestens den dritten Teil ihres Ackers opfern sollten. Dieser »beratenden« Stimme gab Hardenberg sofort nach, und in dieser Form wurde das sogenannte Regulierungsedikt vom 14. September 1811 erlassen.

Aber es kam nicht einmal zur wirklichen Ausführung, sondern die »interimistische Landesrepräsentation«, die 1812 zusammentrat, nahm es noch einmal in die Mache und verhunzte es, während die Bauern den Feind aus dem Lande schlugen, zu der berüchtigten »Deklaration«, die nach erfochtenem Siege, am 26. Mai 1816, veröffentlicht wurde. Sie beschränkte die »Regulierbarkeit« auf eine Minderzahl wohlhabender Bauern, schloß die große Masse der Bauern aber sowohl von der Befestigung ihres Eigentums als auch von der Ablösung der feudalen Lasten aus und überlieferte sie, unter ausdrücklicher Beseitigung des friderizianischen Bauernschutzes, der unbeschränkten Willkür der Gutsherren.

Ein biederer Landpfarrer aus Niederschlesien schreibt über diese Reform in dem eben erschienenen Märzheft der »Preußischen Jahrbücher«: »Die ganze Landgesetzgebung Preußens aus der ersten Hälfte des neunzehnten Jahrhunderts – soweit sie in Fortführung des Oktoberedikts im Jahre 1807 die Regulierung und Ablösung des gutsherrlich-bäuerlichen Verhältnisses betrifft – vollzog sich nach dem Grundsatz: Wer hat, dem wird gegeben, daß er die Fülle habe; wer nicht hat, dem wird genommen, was er hat. Gefestigt worden ist nämlich durch diese Gesetzgebung erstens der größere, in gutem Besitzrecht befindliche bäuerliche Besitz und vor allem zweitens der Großgrundbesitz. Der ganze kleine bäuerliche Besitz dagegen ist durch die Regulierungsgesetze in seiner Existenz bedroht und je länger desto mehr wirtschaftlich heruntergedrückt und proletarisiert worden.« Der biblische Vergleich trifft den Nagel auf den Kopf; nur daß auch dem »größeren bäuerlichen« Besitz genommen wurde, was er hatte, denn um sein Eigentum zu »befestigen«, mußte er die Hälfte oder mindestens den dritten Teil des Landes opfern, auf dem seine Vorfahren als freie Leute gesessen hatten.

Ein günstigeres Urteil als die agrarische verdient die militärische Reform, die nach Jena eingeleitet und durchgeführt wurde. Zwar ist es ein leeres Schlagwort, wenn ihr nachgerühmt wurde, daß sie ein »Volk in Waffen« geschaffen habe; sie hielt vielmehr an allen wesentlichen Eigentümlichkeiten der stehenden Heere und namentlich an deren entnervender Disziplin fest, ebenso an dem aristokratischen Charakter des Offizierskorps, unter mehr formeller als tatsächlicher Einschränkung des adligen Monopols. Aber technisch eiferten Scharnhorst und seine Gehilfen dem französischen Muster mit großem Erfolg nach und übertrafen es sogar in einem entscheidenden Punkt; nach jahrelangen Mühen gelang es ihnen, im Augenblick der höchsten Not die allgemeine Wehrpflicht durchzusetzen.

Der Gipfel der nachjenaischen Reformen war dann die Verordnung vom 22. Mai 1815 über die zu bildende Repräsentation des Volkes. Sie ist niemals im profanen Leben verwirklicht worden, aber dafür hat sie im Luftreich der liberalen

Träume eine desto glänzendere Existenz geführt. Tatsächlich war sie weiter nichts als eine Wiederholung des Versprechens, das Hardenberg schon in seinem ersten Finanzgesetz gegeben hatte, um den finanziell und moralisch aufs tiefste erschütterten Kredit des Staates zu stärken, ein Schritt weiter auf dem Wege, der schon mit der Notabelnversammlung von 1811 und der »interimistischen Landesrepräsentation« von 1812 bis 1815 beschritten worden war.

In der Verordnung vom 22. Mai 1815 war einfach festgesetzt, daß die alten Stände, wo sie in den preußischen Provinzen noch vegetierten, wiederhergestellt oder, wo sie nicht mehr oder noch nicht existierten, neu eingerichtet werden sollten. Aus der Mitte dieser Provinzialstände sollte dann die Landesrepräsentation gewählt werden, mit beratender Stimme über alle Gegenstände der Gesetzgebung, einschließlich der Besteuerung, und mit dem Sitz in Berlin. So dürr und trocken lautet dieses »Königswort«, dessen angeblicher »Bruch« den preußischen Staat bis in die Grundfesten erschüttert haben soll.

XX

Das endgültige Ergebnis des siegreichen Kampfes gegen die französische Fremdherrschaft war für den preußischen Staat die Wiederherstellung der Adelsherrschaft auf breiterer und festerer Grundlage.

Alle obrigkeitlichen Rechte waren den Gutsherrschaften erhalten geblieben. Durch die Abtretungen an Land, womit die größeren Bauern ihr Eigentumsrecht hatten erkaufen müssen, waren die Gutsflächen bedeutend erweitert worden, und für ihren landwirtschaftlichen Betrieb war in den kleinen Bauern ein Proletariat gewonnen worden, dessen Arbeitskraft bis auf den letzten Tropfen ausgenutzt werden konnte. Dazu kam dann noch das Ablösungsgesetz von 1821, durch das den Bauern mit gutem Besitzrecht gestattet wurde, sich mit einmaliger Kapitalzahlung oder jährlichen Renten von den feudalen Abgaben und Lasten zu befreien. Der Gesamtgewinn des Adels belief sich an Land auf mehr als anderthalb Millionen Morgen und an Geld auf mehr als achtzehn Millionen Taler, dazu an jährlichen Renten auf mehr als anderthalb Millionen Taler und mehr als eine Viertelmillion Scheffel Getreide.

Irgendein Gegengewicht gegen diese Übermacht des Adels boten die Städte nach wie vor nicht; sie hatten genug damit zu tun, notdürftig die Wunden zu heilen, die ihnen die zehnjährige Kriegsperiode geschlagen hatte. Etwas anders stand es mit den »geistigen Ständen«, wie man sich damals auszudrükken pflegte. Namentlich die Studenten, die mit den Idealen unserer klassischen Literatur genährt in den Krieg gezogen und mit der siegreichen Waffe in der Faust heimgekehrt waren, konnten sich nicht darein finden, daß nunmehr das alte Elend in neuer Form beginnen sollte. In einem Geschlecht von Ideologen, Schulmeistern, Studenten, Tugendbündlern verkörperte sich die erste Form des politischen Liberalismus im preußischen Staat. Es waren sicherlich treffliche Kräfte darunter, beseelt vom besten Willen, und als Märtyrer ihrer Überzeugung des Nachruhms würdig, aber wenn man diese ganze Bewegung in der Zeit von 1815 bis 1840 und noch später überblickt, so zeigt sich doch nur, wie kläglich ohnmächtig eine politische Bewegung ist, die keine kampffähige Klasse hinter sich hat.

Dieser Liberalismus verlangte die Teilnahme des »Volkes« an der Regierung, aber seine Mittel paßten zum Zweck wie die Faust aufs Auge. Er verherrlichte überschwenglich die Stein-Hardenbergische Gesetzgebung als das edlere und würdigere Gegenbild der Französischen Revolution, das heißt, er verherrlichte die Wiederherstellung der Adelsherrschaft. Und er forderte ungestüm die Einlösung des Verfassungsversprechens von 1815, das heißt, er forderte die Krönung dieser Adelsherrschaft durch einen letzten Schmuck.

Denn es kann gar keinem Zweifel unterliegen, daß die

Ausführung der Verordnung vom 22. Mai 1815, so wie sie gemeint war, dem Adel und nur dem Adel eine Handhabe der Herrschaft geliefert haben würde. Dafür bürgte genugsam die Geschichte der alten Stände, deren Wiederherstellung oder Neuschaffung nach dem königlichen Versprechen die Grundlage der preußischen Verfassung werden sollte; dafür bürgte die »interimistische Landesrepräsentation« von 1812 bis 1815, die die agrarische Reform in schmählichster Weise verhunzt hatte. Hätte sie ihre Fortsetzung in der verheißenen »Repräsentation des Volkes« gefunden, so wäre es der städtischen Reform ebenso an den Kragen gegangen wie der agrarischen, namentlich aber auch der militärischen Reform, denn der allgemeinen Wehrpflicht widersetzten sich die Städte ebensosehr, ja sogar noch mehr als der Adel.

Das Verfassungsversprechen ist denn auch keineswegs leichtfertig in den Tag hinein gegeben worden, sondern Hardenberg hat lange Jahre und bis an seinen Tod daran gearbeitet, es auszuführen. Woran seine Durchführung gescheitert ist, war die Unmöglichkeit, es in dem Sinne, worin es gemeint war, in die Wirklichkeit zu versetzen; die alten Stände ließen sich nicht wiederherstellen, zumal bei dem unabsehbaren Wirrwarr der rechtlichen Zustände in den neuen Landesteilen, die der Wiener Kongreß[10] dem preußischen Staat hinzugefügt hatte. Nach achtjährigen Mühen brachte man endlich die verheißenen Provinzialstände fertig, auf der Grundlage des Großgrundbesitzes, aber sie waren so künstlich fabriziert, daß sie nicht einen Schritt vorwärtstun konnten. Aus ihnen dann »eine Repräsentation des Volkes« zu destillieren, scheiterte mindestens ebensosehr an dem partikularistischen Geiste des provinzialen Adels wie an der Scheu der Monarchie und Bürokratie vor einer allgemeinen Landesvertretung.

Von diesen historischen Zusammenhängen hatte der Liberalismus der »geistigen Stände« nicht die entfernteste Ahnung, wie sich noch an seiner klassischen Urkunde, den »Vier Fragen« Johann Jacobys, mit aller Gründlichkeit studieren läßt.

Jacoby wollte eine Verfassung im modern-konstitutionellen Sinne des Wortes, »gesetzliche Teilnahme aller selbständigen Bürger an der Gesetzgebung des Staates«, aber als deren Vorläufer verherrlichte er die Stein-Hardenbergische Gesetzgebung; er meinte: »Die Regierung kann, was sie Freisinniges geweckt, unterdrücken, aber nicht töten«, und sogar der »interimistischen Volksrepräsentation« Hardenbergs sagte er nach, daß »unter ihrer Mitwirkung eine Reihe der freisinnigsten organischen Gesetze zustande gekommen« sei. Bei aller Berechtigung seiner eigenen Forderung aber wußte er sie nur auf Sand zu bauen, indem er als ihren einzigen Rechtstitel das »königliche Wort von 1815« ansprach. Leider wußte die Regierung dem unvorsichtigen Fragesteller nur zu antworten, indem sie ihn auf Hochverrat und Majestätsverbrechen anklagte; viel bündiger und gründlicher hätte die Krone ihn beschieden, indem sie ihm erwiderte: Was du verlangst, habe ich nie versprochen; wenn ich aber ausführen könnte und wollte, was ich versprochen habe, so würdest du dein blaues Wunder erleben.

Diese hoffnungslose Illusion des vormärzlichen Liberalismus dauerte bis in die Märzrevolution hinein, die in erster Reihe den Opfern der Stein-Hardenbergischen Gesetzgebung geschuldet wurde. Auch Herr Hintze sieht ihren gefährlichsten Zündstoff in der ländlichen Bevölkerung. »Der größte Vorteil war den Gutsbesitzern zugefallen, die ihre Wirtschaften meist bedeutend vergrößert, abgerundet und in besseren Betrieb gebracht hatten. Dagegen konnte ein großer Teil des Bauernstandes der neugewonnenen Freiheit und Selbständigkeit nicht recht froh werden, weil es ihm an Kapital fehlte, um die notwendig werdende Umwälzung in der Wirtschaft ohne Schaden ins Werk zu setzen, und vollends der zu ungesunder Massenhaftigkeit angeschwollene Taglöhnerstand, der ganz ohne die notwendige Staatshilfe geblieben und lediglich dem guten oder bösen Willen der Gutsbesitzer preisgegeben war, hatte sich zu einem meist in kümmerlichen Verhältnissen lebenden Proletariat entwickelt, das schwere soziale Gefahren in sich barg.« Das Berliner Parlament, das aus den Stürmen der Revolution, lebte und webte in den Illusionen des vormärzlichen Liberalismus: Erst nachdem es nahezu ein halbes Jahr vertrödelt hatte, um eine schöne Verfassung aufs Papier zu schreiben, dachte es derer, denen es das eigene Dasein verdankte. Und es war ein beißender Witz der Geschichte, daß, als das Hohe Haus gerade die »unter dem Namen Hundebrot, Hundekorn, Hundehafer, Hundeackerkorn, Hundeackerhafer und Hundeackerzins vorkommenden Abgaben« diskutierte und eben beschloß, auch die »Hundsatzung« nicht zu vergessen, die Truppen vor dem Saal erschienen, um seine Türen für immer zu schließen.

Das Staatsstreichministerium Brandenburg-Manteuffel wußte viel besser, worauf es ankam. Es tat der schönen Verfassung zunächst gar kein Leid an, sondern oktroyierte sie sogar, wenn auch mit einigen Änderungen zum Schlechteren; dann aber tastete Manteuffel, woran Stein gescheitert war und Hardenberg nicht einmal gedacht hatte, die obrigkeitlichen Rechte der Gutsherren an und kappte vor allem die Patrimonialgerichtsbarkeit; endlich rettete sein Agrargesetz von 1850 auch von den kleinen Bauern, was noch zu retten war, sicherlich auch unter sehr drückenden Bedingungen für die Bauern, aber immerhin war dies Gesetz, wie Herr Hintze meint, »viel bauernfreundlicher« als die Agrargesetze Hardenbergs. Erst als die bäuerliche Bevölkerung durch diese Zugeständnisse beruhigt war, machte sich Manteuffel in aller Gemächlichkeit daran, die schöne Verfassung wieder abzubauen, Paragraph für Paragraph, bis die Revolution von 1848 ihren Abschluß gefunden hatte, wie einst die Kriege gegen die französische Fremdherrschaft in den Jahren 1812 bis 1815: in der Wiederherstellung der Adelsherrschaft.

XXI

Damit wäre die zeitliche Grenze erreicht oder selbst schon überschritten, die dieser Abhandlung von vornherein gesetzt war. Verfolgt man, wie es hier versucht worden ist, den roten Faden der preußischen Geschichte, so wird man der Behauptung des Herrn Hintze nicht zustimmen, daß der preußische Staat ein »Werk der Hohenzollern« sei. Eher wird man geneigt sein, die Ansicht Max Lehmanns zu unterschreiben, des vorurteilslosesten unter den preußischen Historikern, wonach die Junker »die eigentlichen Regenten des preußischen Staates« gewesen seien. Und ebenso nahe trifft die andere Bemerkung Lehmanns zum Richtigen, es sei doch wohl der tiefste Unterschied zwischen der preußischen und der französischen Entwicklung, daß dort der Impuls gefehlt habe, der hier von dem dritten Stande ausgegangen sei.

In der Tat gerät man notwendig in die Irre, wenn man das Verständnis der preußischen Geschichte an dem französischen oder auch dem englischen Vorbild zu erlangen sucht. In Frankreich hatte die Monarchie gemeinsam mit den Städten die mittelalterlichen Magnaten niedergeworfen, um dann mit dem höfisch gezähmten Adel über den »dritten Stand« herzufallen, der, um sich zu retten, dem Königtum und dem Adel einen erbitterten und schließlich siegreichen Krieg machte. In England aber hatten sich Adel und Städte verbunden, um die moderne Staatsgewalt in einem gemeinsamen, von ihnen abhängigen Königtum zu begründen. In der preußischen Entwicklung fehlen vollständig die Städte, aus Gründen, die in dieser Darstellung hinlänglich angedeutet worden sind; als sie endlich auf der Bühne erschienen, war ihre historische Stunde längst vorüber.

Viel nähere Analogien als mit der französischen und englischen bietet die preußische Geschichte mit der polnischen. Beide sehen sich manchmal zum Verwechseln ähnlich. Wenn das Endergebnis dennoch sehr verschieden ausgefallen ist, so aus dem Grunde, weil die polnische Geschichte schließlich jedes Klassenkampfes entbehrte, ohne den eine historische Entwicklung unmöglich ist. Die polnische Adelsherrschaft vermochte sich so auszuwachsen, daß sie weder an der Monarchie noch an den Städten mehr ein Gegengewicht fand, und so verfaulte sie in sich selbst; auch der nahrhafteste Karpfenteich bedarf des Hechtes, wenn die Karpfen frisch und munter bleiben sollen.

Der preußische Adel aber gedieh, weil er an der Monarchie den erfrischenden und stärkenden Widerstand fand, dessen jede Klassenherrschaft bedarf, wenn sie dauern soll. Ebendarin ist denn auch die Bürgschaft gegeben, daß seine Herrschaft niemals unterliegen kann, es sei denn, daß eine neue Klasse auf den Plan tritt, die sich auf den Klassenkampf ebenso trefflich versteht wie der Adel, aber ihn mit stärkeren Waffen zu führen vermag.

Die Neue Zeit
34. Jg. 1915/16, Erster Band,
S. 392–400, 468–476, 655–663, 680–688,
782–790, 840–858.
Franz Mehring: Gesammelte Schriften,
Bd. 5, Berlin 1977, S. 363/364 u. S. 394–439.

Aus »Jena und Tilsit.
Ein Kapitel ostelbischer
Junkergeschichte«

1906

Reformversuche

So sicher der Untergang des altpreußischen Staates seit dem Baseler Frieden besiegelt war, so hat es seinem letzten Jahrzehnt doch nicht an Reformversuchen gefehlt. Er war keine einsame Insel im Weltmeer; die ungeheuren Umwälzungen, die sich um ihn her vollzogen, wirkten auch auf ihn zurück.

Es ist unsinnig zu sagen, er habe eine konsequente Reformtätigkeit begonnen, die durch die Niederlage von Jena nur in unheilvoller Weise unterbrochen worden sei, aber es wäre ungerecht zu bestreiten, daß die Gewitterwolken, die über ihm hingen, hier oder da bemerkt worden sind und das Bemühen veranlaßt haben, den einen oder den anderen Blitzableiter aufzustellen. Im äußersten Süden, im äußersten Westen und im äußersten Osten erwuchsen ihm Reformer: man kann sagen, überall, wo er sich mit einer zivilisierteren Welt berührte, denn auch in Ostpreußen war es der rege Handelsverkehr mit England, der eine leise Wendung zum Bessern herbeiführte.

Die Markgrafschaften Ansbach und Bayreuth, die 1792 an den altpreußischen Staat zurückgefallen waren, hatten in ihrer sozialen Struktur wenig mit ihm gemein; sie waren ein Gebiet freier Bauern und wohlhabender Kleinbürger, das im ausgehenden Mittelalter durch die Bergwerke im Fichtelgebirge eine ähnlich hervorragende Stellung gewonnen hatte wie Sachsen, wenn auch auf kleinerer Stufenleiter. Ihre Verwaltung war schon unter dem letzten Markgrafen an Hardenberg gekommen, einen geborenen Hannoveraner, der ehedem in hannöverschen und braunschweigischen Diensten gestanden und weite Reisen in Frankreich, England und Holland gemacht hatte. Hardenberg war ein gebildeter Mann, ein Freund Goethes noch aus dessen Leipziger Frühzeit, später ein geselliger Kumpan Lessings in den braunschweigischen Weinkellern; verwandtschaftliche Beziehungen zur deutschen Literatur hatte er durch den Dichter Hardenberg, der sich als Dichter Novalis nannte. Unter Hardenberg arbeitete als Oberbergmeister der junge Alexander von Humboldt, als Kriegs- und Domänenrat aber Altenstein, der später als preußischer Unterrichtsminister der wohlwollende Beschützer der Hegelschen Philosophie wurde; gelernt hat hier ferner Nagler, der später das preußische Postwesen technisch reorganisierte, aber freilich zugleich zur größten Diebesfalle der Welt machte und sich auch sonst auf die reaktionäre Seite schlug.

Ähnlich wie in den fränkischen Markgrafschaften gab es in den rheinisch-westfälischen Besitzungen des Staats keine Erbuntertänigkeit, dagegen ein Stück kommunaler und provinzialer Selbstverwaltung. Auch hier entwickelte sich ein Beamtentum von freierem und weiterem Blick; es genügt, Vincke zu nennen und namentlich den Reichsfreiherrn vom Stein, der aus dem Nassauischen stammte. Der Titel ist in diesem Falle untrennbar vom Mann: Erst als Reichsritter wird Stein verständlich, als ein Spätling der Hutten und Sickingen, in seiner nationalen Begeisterung, in seinem unbändigen Hasse gegen die Fürsten und ihre Schreiberseelen, in seinem heftigen, gewaltsamen, ungestümen Charakter. Kein Revolutionär und nicht einmal ein Liberaler, blieb er immer seines Ursprungs gedenk, blieb er immer ein Freund des Adels; in der zukünftigen Verfassung Deutschlands wollte er dem Adel eine eigene Vertretung sichern, neben der, wie ein bürgerlicher Historiker sagt, das heutige preußische Herrenhaus demokratisch genannt werden müßte. Deshalb stand er doch hoch über dem ostelbischen Krautjunkertum, auf das er voll herber Verachtung herabblickte; die Spuren seiner Schandtaten sah er in dem bösen scheuen Wolfsblick, den er in den verwitterten Zügen der ostelbischen Bauern finden wollte.

Ungern genug fügte sich sein steifer Nacken in das Joch des Staatsdienstes, zu dem ihn die Armut seiner Familie zwang. Es ist nicht ganz klar, was ihn nach Preußen führte, während die Traditionen seiner Klasse nach Wien wiesen. Den diplomatischen Dienst hat er immer verschmäht; für dies Lug- und Trugspiel hielt er sich zu gut. Um so glücklicher war der Zufall, der ihn in die Bergwerksverwaltung führte und ihm eine Reise nach England ermöglichte, wo er die Berg- und Hüttenwerke studierte. Darüber hinaus hat ihm das englische Leben das Bild der aristokratisch gegliederten Selbstverwaltung gegeben, das ihm immer als Ideal vorschwebte. Wie er der ästhetischen Bildung der Zeit fern stand, so war er auch kein systematischer Denker, aber er war ein Charakter, der im Bereiche seiner praktischen Wirksamkeit klar und sicher durchzugreifen wußte. Auf der roten Erde mit ihren Resten von Gemeindefreiheit, die von Berlin aus nie ganz hatten verkümmert werden können, fühlte er sich am wohlsten, doch rückte er im Jahre 1804 auf dem Wege der Anciennität zu einer Art Finanzminister im Berliner Generaldirektorium auf.

Der ihm später aber der tätigste Gehilfe werden sollte, Theodor von Schön, machte am entgegengesetzten Ende der Monarchie seine Schule. In Ostpreußen gab es so gut wie gar keine Fabriken, die Provinz lebte wesentlich vom Ackerbau; dünn bevölkert, wie sie war, produzierte sie in guten Jahren einen ansehnlichen Überschuß an Getreide, den sie ebenso wie Korn und Holz aus dem polnischen Hinterlande, mit dem sie durch bequeme Wasserstraßen verbunden war, nach Schweden, Holland und namentlich nach England verfrachtete. Aus England wieder erhielt sie, was sie an Industrie- und Kolonialprodukten brauchte; sie konnte es von dorther leichter und schneller beziehen als aus den übrigen Provinzen des eigenen Staates, mit denen sie nur durch sehr kümmerliche Straßen verknüpft war. Im engsten Zusammenhange mit diesen wirtschaftlichen Beziehungen ging nun eine un-

gewöhnlich starke geistige Einwirkung von England auf Ost-
preußen aus. Da die Beamten dieser Provinz geborene Frei-
händler waren, im Gegensatze zu dem Berliner Prohibitiv- und
Protektionssystem, so wurden sie begeisterte Anhänger von
Adam Smith; sie näherten sich dem Liberalismus im modernen
Sinne des Wortes, wie denn Schön behauptete, daß Stein im
Innersten immer ein Reaktionär geblieben sei.

Bei Hardenberg, Stein, Schön wirkte mehr oder minder der
englische Einfluß mit. Unmittelbar drängten dann im Heer-
wesen die bloßen Gebietsumwälzungen auf Reformen hin.
Eine amtliche Denkschrift aus dem Dezember 1803 schildert
anschaulich, wie das eine der beiden Beine, auf denen das
preußische Heer stand, durch diese Gebietsumwälzungen
zertrümmert wurde, nämlich die ausländische Werbung. Es
wird darin ausgeführt, daß zunächst das ganze linke
Rheinufer, wo sowohl am Ober- wie am Niederrhein und
selbst bis an die Maas und Mosel hin die ergiebigsten und
vorteilhaftesten Werbeplätze gewesen wären, verlorengegangen sei. Dann sei Ansbach und Bayreuth, von wo sonst die
besten und sichersten Ausländer gekommen wären, dem
preußischen Staate einverleibt worden; auch sei ganz Polen,
»woraus sich die diesseitige Armee so ansehnlich an Auslän-
dern rekrutierte«, der preußischen Werbung entrissen worden.
Endlich sei diese Werbung völlig durch den Reichsdeputationshauptschluß[11] zugrunde gerichtet worden, »indem nun
nicht allein unsere eigenen Entschädigungslande nicht mehr
als Ausland zu betrachten und mithin für die Werbung verlorengegangen, sondern auch die sämtlichen Reichsstädte, mit
Ausnahme einiger weniger, sowie alle geistlichen Besitzungen, welche fast noch einzig unseren Werbern zum Aufenthalt
dienten, mehrenteils großen Reichsfürsten zuteil geworden
sind, welche selbst Truppen halten, mithin keine fremden
Werbungen in ihren Territoriis gestatten und daher unsere
Werber fast überall haben abziehen lassen«.

Diese bewegliche Jeremiade zeigt klar genug, aus welchen
erhebenden Beweggründen schon vor 1806 die Frage einer

preußischen Heeresreform erörtert worden ist, wobei Herabsetzung der Friedensheeresstärke neben Ausbildung eines Überschusses an Mannschaft für den Krieg, Aufhebung der vielen Befreiungen von der Dienstpflicht, Einrichtung einer Nationalmiliz, bessere Besoldung und reichlichere Verpflegung der Mannschaften, Milderung der Strafgesetze, Zulassung von Bürgerlichen in die Offizierslaufbahn und ähnliches mehr erörtert wurde. Am reifsten war eine Denkschrift des Obersten Scharnhorst, die damit begann, daß es im Kriege nicht nur auf die physischen, sondern auch auf die moralischen Kräfte ankomme, also das gerade Gegenteil der friderizianischen Kriegsweisheit verkündete. Scharnhorst empfahl die Einrichtung einer Nationalmiliz, in der jeder Staatsbürger ohne Ausnahme dienen müsse; »sowohl in Frankreich als in England hat erst die Formierung einer Nationalmiliz den militärischen Geist der Nation geweckt und einen Enthusiasmus für die Unabhängigkeit des Vaterlandes erzeugt, der nicht so lebhaft in anderen Ländern sich zeigt«. Scharnhorst warnte vor jeder Spielerei mit dem Milizgedanken; »eine kleine unbedeutende Miliz würde eine halbe Maßregel sein und als eine solche mehr schaden als nützen; nur die ganze Macht kann imponieren und zu großen Resultaten führen«. Dazu empfahl Scharnhorst die Entfernung der »anerkannt unfähigen Befehlshaber« wenigstens beim Ausmarsch in den Krieg; er zeigte, daß er von den Jakobinern gelernt hatte, indem er riet, bei jeder unglücklichen Affäre einige Befehlshaber zu kassieren und die Verantwortlichkeit in einem Grade zu erhöhen, daß keiner der gewöhnlichen Menschen eine Befehlshaberstelle zu haben wünschte.

Es ist danach wohl kaum nötig, hervorzuheben, daß Scharnhorst kein märkischer oder pommerscher Junker war. Zum Fuchteln und Spießrutenlaufen stellten die ostelbischen Strohköpfe das nötige Material, aber für den Dienst des Generalstabes bedurften sie des Auslandes und mußten dann selbst in den sauren Apfel beißen und »Roturiers« als hohe Offiziere aufnehmen. Die bekanntesten Generalstäbler vor Jena waren der Württemberger Massenbach und der Hannoveraner Scharnhorst. Massenbach war auf der Karlsschule in Stuttgart erzogen worden, wo er nicht viel Kriegskunst und Kriegswissenschaft lernen konnte; begabt mit glücklichen Schwadroniertalenten, blieb er doch immer ein luftiger Phantast, der gleichermaßen für König Friedrich und Bonaparte schwärmte. Von ganz anderem Schlage war Scharnhorst: verschlossen, wortkarg, aber von tiefen Anlagen, die er gründlich ausgebildet hatte. Scharnhorst war ein Bauernsohn und hatte seine Bildung in der Kriegsschule auf dem Wilhelmstein genossen; sein Lehrer war Graf Lippe, ein Waffengefährte des Herzogs Ferdinand von Braunschweig, der im Siebenjährigen Kriege im westlichen Deutschland die französischen Einfälle abgewehrt hatte. Hier waren die friderizianischen Traditionen schon etwas gedämpft: Generalstabschef des Herzogs Ferdinand war bekanntlich sein bürgerlicher Geheimsekretär Westphalen.

Immer blieb Scharnhorst in seinen Anfängen von den Überlieferungen des Siebenjährigen Krieges beherrscht, trat energisch für die stehenden Heere ein, verteidigte die friderizianische Kriegführung scharf gegen die herabsetzende, aber vielfach sehr berechtigte Kritik, die sie durch Berenhorst und andere erfuhr. Dann aber lernte er in den französischen Revolutionskriegen, in denen er sich als praktischer und tapferer Soldat bewährte, die neue Kriegsweise der Franzosen kennen, und sein bäuerlicher Ursprung half ihm zum allmählichen Verständnis einer Strategie und Taktik, die von Bauern erfunden worden war. So wurde er der erste deutsche Militärschriftsteller. Junkerliche Anmaßungen verleideten ihm den hannöverschen Kriegsdienst, und er trat 1801 als Oberstleutnant ins preußische Heer ein, wo ihm freilich auch der junkerliche Hochmut die Wirksamkeit verschränkte, die ihm gebührt hätte. Nach vier Jahren preußischen Dienstes schrieb er an seinen Sohn, indem er dessen Mut und Patriotismus anerkannte, die bitteren Worte: »Lerne diese Tugenden früh besiegen; sie haben mir von jeher mehr Kummer als irgendein

Laster gemacht.« Aber er besaß den großen Sinn, der sich immer nur auf die Sache richtet, und eine zähe Kraft des Widerstandes, die sich durch nichts ermatten ließ.

Alle Bemühungen um eine Heeresreform scheiterten nun aber in der Zeit vor Jena, bis auf eine geringfügige Erhöhung der Brotportion, die im Jahre 1799 durchgesetzt wurde. Die alten friderizianischen Kommißstiefel waren für nichts zu haben. Der siebzigjährige Herzog von Braunschweig lobte zwar in seiner höfisch-geschmeidigen Art diesen oder jenen Reformvorschlag, aber endete immer mit dem Ergebnis, daß sie sich für eine königlich-preußische Armee nicht eigneten. Kürzer faßte sich der achtzigjährige Feldmarschall Möllendorff, indem er mit näselndem Kommandotone schnarrte: »Das ist vor mir zu hoch.« Oder der fünfzigjährige General Rüchel, der in seiner Art auch an Reformen bastelte, fand schließlich doch, daß die preußische Armee, »trotz alledem, was arriviret ist«, immer noch unverbesserlich die erste Armee der Welt sei, und schwor auf der Potsdamer Wachtparade, daß es in ihr mehrere solcher Generale gebe wie den Herrn Bonaparte.

Allein gerade diesem Gamaschenknopfe, der treffend eine »konzentrierte Säure des Preußentums« genannt worden ist, war es gegeben, den eigentlichen Grund zu entdecken, weshalb jeder Versuch einer Heeresreform vor Jena nicht nur scheiterte, sondern auch scheitern mußte. Rüchel pflegte zu sagen: »Die preußische Militärverfassung und Staatswirtschaft ist ein ehrwürdiges Original, rührt man ein Glied an, so erhält die ganze lange Kette einen Schlag.« Das war vollständig richtig. Eine Reorganisation des Heeres auf nationaler Basis war schon deshalb unmöglich, weil die Bevölkerung zu zwei Fünfteln aus Polen bestand, denen man keine Waffen geben konnte ohne die Gefahr, daß diese Waffen sofort gegen den Staat selbst gekehrt würden. Es war der Fluch der polnischen Raubzüge, daß sie dem altpreußischen Staate die letzte Möglichkeit einer fortschreitenden Entwicklung nahmen.

Aber freilich nur die letzte Möglichkeit, denn auch sonst wäre jede einzelne Reform unmöglich gewesen, weil jede mit der Gesamtreform unlöslich zusammenhing und die Gesamtreform wieder unlöslich mit der völligen Umwälzung des altpreußischen Kastenstaats. Seine ganze Einschachtelung in Geburtsstände hätte erst aufgelöst werden müssen, ehe ein nationales Heer entstehen konnte. Verlor das Offizierskorps seine adlige Ausschließlichkeit, so fielen auch die Privilegien der Rittergüter. Sollten bürgerliche Elemente in die Mannschaft aufgenommen werden, so mußten die Fuchtel und die Spießruten abgeschafft werden, aber wenn der Offizier seine Rekruten nicht mehr peinigen konnte, wie durfte dann der Junker noch seine Bauern prügeln? Die Abschaffung der Erbuntertänigkeit war die erste Voraussetzung jeder Heeresreform, und deshalb war jede Heeresreform undenkbar und unmöglich.

Eben hier zeigte sich wieder, daß im altpreußischen Staate nicht die Krone herrschte, sondern das Junkertum. Die Könige hatten seit Friedrich Wilhelm I., und wesentlich auch aus militärischen Gründen, an der Erbuntertänigkeit gerüttelt, sie nach und nach auf ihren Domänen aufgehoben, die Bauern von den Fronden befreit, an deren Stelle eine Geldabgabe trat, und sie mit echtem Eigentum ausgestattet. Aber die Junker dachten gar nicht daran, ihre Bauern freizugeben; sie hielten zähe an allen ihren Privilegien fest, von ihrem Standpunkt aus auch mit allem Fug, denn sie fühlten instinktiv, daß ein derber Stoß das ganze innerlich vermorschte Gebäude ihrer Herrlichkeit rettungslos über den Haufen werfen würde.

Es darf endlich nicht übersehen werden, daß die Reformer selbst sich vor derben Stößen gar sehr hüteten. Sie lebten und webten schließlich doch auch in dem altpreußischen Staat und konnten sich seiner entnervenden Atmosphäre nicht entziehen. Hardenberg hat den Baseler Frieden unterhandelt und an allen Sünden der Neutralitätspolitik reichlichen Anteil gehabt; erst im Frühjahr 1806, als der nahende Tod schon hörbar an die Tür pochte, fand er sich halbwegs zurecht. Zur selben Zeit unternahm auch erst Stein seinen grimmigen Vorstoß gegen die elende Kabinettsregierung, womit er dann auch auf halbem Wege stehenblieb, indem er seine Kritik der Haugwitz, Köckeritz und Lombard auf Abraten der Königin dem Könige nicht überreichte, und nicht früher entwarf Scharnhorst die Denkschrift, worin er die Einrichtung einer großen Milizarmee forderte.

Darin heißt es sogar, die Offiziere der preußischen Armee besäßen ein höheres Ehrgefühl als die französischen und seien diesen auch an Bravour überlegen. So ins Blaue hinein tastete selbst noch ein Scharnhorst ein halbes Jahr vor Jena.

Franz Mehring: Jena und Tilsit.
Ein Kapitel ostelbischer Junkergeschichte,
Leipzig 1906.
Franz Mehring: Gesammelte Schriften,
Bd. 6, Berlin 1979, S. 89—95.

Das restaurierte Preußen

23. August 1912

Es sind jetzt hundert Jahre verflossen, seitdem das französische Heer — das größte, das die Welt bis dahin gesehen hatte — in den russischen Ebenen verschwunden war und die zivilisierte Welt in atemloser Spannung der Dinge harrte, die da kommen würden. Wenige Monate, und die Kunde von seiner grauenvollen Vernichtung gab das Signal zu der europäischen Koalition, die endlich, nach so vielen gescheiterten Anläufen, den Sieg über den Erben der großen französischen Revolution davontragen sollte.

Die Erinnerung an diesen Sieg, der für ein Menschenalter ein System der brutalsten Unterdrückung sicherte, ist den legitimen Fürsten nebst allem, was drum und dran hängt, immer teuer gewesen, und sie schicken sich an, die Säkularfeier der sogenannten Freiheitskriege mit dem üblichen Hallo! und Trara! zu feiern. In den bürgerlichen Klassen werden sie auch nicht einmal mehr den schwachen Widerstand finden, auf den sie immerhin vor fünfzig Jahren hier und da in diesen Klassen stießen, die noch nicht ganz vergessen hatten, wie unglaublich schlecht sie mit der »Freiheit« gefahren waren, die auf den Schlachtfeldern bei Leipzig und Waterloo erfochten wurde. Es kam damals wohl vor, daß sich diese oder jene Gemeinde weigerte, auf Regimentsunkosten an dem von oben her befohlenen Tamtam teilzunehmen. Das steht heute freilich nicht mehr zu befürchten. Im Gegenteil haben jetzt schon große Kommunen gewaltige Summen, die sie für wirkliche Kulturbedürfnisse nicht aufzubringen wissen, für den öden Festspektakel ausgeworfen, und wir gehen einer jener byzantinischen Orgien entgegen, an denen die Geschichte des neudeutschen Reiches so reich ist.

Es hieße auch, sich zum Opfer einer Illusion machen, wenn

man dadurch etwas zu erreichen glaubte, daß man die historische Wahrheit der Flut der Lügen entgegensetzt, die sich in Festartikeln, Festgedichten und Festreden ergießen wird. Das stört die patentierten Patrioten so wenig, wie sie sich durch den erschütternden Anblick der Invaliden, die auf der Straße vor Hunger sterben, daran hindern lassen, ihren großen Mund aufzureißen über die Herrlichkeit ihrer Gesellschaft von Mammons Gnaden. Kaltblütige Geschäftsleute, wie sie in all ihrem angeblichen Begeisterungstaumel sind, empfinden sie es höchstens als eine Würze ihres schalen Treibens, zu wissen, daß sie sich in eitel Humbug gefallen.

Nicht um ihretwillen also, nicht um ihren nichtigen Festestrubel zu stören, sondern um uns selbst zu verständigen, lohnt es sich, einige kritische Rückblicke auf die Zeit vor hundert Jahren zu werfen. Mag die historische Wahrheit von den herrschenden Klassen auf den Kopf gestellt werden, so ist es doch nicht so ganz einfach, sie wieder auf die Füße zu stellen. Wenn es unzweifelhaft ist, daß Napoleon der Erbe der großen französischen Revolution war, und wenn es ebenso unzweifelhaft ist, daß ihn das verbündete Europa im Zeichen des historischen Rückschritts niederwarf, so liegt die Versuchung zum Napoleonkultus nahe, und manch einer ist ihm unterlegen, nicht nur in den Tagen Heinrich Heines, wo die Sache verständlich genug war, sondern auch in neuerer und neuester Zeit. Das heißt aber auch nur, das Pferd am Schwanze aufzäumen. Denn so gewiß Napoleon ein ganz anderer Mann war, als ihn die patriotische Legende darstellt, so gewiß er ein Löwe war, verglichen mit den russischen, österreichischen und preußischen Schakalen, die ihn endlich niederrissen, so war er doch eben auch nur, um im Bilde zu bleiben, ein Raubtier; gerade wenn man ihn als providentiellen Mann der bürgerlichen Entwicklung auffaßt, so verkörperte er deren zweischneidiges Wesen in sich, ihre Missetaten nicht minder als ihre Wohltaten.

Am klarsten tritt dies Verhältnis in seinen Beziehungen zum preußischen Staate hervor. Er hat das alte Preußen bei Jena zertrümmert, und selten ist der gesitteten Menschheit eine größere Wohltat erwiesen worden. Aber an dem verstümmelten und zerstückelten Preußen hat Napoleon dann Missetat über Missetat verübt und sich selbst die Rute gebunden, die ihn am nachdrücklichsten gezüchtigt hat. Das preußische Heer war die stählerne Spitze an dem eisernen Keile der Koalition, die ihn endgültig daniederwarf; preußische Generale erwiesen sich, ungleich mehr als die Generale irgendeiner anderen der verbündeten Mächte, als seine ebenbürtigen Schüler; bis aufs Blut ausgesogen, erhob sich die Bevölkerung der altpreußischen Provinzen in einer Art revolutionären Aufschwungs, der sich nicht nur gegen den auswärtigen Feind richtete, sondern ebensogut gegen den eigenen König, der unter allerhöchstem Heulen und Zähneklappern gewaltsam in den Krieg gerissen wurde. Und daß Männer wie Fichte, Niebuhr, Wilhelm v. Humboldt im preußischen Lager standen, ist ein Beweis mehr und vielleicht der schlagendste von allen gegen die »schlechthinnige« Einschätzung der Kriege von 1813 bis 1815 als historisch reaktionäre Erscheinungen.

Aber dennoch – wie kam es, daß dieselbe Junkerklasse, über die bei Jena ein ebenso furchtbares wie gerechtes Strafgericht ergangen war, zehn Jahre später das Heft wieder so fest in Händen hatte wie jemals vorher? Weshalb war das restaurierte Preußen von 1816 dieselbe Junkerdomäne wie das friderizianische Preußen von 1806? Die Frage ist im Grunde die Frage nach dem geschichtlichen Wesen des preußischen Staates, der heute noch eine Art historischer Anomalie darstellt. So hart der Stoß war, den er durch die Revolution von 1848 erfahren hat, so wurde er doch noch viel härter durch den Frieden von Tilsit getroffen, der ihn völlig über den Haufen warf und ihn sogar vernichtet hätte, wenn diese Absicht Napoleons nicht an dem Widerstand des Zaren gescheitert wäre, der, wie einst seine Großmutter Katharina im Siebenjährigen Kriege, den preußischen Staat als russische Brustwehr gegen den europäischen Westen zu erhalten wünschte.

Um der Frage nach dem historischen Wesen des preußischen Staates wirklich näherzukommen, muß man sich durch einen wahren Urwald von Legenden arbeiten. Und es sind nicht die schlimmsten, vielmehr eher die harmlosesten dieser Legenden, die künstlich in den preußischen Schulen großgezogen werden. Diese Übertünchung der wirklichen Geschichte läßt sich schließlich mit leichter Mühe fortfegen. Unausrottbarer sind die Legenden, die einen im Grunde achtungswerten Ursprung haben und ursprünglich nicht unwürdige Zwecke verfolgten. Von solchen Legenden ist aber, wie ein neuerer preußischer Historiker treffend bemerkt, gerade das Gebiet der »Freiheitskriege« mehr überwuchert als irgendein anderer Teil der preußischen Geschichte. Sollte es einen Gott geben und sollte dieser Gott einmal auf den Einfall geraten sein, an einem einzelnen Individuum die ganze Unvernunft der Monarchie auch dem blödesten Auge klarzumachen, so müßte man ihm das Kompliment machen, an dem preußischen König Friedrich Wilhelm III. ein wahrhaftes Meisterstück geliefert zu haben. Um diesen Idioten, dem selbst Jena und Tilsit nicht ein dürftiges Licht der Vernunft anzuzünden vermocht hatten, zur Unterschrift ihrer gesetzgeberischen Neuerungen zu bewegen, bedienten sich die preußischen Reformer mit Vorliebe des »historischen Beweises«, das heißt, sie spiegelten ihm vor, ihre Reformen seien nichts anderes als die Wiederbelebung altpreußischer Einrichtungen. So haben zum Beispiel Scharnhorst und Genossen das Märlein aufgebracht, nach Machiavelli und Spinoza sei der preußische Nußknackerkönig Friedrich Wilhelm I. der dritte moderne Denker gewesen, der das Prinzip der allgemeinen Wehrpflicht entdeckt und nun — glorreicher als seine beiden Vorläufer — auch gleich in dem Kantonreglement von 1733 als rocher de bronze, als Felsen von Erz, statuiert habe. Dies Kantonreglement hat aber nie existiert, und Friedrich Wilhelm I. war ein so hartnäckiger Verteidiger des Söldnerheeres, daß er die letzten Reste des volkstümlichen Aufgebots, wie sie im Anfang des achtzehnten Jahrhunderts noch bestanden, mit

Stumpf und Stiel ausrottete und sogar den Namen der »Land-miliz« verpönte.

Haben die Scharnhorst und Genossen somit Erkleckliches geleistet in der Fabrikation von Legenden, sei es auch nur, um einen historischen Fortschritt zu erzielen, so sind sie selbst die Opfer von Legenden geworden, die ihnen Absichten und Zwecke unterschoben, von denen sie bei alledem weit entfernt waren. Selbst in sozialdemokratischen Reichstagsreden ist Scharnhorst als Befürworter der Miliz rühmend erwähnt worden, was er freilich in dem Sinne war, daß er die allgemeine Wehrpflicht oder, wie man damals sagte, die »Konskription« dem Söldnerheer vorzog, aber keineswegs in dem Sinne, worin wir von Miliz sprechen oder doch immer sprechen sollten, im Sinne einer allgemeinen Volksbewaffnung. Scharnhorst hat seinen militärischen Ruf zuerst durch seine beredte Verteidigung der stehenden Heere begründet, wie ihn denn Schön bereits einen »großen Liniensoldaten« genannt hat.

Auch diese Legenden haben einen nicht unverächtlichen Ursprung. Sie sind der altpreußischen Demokratie geschuldet, wie sie durch die Waldeck und Ziegler vertreten war; von ihnen nährte sich die Opposition, nachdem die »Freiheits-kriege« mit so grausamen Enttäuschungen geendet hatten. Je schnöder und trauriger die Gegenwart war, mit desto helleren Farben malte man sich die Gestalten der besseren Vergangen-heit aus; die »Stein-Hardenbergische Gesetzgebung« wurde das glorreiche Gegenstück nicht etwa nur zu dem altpreu-ßischen Staat, sondern auch zur großen französischen Revolu-tion, denn die altpreußische Demokratie war im Grunde mi-litärfromm bis auf die Knochen; ihr Herz war da, wo die preußischen Fahnen wehten, und in der militärischen Disziplin des stehenden Heeres feierte sie die Mutter der Siege. Ihr graute vor der Revolution, und sie schwelgte in dem Gedan-ken, daß die preußischen Reformen nach 1806 in holdem Frieden und süßer Eintracht vollbracht hätten, was die Fran-zösische Revolution nur durch die gewaltsamsten Erschütte-rungen habe vollbringen können.

Immerhin — der gute Glaube ließ sich diesen altpreußischen Demokraten nicht abstreiten. Als aber ihre Illusionen in der Revolution von 1848 zerstoben waren, begannen die historischen Fälschungen der kleindeutschen Geschichtsbaumeister, die die Geschichte der »Freiheitskriege« mit Vorliebe behandelten, um die »deutsche Mission« des preußischen Staates zu beweisen. Die deutsche Bourgeoisie hatte immerhin so viel aus der Geschichte der Jahre 1848 bis 1850 gelernt, um zu wissen, daß die deutsche Einheit, nach der sie lechzte, nur durch eine Revolution, nur durch die Zertrümmerung des österreichischen und des preußischen Zwangsstaats zu haben war, und so entschloß sie sich, sich mit einem Surrogat zu begnügen, das ihre materiellen Interessen leidlich zu befriedigen versprach, wenn auch nur um den Preis, ihre fortschrittlichen Ideale in den Rauchfang zu schreiben: mit dem verstümmelten Deutschland, das sich unter der preußischen Pickelhaube durch eine Revolution von oben herstellen ließ, ohne die dunklen und unberechenbaren Mächte einer Revolution von unten zu beschwören.

Diesen Tendenzen der Bourgeoisie machte sich eine ganze Schar von Historikern dienstbar: die Droysen, Sybel, Häusser, Bernhardi, Duncker, Freytag, Treitschke und wie viele andere noch. Nicht alle gleich begabt und auch nicht alle gleich unehrlich, haben sie doch im ganzen und großen, ziemlich ein Menschenalter hindurch, vom Anfang der fünfziger bis zum Ende der siebziger Jahre die borussische Legende für die politischen Zwecke der Bourgeoisie zurechtgestutzt und den Hohenzollernstaat als den zuverlässigsten Blutzeugen bürgerlicher Freiheit frisiert. Schließlich ging aber dieser Krug auch nur so lange zum Brunnen, bis er brach. Als Treitschke in seiner »Deutschen Geschichte« den König Friedrich Wilhelm III. zum eigentlichen Helden der »Freiheitskriege« erhob und mit seinem berüchtigten Worte, daß Männer die Geschichte machen, die Hohenzollern als die rettenden Schutzengel der deutschen Nation pries, überschlug sich der Widersinn selbst, und es trat eine heilsame Reaktion ein, indem eine Schule jüngerer Historiker, ohne den bürgerlichen oder auch nur preußischen Standpunkt zu verleugnen, doch die urkundliche Wahrheit nicht mehr eskamotierte, sondern ihr zu ihrem Rechte verhalf.

Namentlich die umfangreichen Biographien Scharnhorsts und Steins, die Max Lehmann herausgegeben hat, enthalten eine Fülle archivalischen Materials, das die bürgerlichen wie die militärischen Reformen nach dem Jahre 1806 in ein helles und klares Licht stellt. Herr Lehmann bemüht sich auch keineswegs, diese oft sehr unbarmherzige Klarheit zu verschleiern. Er legt die Tatsachen wohl in seinem Sinne aus, aber er beugt und färbt sie nicht, geschweige denn, daß er sie fälscht und verheimlicht nach der mehr oder minder raffinierten Methode der kleindeutschen Geschichtsbaumeister. Wenn diese den preußischen Staat als das Werk der Hohenzollern priesen, weiß Herr Lehmann sehr gut, daß von jeher die Junker die »eigentlichen Regenten« dieses Staates gewesen sind, und wenngleich er als preußischer Professor den offiziellen Abscheu gegen den historischen Materialismus hegt, so kommt er ihm doch in seiner geschichtlichen Auffassung oft bedenklich nahe.

Im dritten Bande meiner Nachlaßausgabe habe ich — als kritischen Kommentar zu den polnischen Artikeln der »Neuen Rheinischen Zeitung« — einen kurzen Abriß der polnischen Geschichte gegeben, in der ich — an der Hand einer glänzenden, aber leider noch immer ungedruckten Abhandlung der Genossin Luxemburg[12] — als den entscheidenden Grund, der zum Untergang Polens führte, die Monopolisierung des Getreidehandels durch die polnischen Junker nachzuweisen versuchte. Durch diese Monopolisierung wurde die Ansammlung des städtischen Kapitals und damit die Entwicklung des modernen Staates unterbunden. Eine ganz analoge Erscheinung zeigt nun Lehmann im preußischen Staate auf. In Anknüpfung an die bekannte Entwicklung, die im sechzehnten Jahrhundert aus dem adligen Ritter einen getreideproduzierenden Landwirt machte, schreibt er: »Die Erträgnisse ihrer Wirtschaft hätten sie (die Junker) von Rechts wegen auf den Markt des Nährstandes, der Städte, bringen müssen. Indessen machten sie auch den Kaufmann, indem sie namentlich den Überschuß ihres Getreides außer Landes verschifften; mehr noch: Sie kauften, oft unter Anwendung von Zwang, von ihren und anderen Bauern dazu und verkauften weiter, sozusagen als Getreidehändler im Nebenamt; sie trieben, wie der Kurfürst einmal entrüstet erklärte, eine ihrem Stande mißständige Kaufmannschaft und Nahrung. Endlich legten sie sich auch auf den Gewerbebetrieb. Das zeigt deutlich die Geschichte der Ziese, jener Biersteuer, die, zum ersten Male 1488 bewilligt, sowohl auf dem platten Lande wie in der Stadt erhoben werden sollte. Den Adligen war gestattet worden, für den Bedarf ihres Genusses steuerfrei Bier zu brauen. Sie brauten aber auch für andere, schenkten selbst aus, verkauften an die Bauern und an die Wirte der Krüge, zwangen sie geradezu, kein anderes Bier als das ihrige zu schenken, hielten sie an, selbst zu brauen, indem sie ihnen teils mit Geld, teils mit Gerste zu Hilfe kamen: alles in Übertretung des Gesetzes und seines klaren Wortlauts. Es war fast wie eine Erneuerung des eben erst gebrochenen Raubrittertums.«

Allerdings fuhren die Kurfürsten mit Verboten dazwischen. Aber, so meint Lehmann, die lange Reihe der Verordnungen (sie erstreckten sich über mehr als ein Jahrhundert) zeigt nur die Ohnmacht der Landesherren gegenüber den adligen Aspirationen, oder »müssen wir vielmehr zu der Annahme schreiten, daß bei ihnen der Wille, Abhilfe zu schaffen, nicht übermäßig groß war«? Der Landesherr war selbst Großgrundbesitzer und fand es zulässig sowohl wie einträglich, auf seinen Domänen brauen zu lassen ohne Ziesezahlung, zum Schaden des bürgerlichen Brauwesens. Richtig ist wohl, daß beide Momente zusammentrafen; die Ohnmacht des Landesherrn gegenüber den Junkern wurzelte nicht zuletzt darin, daß er der größte aller Junker war und den verhältnismäßig reichsten Anteil an der Beute ihrer Raubzüge erhielt.

Was sich an der Ziese als einer einzelnen Steuer nachweisen

läßt, das läßt sich in noch ungleich verstärktem Maße an der Akzise nachweisen, einem wahren Rattenkönig indirekter Steuern, die gegen Ende des siebzehnten Jahrhunderts eingeführt, aber nur auf die Städte beschränkt wurde. Während sie Gewerbe und Handel in den Städten bedrängte, ließ sie Gewerbe und Handel der Junker vollkommen frei. Diese Biedermänner beriefen sich in ihrer Eigenschaft als Ritter auf die ihnen gebührende Immunität, deren Verlust sie in Armut stürzen und den Bauern gleichmachen würde; in ihrer Eigenschaft als Handel- und Gewerbetreibende aber forderten sie, daß die Kommerzia frei sein müßte und die Landbewohner nicht dem Zwange des städtischen Marktes unterworfen sein dürften. Wie bei den Ziesen, so wichen auch bei der Akzise die Landesherren vor der junkerlichen Opposition, und auch hier nicht nur wegen ihrer Ohnmacht, sondern weil sie bald entdeckten, daß die Akzise eine Goldgrube für ihre Kassen werden könne. Um sie weiter und weiter steigern zu können, verstaatlichten sie die ganze Stadtverwaltung. »So wurde die Akzise das Grab der städtischen Autonomie, die Städte verwandelten sich in eine Art Domäne.«

Wenn so weit die Analogie zwischen der polnischen und der preußischen Geschichte in die Augen springt, so scheint das schließliche Ergebnis aber doch ein gerade entgegengesetztes zu sein: Die polnischen Junker haben ihren Staat in Grund und Boden ruiniert, während die preußischen Junker heute noch das neudeutsche Reich beherrschen und sich einbilden, überall in der Welt voran zu sein. Der Unterschied erklärt sich daraus, daß die preußischen Junker die städtische Entwicklung bei alledem nicht so weit zu unterbinden vermochten wie die polnischen Junker. Allerdings schieden die Städte seit der Mitte des fünfzehnten bis in den Anfang des neunzehnten Jahrhunderts aus den Klassenkämpfen innerhalb des preußischen Staates vollständig aus; diese Klassenkämpfe spielten sich namentlich zwischen König- und Junkertum ab, aber es fehlt auch nicht ganz an Bauernaufständen. Und es ist die beständige Sorge von König- und Junkertum, die Bauern in untertäniger Gesinnung zu erhalten. Dagegen behandeln König- wie Junkertum die Städte mit souveräner Verachtung, und in der Tat regt es sich in den preußischen Städten niemals. Sie scheinen nicht einmal eine instinktive Ahnung davon zu haben, daß sie eine Klasse mit besonderen Interessen vertreten.

Gleichwohl produzierten die preußischen Städte immerhin noch ein mehr oder minder beträchtliches Maß bürgerlicher Intelligenz, das — da es im Kampfe der eigenen Klasse nicht verwertet werden konnte — sich, um aufwärts und vorwärts zu kommen, in den Dienst der herrschenden Klassen stellte und ihnen den nötigen Verstand lieferte, um zu regieren. Schon seit der Mitte des sechzehnten Jahrhunderts zeigt sich das bürgerliche Element in dem höheren Beamtentum des preußischen Staates unverhältnismäßig stark vertreten. Diese an sich unbestreitbare Tatsache ist von den borussischen Psalmensängern dazu benutzt worden, den »bürgerlichen« Charakter des preußischen Staates zu beweisen. Doch liegt auf der Hand, daß dieser Schluß erst dann berechtigt wäre, wenn sich die bürgerliche Klasse aus eigener Kraft einen Platz in der Regierung erkämpft hätte. So aber, wie die Dinge wirklich liegen, lieferte die bürgerliche Klasse den Junkern nur den Verstand, der nun einmal zum Regieren notwendig ist; sie in erster Reihe haben den preußischen Junkerstaat vor dem Schicksal des polnischen Junkerstaats bewahrt.

In keiner Periode der preußischen Geschichte tritt dies Verhältnis klarer hervor als in den Jahren 1806 bis zum Jahre 1815. An den Reformen nach Jena war das ostelbische Junkertum so gut wie gar nicht beteiligt. Stein war Reichsfreiherr und Schön ganz junger Briefadel; fast alle anderen waren Bürgerliche. Selbst an den militärischen Reformen hatte das Junkertum kaum einen Anteil. Scharnhorst war ein Bauernsohn, Gneisenau von höchst zweifelhaftem, angeblich österreichischem Adel, Grolman ganz junger Briefadel, Boyen entstammte einer böhmischen Emigranten-, Clausewitz einer alten Theologenfamilie. Selbst diejenigen Junker, die sich, obgleich grimmige Gegner der Reformen, wenigstens als geschickte und tapfere Kriegsknechte erwiesen, gehörten nicht zur eigentlichen Creme des ostelbischen Junkertums. Yorck, übrigens auch ein höchst zweifelhafter, kassubischer Adel, hatte eine Handwerkerstochter zur Mutter; Bülow war der uneheliche, später vom Vater legitimierte Sohn einer Küsterstochter.

Sieht man von einzelnen, sehr spärlichen Ausnahmen ab, so stand das Junkertum den Reformen als feindselige Masse gegenüber, und was diese ihm abtrotzen konnten, war eben nur so viel, als durch die bitterste Not unabwendbar geworden war und am letzten Ende darauf hinauslief, die Junkerherrschaft nicht zu stürzen — denn um dies zu vermögen, hätten die Reformer eine kampfbereite und kampfesfreudige Klasse hinter sich haben müssen —, sondern vielmehr nur unter zeitgemäßen Formen wiederherzustellen. Ehe sie ihre Herrschaft antasten ließen, hätten die Junker den Staat lieber umkommen lassen, gemäß dem geflügelten Worte eines von ihnen: Lieber drei Schlachten von Jena als ein Oktoberedikt! Sobald die Not gekehrt und Napoleon niedergeworfen war, zeigte sich denn auch, daß die Reformer nichts, aber auch gar nichts hinter sich hatten; trotz aller Lorbeeren, die sie im Kampfe gegen Napoleon davongetragen hatten, wurden sie aus allen einflußreichen Stellungen verdrängt und unter geheime polizeiliche Aufsicht gestellt. Sie haben den preußischen Staat nicht zu revolutionieren, sondern nur zu restaurieren vermocht, und wie es bei dieser Restauration zuging, mag nur noch von einigen Hauptgesichtspunkten beleuchtet werden.

Die Neue Zeit
30. Jg. 1911/12, Zweiter Band, S. 758–765.
Franz Mehring: Gesammelte Schriften,
Bd. 6, Berlin 1979, S. 257–265.

Das Oktoberedikt von 1807

11. Oktober 1912

Unter den nachjenaischen Reformen, die den preußischen Staat restaurierten, ist keine so bejubelt und keine so verdammt worden wie das Oktoberedikt von 1807. Schön feierte in ihm die Magna Charta des Staates, während Urjunker Marwitz bissig meinte, alle Ideologen und Philosophanten von der Garonne bis zum Njemen hätten ein Loblied darüber angestimmt. Die eine Ansicht war so übertrieben wie die andere.

Am nüchternsten von den Zeitgenossen urteilte der Kriegsrat Scharnweber, der bauernfreundlichste unter den preußischen Reformern, der im Jahre 1807 jedoch noch keine einflußreiche Stellung hatte. Auf den Lobgesang, daß durch das Oktoberedikt hunderttausend Familien in die natürlichen und unveräußerlichen Rechte der Menschen wieder eingesetzt worden seien, antwortete er: Das heißt, sie wurden von Bauern zu Taglöhnern herabgesetzt, und auf die Behauptung, daß niemand mehr für die ganze Lebenszeit an die Scholle gebunden sei, setzte er den Trumpf: Nein, denn er muß sich das Wegjagen gefallen lassen.

Viel auffallender noch als der Zwiespalt in den Ansichten der Zeitgenossen ist die Verschiedenheit der Auffassungen, die auch unter den heutigen Historikern über die geschichtliche Bedeutung des Oktoberediktes besteht. Nicht etwa nur unter denen, die im allgemeinen über die damalige Zeit geschrieben haben, sondern auch unter den Spezialforschern gerade über die Reformgesetzgebung der nachjenaischen Zeit; bei G. F. Knapp, Max Lehmann, E. v. Meier und anderen findet man ganz abweichende Urteile über Wesen und Wirkung des Oktoberediktes. Indessen so auffallend diese Erscheinung ist, so ist sie doch nicht unerklärlich. Sie ergibt sich aus jenem

Halbdunkel, worin sich, wie Marx einmal sagt, die bürgerlichen Historiker bewegen, indem sie die Auflösung der feudalen Produktionsweise ausschließlich als Emanzipation der Arbeiter auffassen und nicht zugleich als Verwandlung der feudalen in die kapitalistische Ausbeutungsweise.[13] In diesem doppelschlächtigen Wesen der bürgerlichen Freiheit finden sie sich nicht zurecht, auch wenn sie frei von allen loyal-patriotischen Vorurteilen sind, wie sie bei einzelnen mitspielen mögen.

Indem das Oktoberedikt das adlige Monopol des Großgrundbesitzes und die Erbuntertänigkeit der Bauern aufhob, hinkte es nicht nur der Gesetzgebung vorgeschrittener Länder nach, Englands, Frankreichs, Italiens, Dänemarks und Schleswig-Holsteins, auch Österreichs, sondern es nahm auch nur, wenigstens in dem zweiten Punkte, Tendenzen auf, die schon in dem vorjenaischen Preußen lebendig gewesen und sogar schon auf den königlichen Domänen in einzelnen Provinzen, namentlich in Ostpreußen, durchgeführt worden waren. Die Erbuntertänigkeit der Bauern war so allgemein als unerträgliches Hemmnis der landwirtschaftlichen Kultur anerkannt, daß bereits die preußischen Könige des achtzehnten Jahrhunderts gegen sie angekämpft und sie in ihrem eigenen Machtbereich als Großgrundbesitzer zu beseitigen begonnen hatten. Gegenüber den adligen Großgrundbesitzern hatten sie allerdings nicht mehr erreicht als den sogenannten Bauernschutz, den man beileibe nicht nach patriotischen Vorbildern mit dem verwechseln darf, was man heute Arbeiterschutz nennt. Der sogenannte Bauernschutz war in keinem Sinne ein Schutz der Bauern gegen ihre Ausbeutung und Unterdrückung durch die Junker, und mochte diese Ausbeutung noch so maßlos und unerträglich sein; deshalb hat sich kein Hohenzoller je einen Finger naß gemacht. Er hinderte die Junker nur am Bauernlegen; der Bauernacker durfte nicht geschmälert werden, um dem Landesherrn nicht seine Rekruten und Steuern zu verkürzen.

Um den Widerstand der Junker gegen die Aufhebung der

Erbuntertänigkeit zu brechen, waren erst die Schlacht bei Jena und der Friede von Tilsit notwendig. Dann aber arbeitete die ungestüme Presserin, die Not, verhältnismäßig schnell. Ehe noch ein Stein, als leitender Minister berufen, von seinem nassauischen Gute in Memel eintraf, wo der König noch immer residierte, war das Oktoberedikt fix und fertig. Da die französischen Truppen das Land nicht zu räumen brauchten, bis die für jene Zeit kolossale Kriegskontribution von 150 Millionen Franken bezahlt war, so beschränkte sich das königliche Regiment auf Ostpreußen und einen kleinen Teil von Westpreußen, auf Landesteile, die total verwüstet waren, weit mehr noch durch die russischen Bundesgenossen, die, um die russische Grenze zu decken, absichtlich eine Wüste aus dem Lande gemacht hatten, als durch die französischen Feinde. Eine Wiederherstellung des allgemeinen Wohlstandes war um so notwendiger, als die Einkünfte aus den preußischen Provinzen, die noch von französischen Truppen besetzt waren, in die französischen Kassen flossen, diese Truppen selbst aber vom Lande erhalten werden mußten. Dazu zwang ein besonderer Umstand, mit der Aufhebung der Erbuntertänigkeit nicht lange zu fackeln. Sie stand in dem benachbarten Herzogtum Warschau bevor, das Napoleon aus den ehemals polnischen Provinzen des preußischen Staates gebildet hatte, und erfolgte sie hier, ohne zugleich in Ostpreußen verkündet zu werden, so war eine massenhafte Flucht der Bauern nach Polen zu befürchten. Es ist gerade dieser Gesichtspunkt, der in den Verhandlungen der preußischen Behörden mit dem König über das Oktoberedikt mit aller Schärfe betont wird.

Solcher Behörden gab es zwei: das Provinzialdepartement (das heißt die Provinzialregierung Ostpreußens) und die Kombinierte Immediatkommission, die an Stelle des früheren Generaldirektoriums bis zur Ankunft Steins das Innere und die Finanzen verwaltete. Daneben hatte noch ein interimistisches Justizministerium mitzusprechen, das unter dem Kanzler v. Schrötter stand, dem jüngeren Bruder des Ministers v. Schrötter, der das Provinzialdepartement leitete. Beide Brüder gehörten zu den ostpreußischen Edelleuten, die im eigenen wohlverstandenen Interesse ihrer Klasse die Erbuntertänigkeit verwarfen, doch aber zu dieser Klasse gehörten, vor deren ernsthafter Opposition sie leicht zurückscheuten. Der Minister von Schrötter war ein naher Freund Kants gewesen, den er öfter auf seinem Gute als Gast beherbergt hatte, aber der Mann scharfer Konflikte war er sowenig wie Kant. Unter seinen Räten freilich, Friese, Morgenbesser, Wilckens, gab es härtere Köpfe; Morgenbesser war der Verfasser jener Schrift, die die Republik ohne Erbrecht befürwortet hatte, und von Friese sagt Lehmann, daß er der ausgesprochenste Smithianer unter den damaligen preußischen Beamten gewesen sei. Ehedem hatte auch Schön zu den Räten Schrötters gehört, aber er war nunmehr die treibende Kraft der Immediatkommission, der außer ihm nur bürgerliche Beamte angehörten (Altenstein, Klewiz, Niebuhr, Sack, Stägemann).

Der Stein kam ins Rollen durch einen Antrag des Ministers v. Schrötter, der den Ankauf einiger tausend Kühe aus der Staatskasse und unentgeltliche Lieferung des Holzes aus den Staatsforsten für das »Retablissement des Landes« empfahl. Diesen Antrag überwies der König der Immediatkommission, die ihn zwar billigte, aber als bloßen »Almosenplan« für ganz unzureichend erklärte. Ihr Gegenvorschlag, von Schön entworfen, ging dahin, die Hindernisse wegzuräumen, die dem nationalen Wohlstand im Wege ständen. In einem rein landwirtschaftlichen Lande wie dem Königreich Preußen (das heißt nach der damaligen Sprache der heutigen Provinz Ostpreußen) sei nur für die Blüte der Landwirtschaft zu sorgen, und diese sei durch zwei Maßregeln zu erreichen: erstens, indem man die Beschränkung in der Besitzfähigkeit der Grundstücke aufhebe (denn es vermindere den Wert der Rittergüter, wenn ihr Besitz dem Adel vorbehalten bleibe) und der Grundbesitzer freie Verfügung über sein Eigentum habe, und zweitens, indem man die Erbuntertänigkeit der Bauern aufhebe und ihnen ermögliche, ihre Kräfte nach freiem Ermessen anzuwenden. Konsequenterweise verhehlte sich Schön nicht, daß die freie Verfügung der Großgrundbesitzer über ihr Eigentum ihnen das unumschränkte Recht gebe, auch über das Land ihrer Bauern nach Gefallen zu verfügen, aber er wollte eine Reihe von Übergangsbestimmungen treffen, um nicht auf einmal in dem Nationalverkehr eine zu große Erschütterung zu erzeugen. Endlich verwies er auf die »Erbitterung der Erbuntertanen in Preußen«, wo die Domänenbauern bereits frei seien und eine Gruppe freier Bauern, die sogenannten Kölmer, existiere, wozu dann noch die Aufhebung der Erbuntertänigkeit im Herzogtum Warschau komme. Indem er seinen Punsch à la Adam Smith mit einem Schuß kategorischen Imperativs à la Immanuel Kant mischte, meinte er, den Treuen dürfe kein schlechteres Los zuteil werden als den Untreuen.

An demselben Tage, wo die Immediatkommission diesen Bericht erstattete, am 17. August 1807, kam aber auch der Minister Schrötter mit einem neuen Bericht heraus, der auf das Konto seines damaligen Referenten Morgenbesser zu setzen sein wird. Er begann damit, womit der Bericht der Immediatkommission geendet hatte: Der Vorgang des Herzogtums Warschau mache die Aufhebung der Erbuntertänigkeit unaufschiebbar. Sonst bewegte sich Schrötter in gleichem Gedankengang wie Schön, nur daß er die Frage nicht berührte, wie es mit der Verfügung über das Bauernland zu halten sei, und daß er noch einige andere Maßregeln zum »Retablissement des Landes« vorschlug, wie Aufhebung der Einfuhrverbote und des Fabrikzwanges, Vererbpachtung der Domänen usw. Schließlich beantragte Schrötter, ihn und seinen Bruder mit der Ausarbeitung eines entsprechenden Gesetzes zu beauftragen. Bereits am 23. August erklärte sich der König einverstanden mit dem Bemerken, daß er seit seinem Regierungsantritt unverrückt die Aufhebung der Erbuntertänigkeit erstrebt habe, was nicht sowohl für ihn als für seinen Kabinettsrat Beyme richtig war.

Schrötter wurde nun aber wieder schwächlich und vertraute seine Pläne einer Anzahl ostpreußischer Edelleute an, mit denen er wegen finanzieller Fragen zu verhandeln hatte. Diese Junker, dreizehn an der Zahl, ersahen sofort ihren Vorteil und sandten am 29. August eine Eingabe an den König, ganz in dem Stile, wie ihn ihre heutigen Nachfahren noch lieben. Sie verwarfen die Aufhebung der Erbuntertänigkeit als den unvermeidlichen Ruin des Adels, doch erklärten sie sich bereit zu allen patriotischen Opfern, wenn sie ihnen nur halbwegs erträglich gemacht würden. Zuerst und vor allem verlangten sie für jeden Gutsbesitzer die freie Verfügung über seine Bauernhufen, so daß er sie ohne Einmischung der staatlichen Behörden nach seinem Belieben einziehen, anders benutzen, vergrößern oder verkleinern könne, unter der einzigen Bedingung, für jeden eingehenden Bauern eine Familie mit zwei oder drei magdeburgischen Morgen Acker anzusetzen. Sie wollten also den Bauern die persönliche Freiheit gönnen, wenn sie den Bauern zum Taglöhner machen durften, aber auch das nicht einmal unbedingt, denn in zweiter Reihe beanspruchten sie, daß die männliche und weibliche Nachkommenschaft der Bauern auch nach Aufhebung der Erbuntertänigkeit zu einem fünfjährigen Zwangsgesindedienst verpflichtet werden sollte, womit die für die bäuerliche Bevölkerung wohltätigste Wirkung der Aufhebung beseitigt worden wäre.

Der König war durch diese »Vorurteilslosigkeit« des Adels außerordentlich befriedigt, wie er ihm in seiner Antwort vom 3. September kundgab. Zwar sei die Aufhebung der Erbuntertänigkeit »durch die Schritte der benachbarten Regierungen zur Sache der dringenden Notwendigkeit« geworden, aber sie erfordere allerdings »große Behutsamkeit«, und der Adel verdiene durch »freiere Disposition über seine Güter« einen Ersatz. Die beiden Schrötter lehnten nun zwar den geforderten Zwangsgesindedienst als »temporäre Erbuntertänigkeit« ab, aber der Hauptforderung der Junker gaben sie vollständig nach. In ihrem Gesetzentwurf vom 9. September wollten sie den Rittergutsbesitzern die Vollmacht geben, jeden nicht erblich angesessenen Bauern hinauszuwerfen, falls er dafür einen Taglöhner (»einen Kätner oder Rattayer«)

ansetze. Dieser Entwurf ging nun wieder an die Immediatkommission, die einen Gegenentwurf vom 30. September einreichte, der sich mit ihren Ausführungen vom 17. August deckte, also eine Reihe von Übergangsmaßregeln befürwortete.

Zwischen diesen beiden Entwürfen hatte Stein die Entscheidung zu treffen, als er am letzten Septembertag 1807 in Memel eintraf. Gegen die Aufhebung der Erbuntertänigkeit konnte er nach seiner Vergangenheit nichts einwenden; schwieriger war für ihn die Frage, ob und inwieweit mit ihr auch der bisherige Bauernschutz hinfällig sei. Stein war sowohl Adels- wie Bauernfreund. Er wollte auch hier mittelalterliche Zustände auf moderner Grundlage aufrechterhalten; das Band zwischen Gutsherrn und Bauer, »das Band der wechselseitigen Dienstleistung, des wohltätigen Einflusses, des Rates« sollte nicht zerrissen werden. Der Adel sollte seine bevorrechtete Stellung behalten, aber auch die Bauern sollten gegen die Übergriffe des Adels geschützt werden; als Stein mecklenburgische Zustände aus eigener Anschauung kennenlernte, schrieb er: »Die Wohnung des mecklenburgischen Edelmannes, der seine Bauern legt, statt ihren Zustand zu verbessern, kommt mir vor wie die Höhle eines Raubtiers, das alles um sich verödet und sich mit der Stille des Grabes begnügt.« So war Stein ein abgesagter Feind des Bauernlegens. Dadurch kam er in schroffen Gegensatz nicht nur zu den Forderungen der ostpreußischen Junker, sondern auch zu den Konsequenzen, die die bürgerlichen Räte der Immediatkommission und des Provinzialdepartements aus ihren freihändlerischen Anschauungen zogen. Was er äußerstenfalls zulassen wollte, war die Einziehung von Bauernhöfen, die im Kriege so verwüstet waren, daß weder die Gutsbesitzer noch die Bauernwirte sie herstellen konnten oder wollten. Sonst verlangte er Aufrechterhaltung des Bauernschutzes, wie er bis 1806 bestanden hatte; dem Eigennutz der Reicheren und Gebildeteren müßte eine gesetzliche Grenze gesetzt und das Einziehen des

Bauernlandes zu Vorwerksland (wie man den Ritteracker nannte) verhindert werden.

Allein von dieser gesetzlichen Einschränkung ist im Oktoberedikt nichts zu lesen. Es ging wie immer, wo eine unklare Utopie, wie Steins beabsichtigte Modernisierung des gutsherrlich-bäuerlichen Verhältnisses, mit in sich klaren und konsequenten Anschauungen zusammenstößt. Stein wußte am letzten Ende nicht, worauf hinaus er eigentlich wollte, was man weder den bürgerlichen Reformern noch den ostpreußischen Junkern nachsagen konnte. So verschob er zunächst die Entscheidung und behielt sich in dem Edikt, das am 9. Oktober 1807 erschien, eine besondere Instruktion vor. Das Edikt selbst traf nur zwei positive Bestimmungen: über die Freiheit des Güterverkehrs und die Auflösung der Gutsuntertänigkeit.

1. Jeder »Einwohner unserer Staaten« ist, ohne alle Einschränkung in Beziehung auf den Staat, zum eigentümlichen und Pfandbesitz unbeweglicher Grundstücke aller Art berechtigt: der Edelmann zum Besitz nicht bloß adliger, sondern auch bürgerlicher und bäuerlicher Güter, der Bürger und Bauer zum Besitz auch adliger Güter. Niemand braucht zum Gütererwerb eine besondere Erlaubnis; auch fällt die bisher durch den persönlichen Stand der Besitzer begründete Einschränkung und Aufhebung gewisser gutsherrlicher Rechte fort. Dagegen darf auch der Edelmann »ohne allen Nachteil seines Standes« bürgerliche Gewerbe treiben.

2. Mit der Publikation des Edikts entsteht fernerhin kein Untertänigkeitsverhältnis weder durch Geburt noch durch Heirat, noch durch Übernehmung einer untertänigen Stelle, noch durch Vertrag. Zugleich erlischt das Untertänigkeitsverhältnis derjenigen Bauern und Bauernfamilien, die ihre Güter erblich oder eigentümlich besitzen. Und mit dem Martinitag 1810 hört überhaupt alle Gutsuntertänigkeit in »unseren sämtlichen Staaten« auf. Doch bleiben, »wie sich von selbst versteht«, alle Verbindlichkeiten in Kraft, die den nunmehr freien Leuten vermöge des Besitzes eines Grundstücks oder vermöge eines besonderen Vertrags obliegen.

Die Bedeutung der beiden Bestimmungen ist in der unglaublichsten Weise übertrieben worden. Die erste hat angeblich die ständische Schichtung des friderizianischen Staates vernichtet und sozusagen ein modernes Staatsbürgerrecht geschaffen. Tatsächlich hatte der friderizianische Staat in Notfällen schon bürgerliche Rittergutsbesitzer zugelassen, aber ihnen dann die adligen Vorrechte versagt, die am Besitz eines Ritterguts hafteten (Gerichtsbarkeit, Ortspolizei, Kirchen- und Schulpatronat, Jagdgerechtigkeit, Steuerfreiheit usw.). Der einzige Fortschritt bestand nur darin, daß jedem Einwohner des Staates — mit Ausnahme der Juden — der Kauf von Rittergütern erlaubt und, wenn ein Bürgerlicher eines kaufte, ihm dieselben adligen Vorrechte eingeräumt wurden wie den Junkern selbst. Reiche Kapitalisten wurden so gewissermaßen in den Adelsstand »erhoben«, aber irgendein adliges Standesvorrecht wurde auch nicht mit einem Hauche angetastet. Und selbst diese Gleichstellung hatte ihre bestimmte Grenze; die bürgerlichen Käufer von adligen Gütern nahmen an den adligen Vorrechten nur insoweit teil, als diese Vorrechte am Grund und Boden hafteten; die persönlichen Standesvorrechte des Adels blieben auch ihnen verschlossen, beispielsweise im Eherecht. Ein Edelmann konnte nach diesem famosen Edikt »ohne allen Nachteil seines Standes« zwar Flickschuster werden, aber keineswegs die Tochter eines bürgerlichen Rittergutsbesitzers heiraten, denn er ging dadurch aller Vorrechte verlustig, die an den Nachweis von sechzehn adligen Ahnen geknüpft waren. Man kann also im günstigsten Falle von dieser ersten Bestimmung des Oktoberedikts sagen, daß sie die kastenartige Abschließung der Stände durch die Geburt milderte. Aber die ständischen Einrichtungen als solche tastete sie nicht an. Das wäre auch am wenigsten nach dem Sinne Steins gewesen.

Die ganze Bestimmung hatte nur den Zweck, dem Adel wirtschaftlich aufzuhelfen, die Preise der Güter zu steigern und den Kredit der Gutsbesitzer zu stärken. Die adligen Gutsbesitzer wurden ferner von der Vormundschaft der Kriegs-

und Domänenkammern befreit, die auch ihnen bei der Vererbpachtung ihrer Vorrechte und der Teilung des Gutes
dreinzureden hatten, und sie durften die Kölmer auskaufen,
was ihnen bis dahin verboten war, aus einem militärischen
Grunde, weil nämlich die Söhne der Kölmer vorzugsweise als
Unteroffiziere gebraucht wurden.

Wenn nun die erste Bestimmung des Oktoberedikts dem
Adel die Freiheit des Eigentums verbürgte, so die zweite den
Bauern die Freiheit der Person. Sie hob nur die Erbuntertänigkeit auf, nicht aber die Abgaben, Dienste, Fronden, mit denen
die Bauerngüter als solche belastet waren. Die Bauern brauchten nunmehr kein Loskaufgeld mehr bezahlen, wenn sie das
Gut verlassen wollten; sie bedurften nicht mehr der gutsherr-
lichen Zustimmung, um zu heiraten oder ein bürgerliches
Handwerk zu erlernen; sie konnten nicht mehr gezwungen
werden, eine dienstpflichtige Stelle anzunehmen. Vor allem
aber waren ihre Söhne und Töchter vom Zwangsgesindedienst
befreit; das war die für sie wohltätigste Wirkung des Ediktes,
gegen die sich ebendeshalb die Junker am heftigsten sträubten.
In der Gegenrechnung standen nun aber – neben der Fortdauer aller dinglichen Lasten – die Fortdauer der adligen
Gerichtsbarkeit und Ortspolizei, die es den Junkern ermöglichte, die Gesetze des Staates nicht auszuführen und sogar zu
verheimlichen, also auch die Aufhebung der Erbuntertänigkeit
für die bäuerliche Bevölkerung illusorisch zu machen, und
endlich die Frage, ob mit der Erbuntertänigkeit auch der
Bauernschutz gefallen sei.

Diese Frage mußte zuerst entschieden werden. Stein
wandte sich zunächst an das Provinzialdepartement, das bei
seiner Meinung beharrte, obgleich diesmal nicht Morgenbesser, sondern Friese der Referent war. Friese argumentierte
ganz wie siebzig Jahre später die Nichts-als-Freihändler: »Es
ist überhaupt für das Staats- und Nationalinteresse am vorteilhaftesten, wenn man einem jeden, solange er dadurch die
Rechte seines Mitbürgers nicht verletzt, gestattet, sein eigenes
Interesse auf seinem Wege zu verfolgen und sowohl seinen

Fleiß als sein Kapital in die freieste Konkurrenz mit dem Kapital seiner Mitbürger zu bringen.« Entweder habe der Bauer ein erbliches Anrecht auf seine Hufe, und dann werde er sich ihrer nur entäußern, wenn er sich dadurch verbessere. Oder er habe es nicht, dann dürfe der Rittergutsbesitzer in der Verfügung über sein Eigentum nicht beschränkt werden. Es genüge, wenn er sich verpflichte, für jeden eingehenden Bauernhof eine Häuslerfamilie auf wenigstens zwei Morgen Gartenland anzusetzen.

Das war mehr, als Stein vertragen konnte; er schrieb an den Rand des Berichtes: Cessat in totum (Fort damit!). Er beauftragte nunmehr die Immediatkommission mit der Prüfung der Frage. Schön war im Grunde ganz einverstanden mit Friese, aber er lenkte bis zu einem gewissen Grade ein. Nur die Bauerngüter, die in Ostpreußen seit 1752 und in Westpreußen seit 1772 neu eingerichtet waren, gab er den Junkern bedingungslos preis, mit der sonderbaren Begründung, sie seien infolge eines erhöhten Wohlstandes entstanden, und da dieser Wohlstand durch den Krieg vernichtet worden sei, hätten sie keine Existenzberechtigung mehr. Von den Bauerngütern alten Ursprunges sollten die zu erblichem Rechte ausgetanen, die verhältnismäßig selten waren, geschützt bleiben. Die nicht erblichen Bauernhöfe aber, also die große Mehrzahl, sollten zusammengeschlagen werden dürfen, wenn die neu geschaffenen Etablissements nicht mehr als — je nach der Güte des Ackers — vier bis acht Hufen enthielten. Bauernland dieser Art sollte auch in Vorwerksland verwandelt werden dürfen, unter der Bedingung, daß die Gutsbesitzer für jede Hufe, die sie einzögen, eine andere Hufe, und zwar zu erblichen Rechten austäten. Auch diese Güter sollten die Größe von vier bis acht Hufen haben und freier Besitz sein: »ohne Dienst-, Mühlen- und Getränkezwang«; der Gutsbesitzer sollte von diesen neuen Bauern nicht mehr verlangen, daß sie frondeten oder ihr Getreide auf seine Mühle brächten oder ihre Getränke aus seiner Brennerei entnähmen.

Schön wollte also die Bauern nicht ganz opfern. Ihre Masse

sollte zwar zu besitzlosen Taglöhnern herabgedrückt, aber ein kleiner Stamm freier Großbauern gerettet werden. Was ihn zu dieser Inkonsequenz bewog, war wohl das Vorbild der Kölmer, die er als eine Zierde seiner ostpreußischen Heimat betrachtete, und so wird es auch die Erinnerung an die freien und wohlhabenden Bauern Westfalens gewesen sein, die Stein veranlaßte, in noch viel ärgerer Inkonsequenz den Vorschlägen Schöns zuzustimmen und ihnen durch eine Verordnung vom 14. Februar 1808 gesetzliche Kraft zu geben. Schön schränkte sein Prinzip der alleinseligmachenden Konkurrenz einigermaßen im Interesse der Bauern ein, Stein aber vergaß seinen sittlichen Abscheu gegen das Bauernlegen im Interesse des Adels.

Die Februarverordnung von 1808 gehört untrennbar zu dem Oktoberedikt von 1807, deren Lobpreiser allerdings von ihr zu schweigen pflegen. Es ist ja auch bitter für den patriotischen Eifer, zu gestehen, daß diese berühmte Urkunde der Bauernbefreiung die Existenz der bäuerlichen Klasse schwerer gefährdet hat, als sie selbst im friderizianischen Staate gefährdet gewesen war. Es war ein Glück für die Bauern, daß die durch den Krieg mitgenommenen Gutsbesitzer nicht die nötigen Betriebsmittel besaßen, um das Bauernlegen in dem Umfang durchzuführen, den ihnen die Februarverordnung gestattete. Sonst wäre die Bauernklasse sofort in eine große Zahl von Taglöhnern und eine kleine Zahl von Besitzern sehr großer Stellen, eine Art Mittelding zwischen Bauern und Gutsherren, aufgelöst worden. Wenn nun aber das Schweigen, das in der patriotischen Legende über die Februarverordnung herrscht, sich einigermaßen durch die verhältnismäßig geringe Wirkung erklärt, die sie praktisch gehabt hat, so ist auf den ersten Blick ganz unerklärlich, daß sie bei manchen Schriftstellern, die von ihr sprechen, als bauernfreundliche Maßregel erscheint. Aber dies Rätsel erklärt sich dadurch, daß die Junker sie aufs wütendste bekämpft haben, weil sie dem Bauernlegen noch gewisse Schranken setzte.

Soweit bei diesem wilden Ansturm das Interesse der landwirtschaftlichen Kultur geltend gemacht wurde, erhielt es die richtige Beleuchtung dadurch, daß gleichzeitig das Eigentumsrecht der Domänenbauern gesichert wurde. Es ist schon erwähnt, daß die ostpreußischen Domänenbauern bereits vor dem Oktoberedikt von der Erbuntertänigkeit befreit waren; nun bekamen sie durch Stein auch echtes Eigentumsrecht an ihren Hufen. Um irgendwelche Großmut des »sozialen Königtums« handelte es sich natürlich auch dabei nicht; der Domänenfiskus glaubte nur mit Recht ein gutes Geschäft zu machen, wenn er die Bauern auf eigene Füße stellte und nicht einmal eine Entschädigung verlangte; es genügte ihm, daß er die Unterstützungen loswurde, die er als Eigentümer des Grund und Bodens den Bauern in Notfällen zu leisten hatte (Ersatz der Hofwehr und des Zugviehs nach Unglücksfällen, Lieferung von Saatkorn und Brotkorn, wenn Mangel eintrat usw.).

Es war also nicht das Interesse landwirtschaftlicher Kultur, sondern wildeste Raubgier, wenn die Junker das Recht des unbedingten Bauernlegens verlangten und, solange es ihnen nicht gewährt war, dem Oktoberedikt den unerbittlichsten Krieg machten. Zunächst suchten sie es überhaupt zu verheimlichen, was ihnen, da sie in den Behörden saßen und Zeitungen so gut wie gar nicht existierten, wenigstens für die Bauern nicht, auch gut gelang. Und als die Bauern doch dahinter kamen, übertrumpften die Junker ihre Ansprüche nur. Lehmann sagt darüber in seiner Biographie Steins: »Sie ließen die klarsten Bestimmungen des Edikts unausgeführt. Sie gaben nicht nur diejenigen nicht frei, die sofort freigelassen werden sollten, sondern erstreckten die Untertänigkeit sogar auf bisher freie Leute. Sie weigerten sich, denjenigen, deren Erbuntertänigkeit erst 1810 erlosch, bei Unglücksfällen die Unterstützung zu gewähren, zu der sie verpflichtet waren. Sie warfen die Last der Einquartierung hauptsächlich auf die Bauern. Sie steigerten die Fronden dermaßen, daß ein hochgestellter Richter, selbst adligen Ursprungs, Baron v. Kospoth, erklärte: Der Dienst beim Kartoffelbau sei nicht mehr zu leisten, denn die Verpflichtung der Untertanen habe sich um das Siebenfache vermehrt.« Wenn aber durch diese nichtswürdigen und unverschämten Herausforderungen Bauerntumulte entstanden, wie namentlich in Schlesien, so requirierten die Junker zu deren Bändigung französisches Militär. Die gesalzenen Rechnungen, die sie dafür zu zahlen hatten, verbitterten ihnen allerdings dies patriotische Vergnügen.

Aber die Junker haben von jeher gewußt, weshalb sie schreien, schreien und abermals schreien. Über ihr Treiben in Schlesien schrieb der Kanzler Schrötter an Stein: »Es sind nicht die Untertanen, sondern die Gutsherren, die das Edikt vorsätzlich mißverstehen; es ist kein Wunder, daß die erbitterten Gemeinden tumultuieren; es sind die Gutsherren, die bestraft werden müßten, sie, die die Bauern zur Verzweiflung treiben.« Aber derselbe Kanzler Schrötter wußte sich keinen anderen Rat vor den schreienden Junkern, als daß man ihnen doch den Mund stopfen möge durch eine neue Gesindeordnung, die durch Einführung eines Zwangsgesindedienstes der Aufhebung der Erbuntertänigkeit sozusagen das Herzstück ausgebrochen hätte.

Dafür war Stein nun freilich nicht zu haben. Seine Kampfnatur wurde durch das Toben der Junker nicht eingeschüchtert, zurückzugehen, sondern gereizt, vorwärts zu schreiten. Er sah jetzt ein, daß den Junkern, wenn mit der Aufhebung der Erbuntertänigkeit Ernst gemacht werden solle, die adlige Gerichtsbarkeit und Ortspolizei genommen werden müsse. Sie war in der Tat unverträglich mit dem Oktoberedikt; selbst Urjunker v. d. Marwitz hatte in seiner anmutigen Sprechweise erklärt, Gerichtsbarkeit, Ortspolizei, Kirchen- und Schulpatronat müßten fallen, wenn jeder hergelaufene Kerl ein Rittergut kaufen dürfe. Aber das war nur die beliebte Manier der Junker, eine ihnen unbequeme Neuerung durch deren angeblich abschreckende Konsequenzen zu verdächtigen. Sobald sich niemand dadurch schrecken läßt, pfeifen sie sofort die entgegengesetzte Melodie.

Vorläufig stieß Stein wieder auf die Opposition der beiden

Schrötter, die er dadurch beseitigte, daß er dem Minister Schrötter befahl, die Behandlung der Sache an Friese und Morgenbesser, die beiden radikalsten Räte der Provinzialdepartements, zu übertragen. Stein benutzte dann auch das damals noch sehr ungewöhnliche Mittel der Presse. Unter anderem erschien in der »Königsberger Zeitung« ein Dialog, der die adlige Gerichtsbarkeit eine Winkeljustiz nannte zum Nachteil des natürlichen Rechtes; der Eßtisch, zu dem der Gerichtsherr den Gerichtsverwalter lade, sei ein Korruptionsmittel, das zwar unverdächtig aussehe, aber nichtsdestoweniger wie feines Gift wirke. Der Rittergutsbesitzer wurde in diesem Dialog mit einem Manne verglichen, der Kläger, Richter und Henker in einer Person sein wolle, und der Aktenwagen des Justitiarius, der auf den Hof gefahren kam, mit den Thespiskarren, wie sie vor der Errichtung stehender Bühnen einherzogen.

Die Junker aber setzen sich aufs hohe Pferd der Uneigennützigkeit. Die Patrimonialgerichtsbarkeit sei eine Last für sie, führte das ständische Komitee von Ostpreußen aus, die sie nur im Interesse des Gemeinwohls trügen. Gewöhnlich erließen sie die Sporteln, und meistens schlichteten sie die Streitigkeiten friedlich zur Zufriedenheit beider Teile, so daß es sehr viele Güter im Lande gäbe, wo jahrelang kein Gerichtstag gehalten werde. Jage man den Landmann zum Gericht in die Stadt, so verliere er Geld und Zeit, gewöhne sich ans Wirtshausleben, vernachlässige die eigene und die gutsherrliche Wirtschaft, und schließlich kämen alle an den Bettelstab.

Stein ließ den Biedermännern durch Schön in einem Schreiben voll köstlicher Ironie antworten. Es sei höchst dankenswert, daß sie so schwere Lasten im Interesse des Gemeinwohls auf sich nähmen. Aber das sei ihnen auch nach Aufhebung der adligen Gerichtsbarkeit unbenommen. Sie könnten auch fürderhin Streitigkeiten zur Zufriedenheit beider Teile friedlich schlichten und die notwendig zu zahlenden Gerichtskosten für die Personen entrichten, die auf ihrem Gute wohnten. Überhaupt sollten sie in keiner Weise gehindert werden, Gutes zu tun, aber es ginge nicht an, daß jahrelang keine Gerichtstage gehalten würden. In einem wohlgeordneten Staate dürfe die Rechtspflege niemals ruhen. Worauf dann das Junkerkomitee wieder mit der Miene vollkommenster Unschuld verleugnete, was es eben beteuert hatte. Die angeblich kostspielige Patrimonialgerichtsbarkeit sei eine sehr einträgliche Sache, für deren Verlust sie jedenfalls entschädigt werden müßten.

Nunmehr erkannten die Junker jedoch, daß mit Stein nicht zu spaßen war. Da ihr Witz ausgegangen war, so legten sie ihm eine Mine, und zwar der Sicherheit wegen gleich eine doppelte. Sie denunzierten der französischen Behörde einen franzosenfeindlichen Brief, von dem sie wußten, daß Stein ihn durch einen Kurier abgesandt hatte, und sie hetzten die Königin auf, deren leichtlebige Vergnügungssucht durch Steins Einschreiten gegen die höfische Verschwendung ohnehin gereizt worden war. Darüber stürzte Stein, und die agrarische Reform hatte einstweilen ein Ende.

Überblickt man ihren Verlauf, so liegt auf der Hand, daß die Junker den Sieg davongetragen hatten. Sie blieben im Besitz aller Standesvorrechte und im Genuß aller Abgaben und Fronden, die sie den Bauern im Laufe der Jahrhunderte aufgedrängt hatten. Das Oktoberedikt verbesserte wesentlich ihre wirtschaftliche Lage, und soweit es ihnen durch die Aufhebung der Erbuntertänigkeit einen wohltätigen Zwang antat, gewährte es ihnen in weitem Umfang das Bauernlegen, das ihnen selbst der friderizianische Staat verwehrt hatte. Das seltsamste aber war, daß dieser Erfolg den Junkern durch die bürgerlichen Reformer bereitet wurde. Die Junker wußten wohl, was sie wollten, aber ihr Wille schritt in einem plundrigen Mantel einher, dem die nackte Habgier aus allen Löchern lugte. Darüber warfen die bürgerlichen Reformer ein prunkendes Staatskleid neuester Fasson. Nicht aus Liebedienerei gegen die Junker, denn die Schön und Genossen waren in ihrer Art durchaus ehrliche Feinde der Junkerherrschaft. Auch verstanden sie vortrefflich die bürgerliche Freiheit in dem historischen Doppelsinn, wonach der Arbeiter als freie

Person über seine Arbeitskraft verfügen, aber auch frei sein soll von allen zur Verwirklichung seiner Arbeitskraft nötigen Sachen. Ihr Pech war nur, daß ihrer Theorie der lebendige Boden fehlte. Sie war eine importierte Ware; als Produkt einer fremden Wirklichkeit wurde sie dogmatisch auf Zustände angewandt, zu denen sie paßte wie die Faust aufs Auge.

Das wäre unmöglich gewesen, wenn die bürgerlichen Reformer eine selbstbewußte Klasse hinter sich gehabt hätten. Diesem Mangel suchten sie nun freilich auch abzuhelfen, indem sie nicht nur darauf bedacht waren, das Bauernlegen der Junker zu rechtfertigen, sondern auch die Fesseln der Städte zu lösen. Sie waren sogar verständig genug, dabei nicht Adam Smith oder Immanuel Kant zum Muster zu nehmen, sondern die praktischen Leistungen der Französischen Revolution. Doch hiervon demnächst.

Die Neue Zeit
31. Jg. 1912/13, Erster Band, S. 46—55.
Franz Mehring: Gesammelte Schriften,
Bd. 6, Berlin 1979, S. 279—291.

Die Städteordnung von 1808

20. Dezember 1912

Es gab eine Zeit — und sie liegt nicht gar zu lange hinter uns —, als Eugen Richter und ähnliche Geister sich in der Prahlerei gefielen, daß, wenn die Regierung ihre Hand von den Junkern abzöge, nicht so viele konservative Abgeordnete in den preußischen Landtag einziehen würden, als in eine Droschke gepackt werden könnten.

Diese Ansicht hat sich in wenigen Jahrzehnten so gründlich gewandelt, daß eher die Gefahr vorliegt, ihr genaues Gegenteil könne zu einem anfechtbaren Gemeinplatz werden. Auch bürgerliche Historiker erkennen an, daß »die eigentlichen Regenten« des preußischen Staates, seine »verhätschelten Lieblingskinder«, von jeher die Junker gewesen seien. Daran ist auch nichts zu deuteln, im wesentlichen wenigstens nicht, obgleich die preußische Junkerherrschaft, wie jede historische Erscheinung, mannigfach bedingt sein mag.

An Versuchen, sie auf ihre geschichtlichen Ursachen zu untersuchen, fehlt es denn auch nicht. Woran es aber vielfach noch fehlt, das ist eine gründliche Prüfung der Kehrseite, der Frage nämlich, weshalb sich die preußischen Städte niemals zu einem ernsthaften Gegengewicht gegen die junkerliche Übermacht entwickelt haben. Im allgemeinen gibt die Antwort darauf der ganz kleinbürgerliche Charakter, den die deutsche Entwicklung seit den Tagen der Reformation angenommen hatte, und auch im besonderen ist bis zum Beginn des neunzehnten Jahrhunderts genug über den Zustand der preußischen Städte bekannt, um daraus zu entnehmen, weshalb sie immer nur das fünfte Rad am Wagen gewesen sind. Waren doch viele von ihnen sogenannte Mediatstädte, das heißt von einem Grundherrn gestiftet worden, dessen Erben noch die städtischen Behörden ernannten und sowohl Dienste als auch

Abgaben in Geld oder Naturalien von den Bürgern beanspruchen durften.

Mit der Städteordnung von 1808 trat aber eine sehr wesentliche Änderung in der Stellung der Städte ein. Sie war die durchgreifendste unter den Reformen Steins und keineswegs ein bloßes Augenverblenden wie die sogenannte Bauernbefreiung. Sie sollte in der Tat ein entscheidendes Gegengewicht gegen die junkerliche Gewalt schaffen. Und wenn man den Jubelliedern trauen dürfte, die vor vier Jahren zu ihrem hundertsten Geburtstag erklangen, so hat sie es auch getan. Selbst ein verhältnismäßig so unbefangener Historiker wie Max Lehmann schrieb damals: »Weder Reichsstädte noch Kreisordnung noch Gemeindeordnung kamen zustande; die neu geschaffenen Provinziallandtage schienen eher ein Hindernis als eine Vorbereitung des Verfassungswerkes zu sein; die einzige Errungenschaft aus den großen Tagen der Reform war die Städteordnung geblieben ... So fest stand sie in der öffentlichen Gunst, daß auch die Fürsprecher überlebter Staats- und Gesellschaftsordnungen es nicht wagten, ernstlich an ihr zu rütteln. Ein und das andere wurde geändert, aber als die Urheber und Freunde der Änderungen zu einer Revision des gesamten Gesetzes schritten, ließen sie (im Jahre 1831) den Städten, die 1808 die Steinsche Städteordnung erhalten hatten, die Wahl zwischen Annahme und Ablehnung. Die Wirkung war, daß nicht mehr als drei Kommunen sich dem Alten ab- und dem Neuen zuwandten. Seitdem ist die Städteordnung die Standarte des deutschen Bürgertums geworden und geblieben ... Sie hat die Bewegung des Jahres 1848 auf das nachdrücklichste unterstützt. Wieder beladen mit der Abneigung der Bürokratie und des Junkertums, hat sie sich durch alle Bedrängnisse hindurch behauptet; auch die Änderungen des Jahres 1853 haben ihre Substanz nicht angetastet.« Dieses Lob ist in mehr als einer Beziehung übertrieben.

Gerade wenn man die Städteordnung von 1808 als eine verhältnismäßig weitreichende Reform anerkannt, kommt man auf den wunden Fleck der Sache, den man mit dem preußischen Witze treffen kann: Was hilft der Mantel, wenn er nicht gerollt ist? Papierene Rechte besaßen die preußischen Städte auch schon vor der Städteordnung von 1808, sogar mehr, als diese ihnen zubilligte. Das Allgemeine Landrecht gewährte ihnen das Patronat über Kirchen und Schulen, die Verwaltung des städtischen Vermögens, die Polizei, sogar die Justiz. Es gab einen Magistrat, der gewählt wurde; es gab Repräsentanten der Bürgerschaft; die Bürgerschaft, vertreten durch die Zünfte, hatte das Recht zu wählen, zu beraten und zu beschließen; die Bürger schworen einen besonderen Eid und verpflichteten sich, städtische Ämter unentgeltlich zu besetzen. Alles das war aber eitel Schein bis auf die wirklich autonome Justiz, die auch danach war, nämlich gänzlich verlottert. Die Stadtrichter wurden miserabel bezahlt, eine Besoldung von jährlich hundert Talern war schon ausnahmsweise hoch; sie halfen sich mit Gebührenüberhebung oder auch mit Eingriffen in die Depositen- und Mündelkassen.

Sonst waren die Rechte, die das Allgemeine Landrecht den Städten gewährte, einfach in den Schornstein geschrieben. In die städtischen Ämter schob die Regierung verabschiedete Soldaten, Offiziere und Mannschaften, bei der damaligen langen Dienstzeit völlig greisenhafte Invaliden, die, selbst wenn sie guten Willen mitbrachten, doch ganz unfähig waren, ihn zu betätigen. Damit aber noch nicht genug, so war der Garnisonschef in jeder Stadt der absolute Herr, vor dessen Mißhandlungen kein Bürger sicher war und gegen dessen noch so empörende Ausschreitungen es nirgends im Staate eine Sühne gab. Rechtlich gesinnte Bürger weigerten sich überhaupt, städtische Ämter anzunehmen wegen der unerträglichen Plackereien, die sie darin durch die militärischen Befehlshaber zu besehen hatten.

Dieser scheußlichen Mißwirtschaft ein Ziel zu setzen war die erste Aufgabe, die gelöst werden mußte, wenn den preußischen Städten geholfen werden sollte. Der Königsberger Polizeidirektor Frey richtete darüber folgende Betrachtung an

Stein, die heute noch keineswegs eines praktischen Interesses entbehrt:

»Wir erwarten ganz vergebens, daß der Gemeingeist der Engländer, Franzosen und anderer bei uns erwache werde, wenn wir nicht dem Militär die Schranken anweisen, die es in allen Ländern, wo Gemeingeist herrscht, nicht überschreiten darf. Solange das Militär nicht der allgemeinen Polizei und Justiz unterworfen ist oder solange mit anderen Worten gegen das Militär gerade nur so weit Polizei und Justiz gehandhabt werden darf, als die Chefs aus gutem Willen gestatten, so lange ist keine auf innere Überzeugung und öffentliche Sitten gegründete Verfassung denkbar. Das Militär darf sich musterhaft betragen, aber solange es sich als Gefälligkeit und Humanität anmaßt, was die bloße Gerechtigkeit und die unbedingte Achtung gegen Dezenz erfordert, so lange sind wir in der traurigen Alternative zwischen dem knechtischen Sinn, der das als Geschenk nimmt, was ihm als Rechtstitel gebührt, und der peinlichen Beklommenheit, die das Bewußtsein erzeugt, daß unsere Ruhe von bloßer Willkür abhänge, und in beiden Fällen ist auf unbefangene öffentliche Tätigkeit nicht zu rechnen.«

Der Verfasser dieser Zeilen ist überhaupt der eigentliche Urheber der Städteordnung von 1808. Frey hat einige ihrer wichtigsten Bestimmungen den Gemeindegesetzen der Französischen Revolution entnommen, was Stein, bei seiner gründlichen Abneigung gegen diese Revolution, aus eigenem Antrieb schwerlich getan haben würde. Zudem war Stein nur ein bedingter Gegner der Zünfte und hätte, ohne fremden Anstoß, auch wohl nicht das städtische Wahlrecht der Zünfte so gänzlich beseitigt, wie es in folgender Bestimmung der Städteordnung geschah: »Die Wahl der Stadtverordneten wird in den verschiedenen Bezirken der Stadt bewirkt. Die Wahl nach Ordnungen, Zünften und Korporationen wird aufgehoben. Die stimmfähigen Bürger wirken lediglich als Mitglieder der Stadtgemeinde, ohne alle Beziehung auf Zunft, Stand, Korporation und Sekte.« Diese Vorschrift ist ziemlich wörtlich

übersetzt aus dem Paragraph 7 des französischen Munizipal-
gesetzes vom 14./18. Dezember 1789.

Ebenfalls aus einem französischen Revolutionsgesetz ist die
Bestimmung übersetzt: »Die Stadtverordneten bedürfen
weder einer besonderen Instruktion oder Vollmacht der
Bürgerschaft, noch sind sie verpflichtet, derselben über ihre
Beschlüsse Rechenschaft zu geben. Das Gesetz und ihre Wahl
sind ihre Vollmacht, ihre Überzeugung und ihre Ansicht vom
gemeinen Wohl der Städte ihre Instruktion, ihr Gewissen aber
die Behörde, der sie Rechenschaft zu geben haben.« Eine
Nachahmung der Französischen Revolution war leider auch
der — immerhin nicht allzu drückende — Zensus für die Wahl
der Stadtverordneten (Besitz eines städtischen Grundstücks
oder ein Jahreseinkommen von — je nach der Größe der Stadt
— 100 bis 200 Talern). Aber wenn nicht das allgemeine, so
gewährte die neue Städteordnung wenigstens das geheime
und das gleiche Wahlrecht.

In der Stadtverordnetenversammlung sollte sich die städtische Verwaltung konzentrieren. Sie sollte nicht nur das städtische Vermögen verwalten, sondern auch das Armen- und
Schulwesen versehen, wie ihr die Gesundheits- und Sicher-
heitspolizei anvertraut war. Der Magistrat sollte den Stadtverordneten völlig untergeordnet sein; er wurde von ihnen als
eine rein städtische Behörde gewählt, und auch das Bestäti-
gungsrecht der Regierung erstreckte sich nur auf die formale
Frage, ob die Wahl richtig vollzogen sei. Die eigentliche Verwaltung blieb durchaus den Stadtverordneten vorbehalten; sie
sollten für diesen Zweck Deputationen und Kommissionen
bilden, die größtenteils aus Stadtverordneten und Bürgern,
aber nur aus einzelnen oder wenigen Mitgliedern des Magistrats zusammenzusetzen vorgeschrieben wurde. Die Gerichtsbarkeit wurde den Städten allerdings entzogen, aber
dieser Verlust konnte den Gewinn nicht entfernt aufwiegen.
Im Gegenteil: Die Justizhoheit des Staates war ein Fortschritt
aus der feudalen in die moderne Gesellschaft.

Die Befreiung der Städte durch die preußischen Reformer

stellte sich also in viel günstigerem Lichte dar als die Befreiung der Bauern. Aber wenn diese an dem Widerstand der mächtigen Junkerklasse scheiterte, so jene aus dem Mangel einer kräftigen Bürgerklasse. Von einer anderen Seite, jedoch nicht minder unzweideutig, zeigte sich, daß der Klassenkampf das treibende Rad der historischen Entwicklung ist. Die damaligen preußischen Städte waren fast durchweg kleine Nester; in der Kurmark Brandenburg gab es nur drei Städte mit mehr als 10 000 Einwohnern, Berlin, Potsdam und Brandenburg; in Ost- und Westpreußen, für welche Provinzen die Städteordnung zunächst bestimmt war, sogar nur zwei Städte dieser Kategorie, Königsberg und Elbing, dazu acht Städte von 3500 bis 10 000 Einwohnern; alle übrigen Städte waren kleiner. Es war nun sehr leicht zu bestimmen, daß der Bürgerschaft die Exekutive der Polizei zustehe, der sich wie jedermann so auch das Militär zu unterwerfen habe, aber praktisch lief die Sache darauf hinaus, einer Herde Schafe die Aufsicht über eine Herde Wölfe anzuvertrauen. Auch sonst aber erwies sich die Organisation einer städtischen Polizei, die sich auf das städtische Weichbild beschränkte, als undurchführbar, solange nicht das gesamte Polizeiwesen des Staates umgestaltet, namentlich auch die gutsherrliche Polizei beseitigt worden war, womit Stein nicht durchdrang.

So half man sich damit, in einer großen Zahl von Städten königliche Polizeidirektionen einzusetzen, nicht nur in größeren Städten, wie Berlin, Königsberg, Breslau, Stettin, Potsdam, Frankfurt, Brandenburg, sondern auch in kleineren Städten, wie Stargard, Kolberg, Stolp, Anklam, Demmin, Brieg, Glatz, Neiße, Schweidnitz, Glogau usw. Andere kleine Städte, wie Kreuzburg, Landeck, Striegau, Kosel, Hirschberg, Köslin, Swinemünde usw., blieben nur auf ihre flehentlichen Bitten von dieser Plage verschont. Die gänzlich verarmten Städte kamen durch die königlichen Polizeidirektionen, für deren Kosten sie bei Heller und Pfennig aufkommen mußten, aus dem Regen unter die Traufe. In anderer Form wurde damit wieder die Militärherrschaft in den Städten hergestellt.

Aber auch die Zunftherrschaft gelangte zu einer Art Wiedergeburt. Die Städteordnung von 1808 ließ es bei einem besonderen städtischen Bürgerrecht bewenden, statt es wie die Französische Revolution zu einem Teile des allgemeinen Staatsbürgerrechts zu machen. Sein Erwerb war zwar nicht allzu schwer gemacht; ein unbescholtener Name und die Zahlung von ein paar Talern genügten dazu. Allein die Verpflichtung zum Erwerb des städtischen Bürgerrechts erstreckte sich nur auf diejenigen Bewohner der Stadt, die ein Haus besaßen oder ein konzessionspflichtiges Gewerbe betrieben, also im wesentlichen auf das bisherige Zunfthandwerk. Ebendahin ging auch die Absicht Steins und seiner Gehilfen; sie wollten die Städte aus der bürokratischen Bevormundung befreien und deshalb die »Offizianten«, die bisher die Bürger gegängelt hatten, möglichst von der städtischen Verwaltung zurückscheuchen; Stein hätte ihnen am liebsten, namentlich den Advokaten, den Eintritt in die Stadtverordnetenversammlung verboten. Jedoch auch so erreichte er seinen Zweck. Die »Offizianten« begnügten sich, »Schutzverwandte« zu bleiben, es sei denn, daß sie durch den Ankauf eines Hauses gezwungen wurden, das städtische Bürgerrecht zu erwerben. Mit ihnen blieben nun aber auch die gebildeten Elemente den städtischen Verwaltungen fern, und das beschränkte Zunfthandwerk hatte freie Bahn, seine ausbeuterischen Praktiken an dem städtischen Vermögen zu erproben.

Unter diesen Umständen hat die Städteordnung von 1808 keineswegs die segensreichen Wirkungen gehabt, die ihr so oft nachgerühmt worden sind. Fähige Bürgermeister, wie der alte Ziegler, haben sie oft geradezu als einen Hemmschuh der städtischen Entwicklung verflucht. Und am allerwenigsten ist sie für den Staat im allgemeinen der Hebel eines historischen Fortschritts gewesen. Man kann auch hier sagen: Im Gegenteil! Wenn anders Engels recht hat, die allgemeine Wehrpflicht als die einzige demokratische Einrichtung des vormärzlichen Preußens zu nennen[14], so haben ihr die Städte viel heftiger und länger widerstanden als selbst die Junker. Die Junker widersprachen nur, solange die Frage noch nicht entschieden war; als aber im Frühjahr 1813 die allgemeine Wehrpflicht eingeführt worden war und sich in den darauf folgenden Kriegen bewährt hatte, waren die Junker gescheit genug, ihren Widerspruch aufzugeben. Die Stadtverordnetenversammlungen, und allen voran die Berliner, haben noch jahrelang um die Beseitigung der allgemeinen Wehrpflicht petitioniert.

Es ist auch nicht richtig, daß im Jahre 1831 nur eines oder das andere an der Städteordnung geändert worden sei. Sie war ursprünglich, wie schon erwähnt wurde, nur für Ost- und Westpreußen bestimmt, dann aber, solange die Fremdherrschaft dauerte, auf die alten Provinzen ausgedehnt worden (Brandenburg, Pommern, Schlesien). Den neuen Provinzen, die 1814 durch den Beschluß des Wiener Kongresses an den preußischen Staat kamen, wurde das – um im patriotischen Stil zu sprechen – »Königliche Geschenk der Hohenzollern« natürlich vorenthalten, bis die Julirevolution die staatsmännische Seelenruhe im Berliner Schlosse ein wenig aufmunterte. Nun wurde die Städteordnung auch auf die neuen Provinzen ausgedehnt, allein in einer »veränderten Form«, von der Schön sagte: »Die *Städte*ordnung wurde, soweit man das, ohne den Schein der Barbarei und der Inkonsequenz auf sich zu laden, nur irgend vermochte, allmählich in der Richtung einer *Beamten*ordnung ausgeklügelt und modifiziert.« Und in diesen Fragen war niemand so sachverständig wie Schön.

Während man 1808 keinem unbescholtenen Einwohner der Stadt das Bürgerrecht versagte, wurden 1831 zum Erwerben des Bürgerrechts nur diejenigen Einwohner für berechtigt erklärt, die ein Grundeigentum von mindestens 200 Taler Wert besaßen oder aus einem stehenden Gewerbe eine reine Einnahme von mindestens 200 oder aus anderen Quellen ein Jahreseinkommen von wenigstens 400 bis 1000 Taler bezogen. Das passive Wahlrecht, das 1808 jedem stimmfähigen Bürger zugesprochen worden war, wurde nunmehr an einen besonderen Zensus geknüpft, der sich in kleineren Städten auf ein Jahreseinkommen von 200, in größeren von 1200 Taler belief.

Während 1808 die Wahl nach Korporationen und Zünften ausdrücklich verboten worden war, ordnete die »revidierte« Städteordnung solche Wahlen förmlich an. Die Veräußerung städtischer Grundstücke, die früher allein von den Stadtverordneten abhing, wurde nunmehr von der Erlaubnis der Regierung abhängig gemacht. Der Magistrat, nach dem älteren Gesetz eine rein städtische, allein von den Stadtverordneten abhängige Behörde, wurde nach dem neuen Gesetz überwiegend ein von der Regierung abhängiges »Organ der Staatsgewalt«. Die Regierung konnte, durch kein Gesetz beschränkt, die Wahlen der Bürger für ungültig erklären und bei »Unangemessenheit« oder »Verzögerung« der Wahl die städtischen Ämter auf Stadtkosten verwalten lassen. Die Regierung konnte die Magistratsmitglieder wegen »mangelhafter Dienstführung« absetzen und alsdann die Größe ihrer Pension bestimmen. Der Bürgermeister, dessen Stelle infolge »unangemessener« Wahl von der Regierung besetzt wurde, war befugt, die Beschlüsse des Magistrats aufzuheben, und dafür nur der Regierung verantwortlich. Endlich stand es nach der »revidierten« Städteordnung der Regierung frei, die Stadtverordnetenversammlung bei »Parteiung« in ihrem Schoße aufzulösen oder die Schuldigen auszuschließen, ja selbst unter Umständen der Gemeinde die Städteordnung ganz zu entziehen.

Worauf diese »Revision« abzielte, sprach der Staatsrechtslehrer v. Rönne, ein hochgestellter Richter, mit den Worten aus: »Bei Entwerfung der revidierten Städteordnung ging man von dem Hauptgesichtspunkt aus, daß das Oberaufsichtsrecht des Staates eine größere Ausdehnung erhalte, daß das Bürgerrecht an Bedingungen, welche den Unbemittelten davon ausschließen, geknüpft und die Wahlfähigkeit beschränkt werde, um die ärmere ungebildete Klasse der Bürger in der Regel aus dem Magistrat und der Stadtverordnetenversammlung zu entfernen.« Die Regierung selbst bestätigte diese Auffassung als durchaus richtig; der Minister v. Rochow, der durch sein geflügeltes Wort vom »beschränkten Untertanenverstand« eine gewisse Unsterblichkeit erlangt hat, empfahl die Schrift Rönnes, aus der die eben zitierten Sätze entnommen sind, in einer amtlichen Verfügung angelegentlich zur Anschaffung der Behörden. Die Regierung konnte sich damals, wo es noch keine Arbeiterbewegung gab, noch den Luxus gestatten, volksfeindliche Absichten offen herauszuhängen.

Man sieht danach, daß es sich bei dieser »revidierten« Städteordnung von 1831 nicht um diese oder jene beiläufige Änderung handelte, sondern um eine rückläufige Umwälzung von Grund aus. Richtig ist allerdings, daß nur drei kleine märkische Städte freiwillig die alte Städteordnung Steins preisgaben, um diese neue anzunehmen, aber unrichtig ist wiederum, daß die alte Städteordnung irgend etwas dazu getan habe, die Bewegung von 1848 vorzubereiten oder zu unterstützen. Namentlich wieder in Berlin haben die städtischen Behörden viel dazu beigetragen, die Revolution zu verfahren; Gneist, der damals noch ein junger und verhältnismäßig frischer Mann war, hat in einer eigenen, heute vergessenen Schrift diese Tatsache eingehend nachgewiesen. Zum Beispiel protestierten die Berliner Stadtverordneten feierlich gegen den schüchternen Versuch der Vereinbarerversammlung, die Steuern zu verweigern.

Den Dank vom Hause Österreich haben sie dann geerntet, als die Regierung im Jahre 1853 die Städteordnung auch der alten Provinzen im Sinne von 1831 »revidierte«. Namentlich das geheime und das gleiche Wahlrecht wurden nunmehr beseitigt. Es war die Zeit, wo die Berliner Stadtverordnetenversammlung die Staatsstreichhelden Manteuffel und Wrangel zu Ehrenbürgern ernannte, dagegen die großstädtischen Einrichtungen, deren die wachsende Stadt bedurfte, dem reaktionären Polizeipräsidenten Hinckeldey ins Leben zu rufen überließ.

Eine Geschichte der Städteordnung von 1808 zu schreiben würde eine lohnende Aufgabe für einen jungen Historiker sein. Sie würde von der Kehrseite her zeigen, weshalb die preußische Junkerherrschaft sich so fest wurzeln konnte, daß sie heute noch selbst dem Ansturm der Arbeiterklasse zu trotzen weiß. Sie würde namentlich auch zeigen, wie wenig damit getan ist, einer Klasse Waffen zu geben, wenn diese Klasse zu feig oder zu schwach ist, die Waffen zu führen. Was die bürgerliche Klasse in Deutschland als ihr höchstes Verdienst zu preisen pflegt: der Abscheu vor dem Klassenkampf, das ist in der historischen Wirklichkeit ihr schlimmstes Verhängnis gewesen.

Die Neue Zeit
31. Jg. 1912/13, Erster Band, S. 425–431.
Franz Mehring: Gesammelte Schriften,
Bd. 6, Berlin 1979, S. 301–308.

1813 bis 1819.
Von Kalisch nach Karlsbad

1. Der Aufruf von Kalisch

Die ersten Wochen des Jahres 1813 zeigten die preußische Regierung nach wie vor in einem Zustand vollkommener Hilf- und Ratlosigkeit.

Selbst der einzige kümmerliche Gedanke, auf den sie ver- fiel, der Plan einer bewaffneten Vermittlung, die gemeinsam mit Österreich zwischen Frankreich und Rußland versucht werden sollte, wurde nur mit großer Lässigkeit betrieben. Erst am 4. Januar ging der Oberst v. Knesebeck, seit dem Rücktritt Scharnhorsts der erste militärische Berater des Königs, nach Wien ab. Und ebenso träge wie die Vermittlung schleppte sich die Bewaffnung hin, die ihre Voraussetzung bilden sollte. Von der Mitte Dezember 1812 bis zur Mitte Januar 1813 ist nur eine militärische Maßregel angeordnet worden; im Hin- blick auf den drohenden Einmarsch der Russen erhielt der General v. Bülow, der in Abwesenheit Yorcks das ostpreußi- sche Generalgouvernement versah, den Befehl, aus den Lan- desteilen jenseits der Weichsel alles an Mannschaften und Material zurückzuschaffen, was den preußischen Streitkräften verlorengehen und die russischen Streitkräfte stärken könne. Aus den eingezogenen Kantonisten und Krümpern sollte Bülow am linken Weichselufer eine Reserve bilden.

Da traf in den ersten Januartagen die Kunde ein, daß Yorck die Konvention von Tauroggen[15] abgeschlossen habe — eine Schreckenskunde für den König wie für den Staatskanzler Hardenberg, der sie just empfing, als er mit dem französischen Gesandten St-Marsan und dem französischen Marschall Augereau beim gemütlichen Essen saß. Und etwa gleichzeitig lief ein Brief Boyens ein, worin dieser meldete, der Zar sei zu einem Bündnis bereit mit dem Versprechen, daß Preußen in die Machtstellung wieder eingesetzt werden solle, die es vor der Schlacht bei Jena innegehabt habe, aber auch mit der Drohung, Ostpreußen dem russischen Reiche einzuverleiben, falls der König das Bündnis verweigere.

Allein auch diese starken Stöße erschütterten noch nicht das System der »allerlei Kniffe und Pfiffe«, mit denen sich die preußische Diplomatie, wie einst vor Jena, so auch nun wieder durchzuhelfen suchte. Hardenberg drückte dem französischen Gesandten die tiefste Empörung über die Konvention von Tauroggen aus; der König werde seinen Flügeladjutanten v. Natzmer nach Königsberg senden, um Yorck seines Kommandos zu entsetzen, ihn zu verhaften und vor ein Kriegsgericht zu stellen. In der Tat reiste Natzmer sofort ab, aber nicht nach Königsberg, sondern nur auf dem Wege dahin, mit dem geheimen Auftrag, sobald er in den Bereich der russischen Vorposten käme, sich zum Zaren zu begeben und mit ihm über ein Bündnis zu verhandeln. Deshalb wurde aber die Sendung Knesebecks nach Wien, die auf einer ganz anderen Voraussetzung beruhte, nicht rückgängig gemacht. Und noch mehr! Nach Paris ging der Fürst Hatzfeldt als außerordentlicher Gesandter, um dem Kaiser die ganze Entrüstung des Königs über die »Demarchen« des Generals Yorck zu bekunden und sein treues Festhalten an dem französischen Bündnis auszusprechen. Auch neue Hilfstruppen wollte der König stellen, doch mangle es an Geld, und so bäte er um einige Berichtigung der im vorigen Jahre geleisteten Vorschüsse. Hardenberg ging so weit, dem Grafen St-Marsan die Verhaltungsbefehle des Fürsten Hatzfeldt im Original vorlegen zu lassen und zugleich eine Heirat zwischen dem preußischen Kronprinzen und einer bonapartistischen Prinzeß vorzuschlagen.

Man hat diese Politik Hardenbergs mit dem Zwange der Umstände entschuldigen oder gar als ein listenreiches Gewebe schildern wollen, in das sich der Feind dann auch verstrickt habe. Indessen das würde wenig zu dem ewigen Gerede des

Königs stimmen: Erst müsse Napoleon sich ins Unrecht setzen, ehe das französische Bündnis aufgegeben werden könne, und dann war Hardenberg doch auch zu schlau, als daß er sich eingebildet hätte, Napoleon werde sich in so plumper Weise fangen lassen. Vielmehr wenn Hardenberg sich an demütigendem Entgegenkommen gegen Napoleon nicht genugtun konnte, so aus dem Grunde, weil er am liebsten bei dem französischen Bündnis geblieben wäre, falls Napoleon ihm ein tüchtiges Stück Geld und ein tüchtiges Stück Land bewilligt hätte. Er weigerte sich hartnäckig, die Übersiedlung des Königs aus Berlin und Potsdam, wo dieser ganz in der Gewalt französischer Regimenter war, in den für neutral erklärten und von französischen Truppen ziemlich freien Teil der Provinz Schlesien zu veranlassen. Eine Heeresvermehrung, die am 12. Januar angeordnet wurde, hatte keinen französenfeindlichen Charakter, konnte viel eher so erscheinen, als ob damit dem Wunsche Napoleons nach einer Verstärkung der preußischen Hilfstruppen entsprochen werden sollte.

Jedoch die Entscheidung begann der Hand des Königs und des Staatskanzlers zu entgleiten. Die französischen Erpressungen und Plünderungen hatten die Bevölkerung mit einem unersättlichen Hasse gegen Frankreich erfüllt; sie kannte kein höheres Verlangen als die Abschüttlung des französischen Joches, sei es selbst mit russischer Hilfe. Nicht nur in den bäuerlichen und bürgerlichen Kreisen, die damals noch so gut wie kein öffentliches Sprachrohr hatten, war diese Stimmung lebendig, sondern auch im Heer und im Junkertum, deren Forderungen sich die Monarchie auf die Dauer nicht entziehen konnte. So feierlich der König die Absetzung Yorcks in den Berliner Zeitungen hatte verkünden lassen, so feierlich erklärte der General in der »Königsberger Zeitung«, im preußischen Staate sei eine Zeitung kein offizielles Staatsblatt, und noch habe kein General seine Verhaltungsbefehle durch die Zeitungen erhalten. Yorcks Vorbild begann Schule zu machen; der General v. Bülow, der sein Hauptquartier in Neustettin genommen hatte, hielt sich im völligen Einverständnis mit Yorck; schwieriger gab sich der General v. Borstell, der in Kolberg kommandierte, indem er noch zögerte, auf eigene Faust zu handeln. Aber auch er beschwor den König, mit Frankreich zu brechen; erhebe sich die Bevölkerung, so sei er seiner Soldaten nicht mehr sicher.

Alle diese junkerlichen Generale gehörten zur alten Schule. Namentlich Borstell und Yorck hatten den Heeresreformen einen bissigen Widerstand entgegengesetzt. Allein sie handelten im Sinne ihrer Klasse, wenn sie jetzt den Krieg gegen Frankreich verlangten. Schon um die Jahreswende war der Urjunker Marwitz bei seinem Todfeind Hardenberg erschienen, um ihm zu erklären, daß alles vergeben sein solle, wenn der Krieg gegen Frankreich erklärt würde; derselbe Marwitz, von dem das geflügelte Wort herrührte, Stein habe dem preußischen Staate mehr geschadet als Napoleon. Sicherlich war der Franzosenhaß der Junker sehr zweideutigen Ursprungs: Auch sie drückte das Fremdenjoch, und sie hofften nach der Vertreibung der Franzosen auf die Wiederherstellung der Vorrechte, die sie durch die französische Eroberung verloren hatten. Jedoch sie traten damit an die Spitze einer volkstümlichen Bewegung, und sie bewiesen, daß ihr Wille sich auch gegen den Willen des Königs durchsetzen könne.

Ebenso unzweideutig wie in der Konvention von Tauroggen trat diese Tatsache auf dem preußischen Landtag hervor, der in den ersten Tagen des Februar in Königsberg tagte. Nach dem Abfall Yorcks waren die Trümmer des französischen Heeres bis an die Weichsel zurückgewichen; Ostpreußen und ein Teil von Westpreußen waren frei. Allein fern vom Sitze der Regierung waren die bürgerlichen Behörden ratlos, und die weitreichenden Machtvollkommenheiten, die Yorck als Generalgouverneur besaß, waren nicht zweifelsfrei, seitdem der König ihn abgesetzt hatte. Da ließ sich Stein vom Zaren eine Vollmacht geben, die ihm die Verwaltung der Provinz bis zu einem endgültigen Abkommen mit dem preußischen König übertrug.

Die Urkunde ist am 18. Januar in Ratschki, dem letzten Orte

vor der preußischen Grenze, ausgefertigt. Stein wird darin beauftragt, die Kriegs- und Geldmittel zur Unterstützung der russischen Unternehmungen gegen die französischen Heere in Tätigkeit zu setzen, darüber zu wachen, daß die Einkünfte des besetzten Landes mit Treue verwaltet und dem bewußten Zwecke gemäß verwandt, das Eigentum der Franzosen und ihrer Verbündeten mit Beschlag belegt, die Bewaffnung der Landwehr und des Landsturms nach den Plänen von 1808 in möglichst kurzer Zeit eingerichtet werde und die nötige Lieferung von Lebens- und Transportmitteln für das russische Heer mit Ordnung und Schnelligkeit erfolge. Zur Vollziehung dieses Auftrags sollte Stein alle Mittel ergreifen, die ihm als die geeignetsten erschienen, die unfähigen und böswilligen Beamten entfernen, die Verdächtigen aber überwachen und selbst verhaften lassen usw. Diese Urkunde, die Stein zweifellos selbst entworfen hat, war ein sehr seltsames Ding. Der Zar behandelte Ostpreußen als eroberte Provinz und bestellte ihr einen Diktator mit geradezu unbeschränkten Vollmachten. Es geschah nicht oder nicht allein aus bürokratischer Ängstlichkeit, wenn die preußischen Behörden sich gegen diese Diktatur sträubten; es war vielmehr ihre Pflicht, sich dem Sendling eines Eroberers zu widersetzen, zumal eines Eroberers, der von seiner Falschheit und Treulosigkeit gerade auch gegenüber dem preußischen Staate reichliche Proben abgelegt hatte. Schon am 20. Januar, als Stein auf der Reise nach Königsberg in Gumbinnen eintraf, wo sein alter Gehilfe Schön nunmehr Regierungspräsident war, kam er mit diesem hart aneinander. Schön erklärte, daß er den Moskowitern nicht über den Weg traue, auch nicht, wenn sie Geschenke brächten; er weigerte sich, amtlich Kenntnis von Steins russischer Vollmacht zu nehmen. Schließlich einigten sich beide dahin, daß Stein mit Rücksicht auf die militärische Besetzung des Landes durch die Russen den ostpreußischen Landtag zusammenberufen solle, um über die Einrichtung einer Landwehr und eines Landsturms zu beraten.

Dieser Landtag bestand seit dem Jahre 1788. Seine Befugnisse beschränkten sich zunächst auf das landwirtschaftliche Kreditwesen, doch hatte sie Stein während seines zweiten Ministeriums erweitert, die jährliche Einberufung zugesagt, den Kölmern eine Anzahl von Sitzen eingeräumt, wenn auch nur halb soviel, wie der Adel besaß. Eine beschließende Stimme besaß der Landtag jedoch nicht, und die Einberufung außerordentlicher Sitzungen war ein Recht der Krone. Gleichwohl ließ sich der Landhofmeister v. Auerswald, dem die ständischen Angelegenheiten unterstanden, durch Stein bewegen, die Wahlausschreiben zu einem außerordentlichen Landtag zu erlassen, der am 5. Februar in Königsberg zusammentreten sollte. Einige Tage später verbesserte er sich freilich dahin, daß er nicht einen »Landtag«, sondern nur eine »Versammlung von Deputierten« gemeint habe, eine jener halben Maßregeln, durch die sich schwache Charaktere decken möchten, aber tatsächlich nur ein böses Gewissen verraten. Stein ließ es sich gefallen, da er mit Recht darauf vertraute, daß sich die innere Logik der Dinge schon zu ihrem Rechte verhelfen würde.

Hatte man sich über diesen Hauptpunkt notdürftig geeinigt, so brach doch alsbald heller Hader aus, als nun Stein ohne Rücksicht auf die preußischen Behörden diktatorisch vorging, sich der Kassen bemächtigte, Lieferungen für das russische Heer ausschrieb, die Kontinentalsperre unter allgemeinem Jubel der Bevölkerung aufhob, als er verlangte, daß man alle dienstlichen Verbindungen mit Berlin abbrechen und daß Yorck wie Bülow sofort gegen die Franzosen marschieren sollten. Zum völligen Bruch schien es zu kommen, als der Landtag zusammentrat und die Frage entstand, wer ihn eröffnen und die Verhandlungen leiten sollte. Auerswald — die »Schlafmütze«, wie Stein ihn schalt — meldete sich krank und ernannte einen Geheimen Justizrat Brandt zu seinem Stellvertreter. Stein aber wollte eine angesehene und kraftvolle Persönlichkeit an der Spitze des Landtags sehen, dessen gesetzliche Einberufung durchaus anfechtbar war. Er ließ Schön nach Königsberg kommen, aber Schön lehnte ab. Auch Yorck weigerte sich, den Vorsitz zu übernehmen, so daß es zwischen ihm und Stein zu den heftigsten Szenen kam. Doch im letzten Augenblick gelang der Ausgleich, an dem Schön hervorragenden Anteil gehabt zu haben scheint. Es blieb bei dem Vorsitz Brandts; Yorck aber verpflichtete sich, wenn ihn der Landtag dazu auffordere, in dessen Mitte zu erscheinen und ihm militärische Vorschläge zu machen, und Stein verzichtete auf seine russische Vollmacht. Er verließ Königsberg nach dem Zusammentritt des Landtags, um sich wieder zum Zaren zu begeben.

Der Landtag aber beschloß einstimmig, nach den Vorschlägen Yorcks 20 000 Mann Landwehr und 10 000 Mann Reserven, dazu ein Kavallerieregiment aus »freiwillig sich sammelnden Söhnen des Vaterlandes« aufzustellen, alles auf Kosten der Provinz. Von der allgemeinen Wehrpflicht wurde insoweit noch abgesehen, als Stellvertretung zugelassen wurde; auch sollte die Landwehr nicht außerhalb der Provinz verwandt werden dürfen. Aber trotz dieser Einschränkungen waren die Beschlüsse des Landtags ein großes Opfer für eine Bevölkerung von etwa einer Million, deren Wohlstand durch den Krieg von 1807, durch die Kontinentalsperre, durch die Märsche des Jahres 1812 aufs tiefste zerrüttet und deren waffenfähige Mannschaft schon arg gelichtet war durch die 10 000 Mann, die sie im Laufe der letzten Monate an Krümpern und Rekruten für die Heerhaufen Bülows und Yorcks geliefert hatte.

Inzwischen hatte man sich auch in Berlin zu dem Entschluß aufgerafft, die Residenz des Königs von Potsdam nach Breslau zu verlegen. Furcht vor einem französischen Handstreich und die günstigen Nachrichten, die der Major Natzmer vom Zaren überbrachte, gaben den Anstoß zu diesem Schritt, der zunächst noch kein »Bruch« mit Frankreich war. Er war dem französischen Kaiser als möglich angekündigt und von ihm nicht verworfen worden; der französische Gesandte folgte dem König nach Breslau. Aber gleich nachdem der König am 25. Januar in der schlesischen Hauptstadt eingetroffen war, liefen am 27. Januar zwei Briefe des Zaren ein, die in entgegenkommender Weise rechtfertigten, was in Ostpreußen geschehen war, und dringend an den Abschluß eines Bündnisses mahnten. Und den Tag darauf berichtete der preußische Gesandte aus Paris, von Napoleon sei nichts zu erlangen als einige freundliche Worte; selbst die angebotene Verschwägerung mit dem erlauchten Hause der Hohenzollern hatte der Undankbare keines Wortes für wert gehalten. »Napoleon scheint auf unsere Unentschlossenheit zu rechnen; er behandelt Preußen im Glück wie im Unglück mit Mißtrauen und Verachtung«, schrieb Scharnhorst, als ihm Hardenberg den Bericht des Pariser Gesandten mitgeteilt hatte.

Hardenberg war nunmehr für das russische Bündnis entschieden. An demselben Tage noch vermochte er den König, eine Rüstungskommission niederzusetzen, die Hardenberg selbst nach außen hin vertrat, während Scharnhorst ihre Seele war; auch wurde Knesebeck schleunigst aus Wien zurückberufen, um zum Zaren zu gehen. Aber der König wollte sich in seiner berüchtigten Unentschlossenheit noch immer nicht entschließen. Die bewaffnete Vermittlung, die er gemeinsam mit Österreich unternehmen wollte, mußte er zwar aufgeben, da er in Wien keine Gegenliebe gefunden hatte, allein er wollte nun auf eigene Faust vermitteln. Am 4. Februar ließ er seinen Hofpfaffen Ancillon eine Denkschrift entwerfen, in der allerdings ein Bündnis mit dem Zaren empfohlen und dazu geraten wurde, zur größeren Sicherstellung Preußens den Vormarsch der russischen Truppen an die Oder möglichst zu beschleunigen. Dann jedoch sollte Preußen die Vermittlung zwischen Frankreich und Rußland übernehmen, und zwar so, daß sich die französischen Heere hinter die Elbe, die russischen hinter die Weichsel zurückzögen, worauf Preußen billige Friedensvorschläge machen wollte. Sie liefen nach Ancillons Ansicht darauf hinaus, daß der französische Kaiser die Herrschaft über das westliche Deutschland, ebenso wie über Holland, Italien und Spanien behalten sollte, während Preußen seine Oderfestungen, Magdeburg, vielleicht auch noch die Altmark, jedenfalls aber das Herzogtum Warschau zurückerhielte.

Diese armselige und zugleich größenwahnsinnige Denkschrift wurde nun für einige Wochen die Grundlage der königlichen Politik. Nachdem wieder einige Tage vertrödelt waren, ging Knesebeck, ein Gesinnungsgenosse Ancillons, am 9. Februar ins russische Hauptquartier ab; am Tage darauf traf das Verbot Napoleons in Breslau ein, mit Rußland zu verhandeln, und sei es auch nur wegen der Neutralität Schlesiens. Am 15. antwortete Hardenberg, indem er die Sendung Knesebecks damit begründete, daß sie die Neutralität Schlesiens auch nach der russischen Seite hin sichern solle; ferner erbat seine Note von der »Gerechtigkeit« des Kaisers, in der Höhe von 47 Millionen Franken die Hälfte der von Preußen geleisteten Vorschüsse zu erstatten, und endlich machte sie den Vorschlag des Waffenstillstandes, den Ancillon ersonnen hatte. Darauf kam zunächst gar keine Antwort aus Paris.

Aber auch die russische Verhandlung stockte. Hardenberg hatte die Forderungen Ancillons insofern gesteigert, als er die Wiederherstellung Preußens in dem Umfang beanspruchte, den es vor dem Kriege von 1806 gehabt hatte, mit Ausnahme jedoch Hannovers; dafür hielt er aber fast noch eifriger als Ancillon an dem Wiedererwerb der ehemals polnischen Landesteile fest; nur den Bezirk von Białystok wollte er dem Zaren lassen und äußerstenfalls eine kleine Abrundung dieses Besitzes gewähren. Knesebeck aber, der auf seiner Reise ins russische Hauptquartier abermals sechs Tage vertrödelt hatte, bestand entgegen dem klaren Wortlaut seiner Instruktion auf dem Wiedererwerb auch Białystoks, obgleich er wie auch seine Auftraggeber wußten, daß nicht nur der Zar nach der polnischen Beute lechzte, sondern auch das von ihm, nicht von den preußischen Heeren eroberte Polen als seine rechtmäßige Entschädigung betrachtete. Sicherlich waren diese russischen Absichten und Wünsche für den preußischen Staat gefährlich, zumal da der Zar nur halb mit ihnen herauskam, aber die preußische Gier nach dem polnischen Raube, die so viel dazu beigetragen hatte, den altpreußischen Staat ins Verderben zu reißen, war um nichts schöner und vernünftiger. Eine Entschädigung im Westen wäre für Preußen weit vorteilhafter gewesen; die Aufgabe des preußischen Unterhändlers hätte darin bestanden, sie zu sichern und die polnischen Pläne des Zaren möglichst unschädlich zu machen.

Nun aber geschah, wie der Dichter später von den preußischen Provinzen gesungen hat:

> Steckt der Karrn einmal im Drecke,
> Hui! dann geht es rasch vom Flecke,
> Und die Zäume fliegen frei!

Am 19. Februar brach Yorck mit seinen Truppen auf, um die Weichsel zu überschreiten; am 22. Februar kamen er und Bülow mit dem russischen General Wittgenstein in Konitz zusammen, und sie verabredeten den Vormarsch bis zur Oder. In Kolberg erschien Gneisenau und riß nun auch den General v. Borstell mit sich fort, so daß dieser ohne Befehl des Königs seine Truppen aufbrechen ließ, um Berlin von den Franzosen zu befreien.

Tiefer noch griffen die Maßregeln, die Scharnhorst als treibende Kraft der Rüstungskommission getroffen hatte. Er war jetzt an das Ziel gelangt, das er so lange Jahre mit unendlicher Geduld verfolgt hatte; am 3. Februar erging der Aufruf an die gebildete und wohlhabende Jugend, freiwillig unter die Waffen zu treten; am 9. Februar wurden die Exemtionen von der Kantonpflicht aufgehoben, wurde die allgemeine Wehrpflicht hergestellt, freilich nur für die Dauer dieses Krieges. Noch konnte nicht gesagt werden, gegen wen die Rüstung ging, aber der Aufruf vom 3. Februar wirkte dennoch wie ein elektrischer Schlag. Aus allen Teilen des Landes strömten die Freiwilligen nach Breslau, Kolberg und Graudenz, den drei Orten, die ihnen als Sammelplätze angewiesen worden waren, die meisten nach Breslau. In Berlin, wo der Aufruf erst am 9. Februar bekannt wurde, meldeten sich in den ersten drei Tagen nicht weniger als 3000 Freiwillige. Ein Spanier, der in der preußischen Hauptstadt lebte und kurz vorher in die Heimat geschrieben hatte: »Die Deutschen sind keine Spanier, sie sind mit allem zufrieden, wenn sie nur ihren Kohl im Keller haben«, schrieb jetzt bewundernd nach Madrid: »Der Geist nationaler Unabhängigkeit ist in Norddeutschland erwacht, und nirgends bricht dies edle Gefühl mit größerer Heftigkeit hervor und zeigt mehr Übereinstimmung mit dem glorreichen Spanien, als in den preußischen Staaten.« Wie Stein bei seiner Rückkehr aus Rußland, so glaubte Gneisenau bei seiner Rückkehr aus England in einem anderen Volke zu sein.

Den französischen Truppen, kampferprobt, wie sie waren, dröhnte gleichwohl der Boden unter den Füßen. »Wir sahen sie«, schreibt ein Franzose von den Freiwilligen, »unsere Bataillone durchschreiten, ohne Waffen, ohne Führer; dabei stießen sie Freudenschreie aus und warfen unseren Soldaten drohende Blicke zu.« Die französische Besatzung Berlins, 6000 Mann und 40 Geschütze unter dem Marschall Augereau, war wie gelähmt, als am 20. Februar ein verlorener Haufen Kosaken in Berlin erschien, von der Bevölkerung jubelnd begrüßt. Aus Breslau schrieb der österreichische Gesandte nach Wien: »Die Geister sind in einer Gärung, die schwer zu beschreiben ist... Die Militärs und die Häupter der Sekten haben sich unter der Maske des Patriotismus der Zügel der Regierung bemächtigt; der Kanzler wird vom Strome mit fortgerissen.« Gewichtiger noch war das Wort des englischen Agenten Ompteda: »Wenn der König noch länger zaudert, so sehe ich die Revolution als unausbleiblich an, und das Heer würde das erste Signal zu ihr geben.«

Unter diesem wachsenden Druck gab der König endlich nach, auch jetzt nur als ein ängstlicher und eigensinniger Schwächling, dem die Krone auf dem Haupte wankte. Den letzten Stoß erhielt er von Stein, der den Zaren bewogen hatte, ihn und den russischen Staatsrat Anstett nach Breslau zu schicken mit einem Bündnisvertrag, den Stein wenn nicht verfaßt, so doch stark beeinflußt hat. Danach schlossen Zar und König ein Schutz- und Trutzbündnis, um Europa zu befreien und zunächst den preußischen Staat wiederherzustellen. Der Zar verpflichtete sich, die Waffen nicht eher niederzulegen, als bis Preußen dieselbe Machtstellung wiedererlangt habe, die es vor der Schlacht bei Jena innegehabt hatte. Von seinen ehemals polnischen Besitzungen bedang es sich jedoch nur so viel aus, als notwendig war, die Verbindung zwischen Ostpreußen und Schlesien herzustellen; seine sonstige Entschädigung wollte es im nördlichen Deutschland suchen, mit Ausnahme Hannovers. Diese Rücksicht war geboten durch die englischen Subsidien, die Preußen wie Rußland zum Kriegführen brauchten. Daneben wurde ein Bündnis mit Österreich und Schweden ins Auge gefaßt. Rußland verpflichtete sich, 150 000 Mann zu stellen, Preußen 80 000, aber noch darüber hinaus alle seine militärischen Kräfte anzuspannen, so auch durch Bildung einer Landwehr.

Auf diese Bedingungen hin wurde, nachdem Stein und Anstett am 25. Februar in Breslau eingetroffen waren, sofort das Bündnis abgeschlossen. Am 27. Februar ist der Vertrag in Breslau von Anstett und Hardenberg, am 28. in Kalisch, dem russischen Hauptquartier, von Scharnhorst und Kutusow gezeichnet worden. Aber nachdem so viele kostbare Zeit vertrödelt worden war, wurden jetzt noch nahe an drei Wochen verschwendet; Napoleon sollte sich erst durch Nichtbeantwortung der preußischen Vorschläge vom 15. Februar ins Unrecht setzen! Als er am 15. März noch nicht geantwortet hatte, übergab am 16. März Hardenberg die Kriegserklärung dem Grafen St-Marsan, der eben auf seine eindringlichen Vorstellungen eine halbwegs einlenkende Antwort Napoleons erhalten hatte. Es war nun zu spät, und am 17. März erließ der König den Aufruf an das Volk zum Kriege gegen Frankreich, eine würdige Kundgebung, die vom Staatsrat Hippel nach den Angaben Gneisenaus verfaßt war, nicht ohne daß Gneisenau vorher noch ein klägliches, von Ancillon im Sinne des Königs entworfenes Machwerk beseitigt hatte.

Minder glücklich fuhr Stein mit einem Aufruf an die Deut-schen. Ihm lag sehr wenig an den Dynastien und den Ein-zelstaaten, aber um so mehr an der deutschen Nation. Sie in den Kampf gegen Napoleon zu reißen, plante er zwei Maß-regeln: einen Aufruf an die Deutschen, der namentlich auch die Rheinbundfürsten schrecken, und die Einsetzung eines Zentralverwaltungsrats, der die Kräfte und Mittel der nord-deutschen Staaten, die erobert werden müßten, flüssig ma-chen sollte. Dieser Rat wurde auch niedergesetzt und Stein, der ihm übrigens als russischer Vertreter angehörte, zum Prä-sidenten ernannt. Der Aufruf an die Deutschen aber wurde nicht so abgefaßt, wie Stein wollte; namentlich wurde ihm die Drohung an die Rheinbundfürsten gestrichen, daß, wer von ihnen sich nicht innerhalb sechs Wochen entscheide, abgesetzt werden würde. Stein kannte die Sprache, auf die diese Rasse allein hörte. Jedoch der Zar und der König fanden es un-ehrerbietig, mit ihren Brüdern von Gottes Gnaden so katego-risch zu sprechen, und begnügten sich, die lächerliche Hoff-nung auszusprechen, daß kein deutscher Fürst durch Beharren beim Rheinbund sich reif zeigen werde der Vernichtung durch die Kraft der öffentlichen Meinung und die Macht gerechter Waffen.

Unbedenklich waren Zar und König, die Verheißungen zu unterschreiben, die Stein der deutschen Nation gemacht wis-sen wollte: die Wiederherstellung eines ehrwürdigen Reiches, Freiheit und Unabhängigkeit »als unveräußerliche Stammgüter der Völker«, die selbständige Ordnung ihrer häuslichen und inneren Verhältnisse nach geschlossenem Frieden. Solche Verheißungen, die Stein in gutem Glauben machte, hatten für die edlen Herrscher keine Konsequenzen.

Später, als sich alles so herrlich erfüllt hatte, haben ihre Soldschreiber den Aufruf von Kalisch als eine Fälschung zu verleugnen gesucht: immerhin aus einem Rest von Scham, weil vor aller Welt Augen lag, daß in keinen bonapartistischen Bulletin je so arg geschwindelt worden war wie in dieser feier-lichen Kundgebung frommer Monarchen. Aber der Aufruf ist echt; als Oberbefehlshaber der verbündeten Armee hat ihn Kutusow im Namen der beiden Fürsten am 25. März in Kalisch veröffentlicht.

2. Landwehr und Landsturm

In schroffem Gegensatz zu der kläglichen Diplomatie Hardenbergs stand der unermüdliche Eifer, womit Scharnhorst rüstete, seitdem er Ende Januar in die Rüstungskommission berufen worden war. Am 4. März konnte er schon berichten, daß sich das stehende Heer seit dem Dezember des Vorjahres nahezu verdreifacht habe und gegen 120 000 Mann mustere.

Scharnhorst erreichte diesen Erfolg teils durch die Verstärkung der vorhandenen, teils durch die Errichtung neuer Truppenkörper. Das nötige Menschenmaterial lieferten ihm neben den eingestellten Rekruten namentlich die Krümper. Diese Erfindung belohnte sich ihm jetzt in reichem Maße. Ungleich größere Schwierigkeiten bereiteten ihm die Bekleidung, Bewaffnung und Ernährung dieser Massen. In der Kriegskasse befanden sich gerade dreitausend Taler; ein Versuch, zehn Millionen Schatzscheine gegen Zwangskurs auszugeben, scheiterte gänzlich, und die englischen Subsidien waren noch fern, dank der elenden Trödelei der preußischen Diplomatie.

Scharnhorst jedoch war ein Mann, dem die Sache allemal über den Kinkerlitzchen stand, mochte die Gamaschenknöpfe darüber ein noch so großes Entsetzen anwandeln. Wo farbige Uniformen fehlten, ließ er die Mannschaften in graues Zeug kleiden, das zum Teil die Gemeinden den eingezogenen Kantonisten und Krümpern mitzugeben hatten; wo Tornister fehlten, mußten zwillichene Säcke aushelfen. In das Eß- und Trinkgeschirr des einzelnen Mannes mußten sich mehrere Kameraden teilen. Die Bewaffnung wurde auf das schlechthin Notwendige beschränkt. Die Remonte- und Artilleriepferde mußten ohne Bezahlung gestellt, endlich sämtliche Truppen von dem Lande in Naturalquartieren unentgeltlich verpflegt werden.

Diese Vermehrung des Heeres, so stark sie war, hielt sich noch innerhalb des alten Kantonsystems. Darüber hinaus ging Scharnhorst durch die Edikte vom 3. und 9. Februar, von denen jenes »besonders« die Jugend der besitzenden und gebildeten Klassen zum freiwilligen Eintritt in das Heer aufrief, dieses die Exemtionen von der Kantonpflicht aufhob und für die Dauer des Krieges die allgemeine Wehrpflicht einführte. Man hat zwischen beiden Edikten einen gewissen Widerspruch finden wollen, der auch schon zur Zeit ihres Erlasses empfunden wurde, einen Widerspruch in dem Sinne, daß der Aufruf vom 3. Februar auf dem Prinzip der Freiwilligkeit und die Verordnung vom 9. Februar auf dem Prinzip des Zwanges zu beruhen scheine. In Scharnhorsts Geist bestand dieser Widerspruch aber nicht. Er wollte die allgemeine Wehrpflicht als gesetzlichen Zwang, nur daß diejenigen, die sich freiwillig meldeten und auf eigene Kosten ausrüsten konnten, gewisse Vorteile genießen sollten. Die Freiwilligen wurden den Jägern zuerteilt, der freiesten und ungezwungensten Waffe; jedes Infanteriebataillon und jedes Kavallerieregiment erhielt eine Jägerabteilung, die nur aus Freiwilligen bestand; den Freiwilligen stand frei, das Bataillon oder das Regiment zu wählen, bei dem sie dienen wollten; sie konnten jederzeit den Dienst verlassen, außer im Laufe des Feldzugs; sie durften ihre Offiziere und Unteroffiziere aus ihrer eigenen Mitte wählen usw.

Der Zweck dieser Einrichtung war keineswegs oder doch nur ganz nebensächlich die Ersparnis, die bei den etwa 12 000 Freiwilligen nicht besonders schwer ins Gewicht fiel, am wenigsten für Scharnhorst, dem es auf die moralische Wirkung ankam. Wenn das Heer durch die Beseitigung des Söldnerwesens auch von seinem ärgsten Krebsschaden befreit war, so setzte es sich, solange die Exemtionen von der Kantonpflicht bestanden, doch nur erst aus den ärmsten und geistig zurückgebliebensten Elementen der Bevölkerung zusammen. Der

Unterschied zwischen diesen Elementen und einer Jugend, die sich an Goethe und Schiller, an Kant und Fichte berauschte, war so groß, daß zwischen ihnen ein kameradschaftlicher Geist unmöglich entstehen konnte, wozu dann noch die allgemeine Verachtung des Kriegsdienstes kam, die, durch einige Jahrhunderte genährt, sich nicht schon in einigen Jahren verflüchtigen konnte. Darüber war zunächst nicht anders hinwegzukommen als durch die Einrichtung der freiwilligen Jäger, die dann auch als Pflanzschule von Offizieren einem Mangel abhelfen sollte, der sich um so mehr geltend machte, je mehr das Heer anwuchs.

Die moralische Wirkung, die Scharnhorst mit dem Aufruf vom 3. Februar bezweckte, hat er in vollem Maße erreicht. Nicht nur strömte die gebildete Jugend in hellen Haufen zu den Waffen, sondern – da Besitz und Bildung schon damals mannigfach verschiedene Begriffe waren – alle Schichten der Bevölkerung brachten ansehnliche Opfer, um Freiwillige auszurüsten, deren eigene Mittel dazu nicht ausreichten. Man hat berechnet, daß durch freiwillige Gaben für diesen Zweck weit über eine Million Taler aufgebracht worden ist. Fast noch populärer als die freiwilligen Jäger wurden die Freikorps, die Freiwillige aus dem außerpreußischen Deutschland in sich aufnehmen sollten. Am bekanntesten von ihnen sind die Lützower geworden, eine von dem Major Lützow, einem Waffengenossen Schills, gebildete Freischar. Scharnhorst brachte ihr freilich kein sonderliches Vertrauen entgegen, sei es, weil er an den militärischen Fähigkeiten Lützows zweifelte, sei es, weil er doch zu sehr Liniensoldat war, um Freischaren nicht etwas mißtrauisch zu betrachten. Scheinbar haben die Lützower durch ihre bescheidenen Leistungen im Kriege gerechtfertigt, daß man ihnen mißtraute, wenn nur solch Mißtrauen nicht vielmehr die Ursache wäre, weshalb Freischaren, die gemeinsam mit Linientruppen kämpfen, immer schlecht abzuschneiden pflegen.

So weit waren die Rüstungen Scharnhorsts gediehen, als die Kriegserklärung an Frankreich erfolgte. Nun konnte er sein

Werk krönen durch die Errichtung einer Landwehr, die dem preußischen Staate durch den Septembervertrag von 1808 verboten worden war. Hinter diesem Vertrag hatte der König seinen heftigen Widerwillen gegen die Landwehr verschanzt; um ihm alle weiteren Vorwände abzuschneiden, hatten Scharnhorst und Stein in den preußisch-russischen Bündnisvertrag die Bestimmung aufgenommen, daß Preußen eine Landwehr einzurichten habe. Bereits am Tage nach der Kriegserklärung machte Scharnhorst seinen Entwurf fertig; er brauchte nur die Gedanken niederzuschreiben, die seit Jahren in seinem Kopfe gereift waren.

Wie die Edikte des Februar beruhte auch diese Verordnung auf der Vereinigung von Freiwilligkeit und Wehrpflicht. Aufgestellt werden sollten 120 000 Mann, etwa der vierzigste Teil der Gesamtbevölkerung, verteilt auf die einzelnen Provinzen und Kreise. Die sich freiwillig meldeten, erhielten sofort den Rang eines Gefreiten und die Zusicherung, auch später bei der Beförderung vorzüglich berücksichtigt zu werden. Soweit der auf jeden Kreis entfallende Anteil an Landwehrmannschaft durch die freiwillige Meldung nicht erreicht ward, trat die Losung ein. Ihr waren unterworfen alle wehrbaren Männer vom siebzehnten bis zum vierzigsten Lebensjahr, jeder Jahrgang nach dem gleichen Verhältnis. Die Ausnahmen von der Landwehrpflicht waren nur spärlich zugelassen: in der Hauptsache Geistliche und Lehrer sowie ganz unabkömmliche Beamte. Stellvertretung, die der ostpreußische Landtag noch zugelassen hatte, wurde völlig ausgeschlossen.

Die Kosten der Landwehr wurden vom Staate großenteils auf die Kreise abgewälzt. Der Staat lieferte nur Feuergewehr, Munition und Kavalleriesäbel. Die Kreise hatten aufzukommen für die Piken, womit das erste Glied der Infanterie bewaffnet werden sollte, für die Patronentaschen, Trommeln, Trompeten, Signalhörner, bei den Reitern, die den achten Teil des Landwehraufgebots umfassen durften und den fünfzehnten Teil umfassen mußten, auch für Pferde und Sättel. Die Kleidung sollte sich der Wehrmann nach Möglichkeit selbst beschaffen, sonst mußte auch hier der Kreis eintreten. Doch sollte alles so einfach und schlicht wie möglich eingerichtet werden. Es genügte, daß der Landwehrmann eine Litewka hatte, wie sie sich aus dem Sonntagsrock des Bauern leicht zurechtschneiden ließ, der Kragen und der Besatz der Mütze trugen die Farben der Provinz. Auch die Uniformen der Offiziere durften keinerlei Stickerei zeigen. Zweimal in der Woche versammelte sich die Landwehr zu militärischen Übungen, am Sonntag und am Mittwoch: Das Wesentlichste blieb die Kunst, worin das altpreußische Heer fast ganz ungeübt war: das Schießen nach dem Ziele.

Da der Staat die Lasten der Landwehr fast ganz auf die Kreise abwälzte, so konnte er die Kreise von der Einrichtung der Landwehr nicht ausschließen. In jedem Kreise wurde ein Ausschuß niedergesetzt (zwei Rittergutsbesitzer, ein städtischer Bürger, ein Bauer), der die Aushebung leitete, die Ausgehobenen vereidigte und die Offiziere bis zum Kompanie- oder Schwadronschef aufwärts wählte, ohne an ein Lebensalter oder einen Stand gebunden zu sein. Für die hohen Offiziersstellen behielt sich der König die Ernennung vor, doch hatte der Kreisausschuß ein Vorschlagsrecht. War die Landwehr erst einmal gebildet, so sollten die notwendigen Offiziersstellen durch die Wahl der Offiziere besetzt werden; eine Wahl von Offizieren durch die Wehrmänner war nicht zugelassen.

Von dem Ideal einer demokratischen Miliz blieb diese Landwehr noch weit entfernt. Wenn in den Kreisausschüssen die Junker schon doppelt so stark vertreten waren wie die Bürger und die Bauern, so wurden sie von ihresgleichen gewählt, während die Vertreter der Bürger und der Bauern von der Regierung ernannt wurden. Und wenn die Ernennung der höheren Offiziere dem König überlassen war, so behielt er sich auch die Bestätigung der niederen, von den Kreisausschüssen gewählten Offiziere vor, so daß etwa räudige Schafe ausgemerzt werden konnten. Selbst Gneisenau, der an der Organisation der schlesischen Landwehr hervorragenden Anteil nahm, soll entsetzt gewesen sein, als er bei der Besichtigung eines Landwehrbataillons in seiner ehemaligen Garnison Jauer seinen früheren Schneider als Landwehrleutnant erblickte, und durch gütliches Zureden diese und ähnliche »Fehlgriffe« beseitigt haben.

Eine ähnliche Begeisterung wie der Aufruf vom 3. Februar hat die Landwehrverordnung vom 17. März nicht erweckt. So ungerecht es wäre, den entscheidenden Anteil der Landwehr an dem endgültigen Siege zu bestreiten, so ist es doch auch wahr, daß ihr Mangel an militärischer Ausbildung nicht völlig durch die Wirkungen moralischer Erhebung ersetzt wurde. Die Landwehr hat Taten der höchsten Tapferkeit aufzuweisen, aber auch mehr als ein Landwehrbataillon ist beim ersten Kanonenschuß auseinandergestäubt. Gneisenau fürchtete, daß der größte Teil der schlesischen Landwehr auseinanderlaufen würde, wenn sie nicht durch die strengsten Mittel der Disziplin zusammengehalten würde; er verlangte für die Ausreißer schlechte Behandlung und Kost wie beschimpfende Auszeichnungen, für die Gemeinden aber, die die heimkehrenden Landwehrmänner nicht sofort gebunden auslieferten, harte Strafen. Ein Bericht des Obersten Steinmetz, der mit Gneisenau seinerzeit Kolberg verteidigt hatte, berichtete gar noch nach der siegreichen Schlacht an der Katzbach: »Die Kommandeure der Bataillone sind durch strenge Verweise bestraft, mehrere Offiziere haben Arrest gehabt, der größere Teil der Landwehr ist in die zweite Klasse versetzt, mit umgekehrten Montierungen durch die Reihen geführt, mit Hunger und Stockschlägen bestraft worden, und es bleibt jetzt nichts übrig als Totschießen.«

Diese Erscheinungen sind von reaktionärer Seite benutzt worden, um gegen die Landwehr als eine »demokratische Institution« zu wühlen. Das heißt aber die Dinge auf den Kopf stellen. Die Landwehr hat zeitweise versagt, gerade weil sie keine »demokratische Institution«, sondern nach ihrer damaligen Einrichtung eine verschlechterte Kopie des stehenden Heeres war. Sie stand ihm nach in der Ausbildung und Ausrüstung, und dieser Mangel sollte nicht wie bei den freiwilligen Jägern durch eine »liebreiche und väterliche Art« der Zurechtweisung, sondern durch die härteste Anwendung der militärischen Disziplin ersetzt werden, wie selbst Gneisenau und seine Genossen verlangten. Jedes Gräflein oder Prinzlein, das sich in die freiwilligen Jäger einreihte, wurde mit Lorbeeren überschüttet und wird heute noch in den patriotischen Geschichtswerken mit Tränen der Rührung erwähnt; die schlesischen Leineweber, »vielleicht die elendesten Bewohner von Europa«, ungenügend bekleidet und bewaffnet, oft selbst unbeschuht, mit ihren ausgemergelten Körpern allen Plagen des Hungers und allen Unbilden der Witterung preisgegeben, wurden bei jedem Versagen selbst noch mit den barbarischen Strafen des Söldnerheeres bedroht. Um so höher steht die moralische Kraft dieser Landwehr, die sie trotz alledem von Sieg zu Sieg führte.

Als letztes Stück in die militärische Rüstung fügte Scharnhorst den Landsturm, der jedoch erst organisiert werden sollte, wenn die Landwehr bestand. Es waren dieselben Pläne des Aufstandes in Masse, die Gneisenau und Scharnhorst der Französischen Revolution abgesehen hatten; der Verfasser des Landsturmediktes im engeren Sinne des Wortes war Jakob Bartholdy, ein Beamter des Staatskanzlers, der als Leutnant den Tiroler Aufstand von 1809 mitgemacht hatte. An drakonischen Härten ließen die Bestimmungen des Ediktes nichts zu wünschen übrig. Das Landsturmedikt verpflichtete alle männlichen Bewohner des Staates, die nicht zum stehenden Heer oder zur Landwehr gehörten; ausgenommen waren nur Knaben, Greise und Kranke. Die Landsturmmasse in einem bedrohten Bezirk sollte sich mit Weibern, Kindern und Greisen beständig zum Auswandern bereit halten; die Vorräte an Lebensmitteln waren im Falle der Not fortzuschaffen oder zu verderben; Bier, Wein, Branntwein sollte man auslaufen lassen; die Brunnen sollten in den preisgegebenen Gegenden verschüttet, die Mühlen, Kähne, Fähren und Brücken verbrannt, die Dörfer — wenn auch in der Regel nicht die Städte — zerstört und verwüstet werden usw.

Das Edikt stieß von vornherein auf heftigen Widerstand, selbst unter den verhältnismäßig radikalsten Reformern; der Kriegsrat Scharnweber kam darüber so heftig mit Gneisenau aneinander, daß nur mit Mühe ein Zweikampf zwischen beiden Männern verhütet wurde. Die praktische Probe aufs Exempel ist nicht gemacht worden. Die Bestimmungen des Ediktes wurden bald durch neue Erlasse gemildert, und zudem verzog sich der Krieg sehr schnell von dem preußischen Gebiet. Ob das Edikt in seiner ganzen Strenge ausführbar gewesen wäre, steht sehr dahin. Die Sache hatte ihre zwei Seiten. Hier und da, namentlich in den Gegenden, die dem Kriegsschauplatz nahe lagen oder in der Umgebung der von den Franzosen besetzten Festungen, an der Elbe bei Sandau und Tangermünde, im Oderbruch, bei Stettin hat die bäuerliche Bevölkerung ihren Landsturm auf eigene Hand organisiert und dadurch dem Feinde manchen Schaden zugefügt.

Die andere Seite aber sah so aus: »Die Professoren der Universität Berlin bildeten einen eigenen Trupp und übten sich häufig in den Waffen, der kleine bucklige Schleiermacher, der kaum die Pike tragen konnte, auf der äußersten Linken, der baumlange Savigny auf dem rechten Flügel; der lebhafte knirpsige Niebuhr exerzierte, daß die nur federgewandten Hände dicke Schwielen bekamen; der ideologisch tapfere Fichte erschien bis an die Zähne bewaffnet, zwei Pistolen im breiten Gürtel, einen Pallasch hinter sich herschleppend, in der Vorhalle seiner Wohnung lehnten Ritterlanze und Schild für sich und seinen Sohn. Der alte Schadow führte die Schar der Künstler, Iffland die Helden der Bühne; diese wie jene meist abenteuerlich-mittelalterlich und phantastisch-theatralisch kostümiert und bewehrt: Sturm- und Pickelhaube, Flamberge und sogar Morgensterne kamen zum Vorschein; man sah auf dem Übungsplatz den Waffenschmuck Talbots und Burgunds, Wallensteins und Richards des Löwenherzen. Iffland selbst erschien einst mit dem Brustharnisch und dem

Schilde der Jungfrau von Orleans, was große Heiterkeit erregte.«

Friedrich Köppen, dessen vergessener Schrift über das Jahr 1813 diese Schilderung entnommen ist, fügt hinzu, daß man mit dem Landsturmgesetz zwar die »Höhe des Prinzips« erreicht habe, aber daß vom Erhabenen zum Lächerlichen doch nur ein Schritt sei.

3. Der Frühjahrsfeldzug

Die preußischen Rüstungen waren noch in vollem Gange, die Landwehr erst im Entstehen und auch die neuen Bataillone des Linienheeres erst in der Bildung begriffen, als Napoleon den Krieg bereits mit überlegenen Streitkräften beginnen konnte, dank der unfähigen Zauderpolitik des preußischen Königs, die seine »Untertanen« mit Strömen von Blut bezahlen mußten.

Der französische Kaiser hatte die Zeit besser auszunutzen gewußt. Bei seiner Rückkehr nach Paris fand er 140 000 Rekruten vor aus der Konskription des Jahres 1813, deren Aushebung er auf dem Marsch nach Moskau verfügt hatte. Sie waren im Oktober zusammengetreten, hatten eine Ausbildung von einem Vierteljahr genossen und waren für den eigentlichen Heeresdienst reif. Das galt in noch höherem Grade von 100 000 Mann Nationalgarde, die seit dem Frühjahr 1812 unter den Waffen standen. Allerdings durfte die Nationalgarde gesetzlich nicht außerhalb der französischen Grenzen verwendet werden, aber dem willfährigen Senat genügte ein Wort Napoleons, diese gesetzliche Bestimmung umzustoßen. Dazu wurde die Aushebung von 100 000 Mann aus den Altersklassen der letzten vier Jahre verfügt und von 150 000 Mann aus der Konskription des Jahres 1814, die einstweilen jedoch nur die Depots füllen und noch nicht ins Feld rücken sollten.

Es machte sich freilich schon ein leiser Widerstand in der Nation geltend, an der die furchtbare Katastrophe des russischen Feldzugs nicht spurlos vorübergegangen war; es kam schon vor, daß die Rekruten in Ketten zu ihren Regimentern geschleppt werden mußten. Aber im großen und ganzen gehorchte die gewaltige Kriegsmaschine immer noch der genialen Hand ihres Meisters. Mindestens unter dem Schein der Freiwilligkeit erboten sich die französischen Städte, dem Kaiser den Teil der Rüstung abzunehmen, dessen Wiederherstellung ihm am schwersten fiel, nämlich die nötigen Pferde zu beschaffen und die völlig vernichtete Reiterei zu ersetzen. Als »eine ganz freiwillige und reine Huldigung« stellte Paris 500, Lyon 120, Straßburg 100, Bordeaux 80 Reiter usw. bis zu den kleinen Städten und Flecken, die einen oder zwei Reiter aufbrachten. Aber mit dem Erfolg dieser Huldigung sah es nicht besser aus als mit ihrer Freiwilligkeit; Roß und Reiter konnten großenteils nicht in natura geliefert, sondern mußten nach einer von der Regierung entworfenen Taxe in barem Gelde auf dem Altar des Vaterlandes niedergelegt werden. Das war immerhin eine bescheidene Finanzquelle gegenüber den 370 Millionen Franken, die Napoleon dadurch gewann, daß er die Güter der Gemeinden einzog und verkaufte, gegen fünfprozentige Staatsrente, die er den bisherigen Eigentümern dafür gab.

Inmitten der gewaltigen Rüstungen, die Napoleon mit seinem alldurchdringenden Verstand, der immer neue und neue Hilfsmittel zu entdecken wußte, seiner vor nichts zurückschreckenden Energie, seinem riesigen Organisationstalent betrieb, hatte er begreiflicherweise kein Ohr für die preußischen Vermittlungsvorschläge. Er wußte, daß in seinem Sinne und schließlich auch im Sinne der französischen Nation ein ehrenvoller Friede nicht zu haben war, ehe er einen gewaltigen Schlag gegen seine Feinde geführt hatte. Zudem — wenn er auch darauf bedacht war, seine deutschen Vasallen im Rheinbund straffer im Zügel zu halten, und mit Österreich ernsthaft verhandelte, um sich dessen Bundesgenossenschaft zu sichern, so hegte er gegen Preußen noch immer die alte, halb aus Mißtrauen, halb aus Verachtung gemischte Empfindung. Er empfing die preußische Kriegserklärung mit kühlem Achselzucken: »Besser ein offener Feind als ein unzuverlässiger Freund«, und ließ sie durch seine Minister des Auswärtigen in höhnischer Weise beantworten, so mit der boshaften, aber nicht unrichtigen Bemerkung, daß jenes heilige Erbe, das der preußische König zurückfordere, ja doch nur durch beständigen Verrat an Kaiser und Reich zusammengerafft worden sei.

Bereits am 15. April verließ Napoleon St-Cloud und begab sich nach Mainz, wo er über eine Woche blieb. Er musterte hier die 130 000 Mann, mit denen er Ende April in die sächsische Ebene vorbrechen wollte, um sich dort mit dem Vizekönig von Italien, seinem Stiefsohn Eugène Beauharnais, zu vereinigen, der ihm mit 40 000 bis 50 000 Mann von der Elbe entgegenkommen sollte. Es waren die Trümmer der Großen Armee, die inzwischen ergänzt und wiederhergestellt, aber vor den andrängenden russischen und preußischen Truppen bis an die Elbe zurückgewichen waren. Rechnet man dazu einige Heerhaufen, die in Wesel und in Wittenberg sich zu bilden begannen, so beliefen sich die sämtlichen aktiven Streitkräfte, mit denen Napoleon den Feldzug beginnen konnte, auf mehr als 200 000 Mann. Dazu kamen dann noch etwa 60 000 Mann in den Weichsel- und Oderfestungen, von denen erst Thorn und Tschenstochau gefallen waren.

Dagegen standen die Russen und Preußen weit zurück. Auch mit der Kriegserklärung Preußens war des Trödelns und Zauderns noch kein Ende. Der Oberbefehlshaber der verbündeten Heere, der halb schon im Sterben liegende Kutusow, war aus seinem Hauptquartier Kalisch schwer fortzubringen; er verwünschte die Fortsetzung des Krieges auf deutschem Boden und wußte zudem sehr gut, in wie schreiendem Mißverhältnis die wirkliche Stärke der russischen Heere zu ihrer angeblichen Stärke stand. Die tapferen Pläne Scharnhorsts, über die Elbe vorzustoßen, den Rheinbund zu sprengen und das nordwestliche Deutschland zu insurgieren, waren von vornherein aussichtslos. Was zunächst erreicht wurde, war der

Vormarsch zweier Flügelkorps bis an die Elbe, zwischen denen sich dann die Hauptarmee langsam vorwärtsschieben sollte.

Das nördliche dieser Flügelkorps stand unter dem Oberbefehl des russischen Generals Wittgenstein, mit dessen Truppen sich die preußischen Streitkräfte der Generale Yorck, Bülow und Borstell vereinigt hatten. Es rückte von Berlin durch die Mark Brandenburg auf Magdeburg, wo der Vizekönig von Italien seine Truppen zusammengezogen hatte. Zwischen beiden Teilen kam es am 5. April zu einem kleinen Gefecht bei Möckern, das für die Verbündeten siegreich verlief. Wittgenstein überschritt dann in den nächsten Tagen die Elbe und nahm Kantonierungsquartiere um Dessau und Köthen, um das russische Hauptheer zu erwarten, das am 6. April endlich von Kalisch aufgebrochen war.

Streifscharen von Wittgensteins Korps hatten sich inzwischen bemüht, im nordwestlichen Deutschland einen Aufstand gegen die französische Fremdherrschaft zu entfachen. Der russische Oberst Tettenborn war mit einigen Kosakenregimentern schon am 12. März von Berlin aufgebrochen, hatte die mecklenburgischen Herzöge zum Abfall vom Rheinbund gedrängt und war am 18. März mit lautem Jubel in Hamburg empfangen worden; am Tage darauf sagte sich auch Lübeck von der französischen Herrschaft los und auf dem linken Elbufer Harburg, Stade, Lüneburg bis gen Bremen.

Die ganze Expedition war jedoch nur ein Kosakenstreich, der keine andere Folge hatte als ein hartes Strafgericht, das der Marschall Davoust und der General Vandamme über die aufständischen Gegenden verhängten. Sie drangen mit überlegenen Streitkräften vom linken Elbufer vor und erstickten in Füsilladen jede Lust zu einer neuen Erhebung. Es war ein großer Fehler der Verbündeten, das wichtige Hamburg mit seinen reichen Hilfsquellen preiszugeben, ohne einen ernsthaften Versuch, damit die eigene Macht zu stärken. Nur eine andere Streifschar vom Wittgensteinschen Korps unter dem General Dörnberg unternahm es, den Kosakenschwärmen

Tettenborns zu helfen; sie lieferte auch in den Straßen Lüneburgs am 2. April ein glänzendes Gefecht, aber sie konnte nicht hindern, daß Davoust aus Hamburg eine furchtbare Festung machte, die noch widerstand, als selbst Paris schon gefallen war.

In anderer Weise als an der Niederelbe erloschen an ihrem oberen Laufe die Hoffnungen auf einen nationalen Erfolg Deutschlands. Das südliche Flügelkorps des russisch-preußischen Heeres war ohne nennenswerten Widerstand bis Dresden vorgerückt. Es bestand aus den preußischen Truppen, die bis dahin in Schlesien gestanden hatten, und dem russischen Korps Wintzingerode. Oberbefehlshaber war der preußische General Blücher, den Scharnhorst, der sonst nach seinen Verdiensten die erste Anwartschaft auf die Stelle gehabt hätte, selbst empfohlen hatte. Blücher war ein alter Haudegen, ohne alle Schulbildung und selbst ohne jede militärische Bildung im höheren Sinne des Wortes — er versteht nichts vom Kriege, sagte Scharnhorst —, aber ein Soldat nicht nur von hohem physischem Mute, dem in einem klirrenden Reitertreffen immer am wohlsten war, sondern auch ein Feldherr von jenem höheren moralischen Mute, der keine Verantwortlichkeit scheut, wenn es gilt, die Gelegenheit zu ergreifen, die im Kriege nicht zu warten pflegt. Dabei ein ehrlicher und neidloser Charakter, der jeden Unfall hochherzig auf die eigene Kappe nahm, statt ihn auf seine Untergebenen abzuwälzen, in seiner derben, freimütigen, schlagfertigen Art bei den Soldaten beliebt wie kein anderer Führer des Heeres. Obgleich Blücher in dem altpreußischen Heere alt geworden war, hatte er sich in seinem gesunden Instinkt nach Jena zu den Reformern gehalten, und so zog er auch jetzt ins Feld, mit Scharnhorst und Gneisenau an seiner Seite.

Kriegerische Lorbeeren waren bei der Besetzung des Königreichs Sachsen zunächst nicht zu erwerben, aber es mußte sich nunmehr zeigen, wieviel Ernst und Nachdruck hinter dem Aufruf von Kalisch steckte. Auf die rheinbündlerischen Fürsten hatte er ganz und gar keinen Eindruck gemacht; mit

Ausnahme der mecklenburgischen Herzöge, die durch Tetten-borns Kosaken bekehrt worden waren, hielten sie stramm zu Napoleons Fahnen. Sie wußten, daß dieser Plebejer nicht mit sich spaßen ließ, während sie von seinen legitimen Gegnern doch immer erwarten konnten, daß eine Krähe schließlich anderen Krähen nicht die Augen aushackt. Und in Dresden zeigte sich alsbald, wie richtig ihre Witterung war. Der König von Sachsen hatte seit jeher zu den ergebensten Vasallen Napoleons gehört; seine Truppen standen im französischen Heerlager und hatten eben noch in Lüneburg erbittert mit preußischen und russischen Truppen gekämpft. Beim Her-annahen Blüchers war der König mit seinen Schätzen feige aus dem Lande entflohen und hatte seine getreuen »Untertanen« der Obhut einer Regierungskommission überlassen, die er gegen die Macht der Sieger dadurch zu schützen versuchte, daß er sich und sein Land für neutral erklärte.

Wenn je, so war in diesem Falle die Möglichkeit nicht nur, sondern die Notwendigkeit gegeben, dem verräterischen Kleinfürstentum einen tödlichen Schlag zu versetzen. Jeder-mann wußte, daß der sächsische König nur den ersten Sieg Napoleons abwartete, um sich ihm wieder zu Füßen zu werfen. Es kam hinzu, daß der Zar ein heimliches Gelüsten danach trug, den König von Sachsen abzusetzen, da er das Land als Entschädigung für Preußen bestimmt hatte, dessen Ansprüche auf polnische Landstriche damit beseitigt werden sollten. Aber die dynastischen Rücksichten siegten trotz alle-dem. Man verhandelte sechs Wochen lang mit dem landflüch-tigen König ohne jeden Erfolg; man ließ die von ihm ein-gesetzte Regierungskommission ruhig amtieren, versuchte zwar, den General Thielmann, der in Torgau achttausend Mann sächsischer Truppen befehligte, zum Übertritt zu be-wegen, richtete aber auch bei ihm mit allem Entgegenkommen nichts aus; am letzten Ende meinte Thielmann, daß er kein Yorck sei, was allerdings stimmte. Einen Teil der Schuld an diesen sächsischen Enttäuschungen — und auch darin zeigte sich der zwiespältige Charakter des Krieges — trug Scharnhorst; er glaubte die sächsische Bevölkerung durch milde Behandlung gewinnen zu können, täuschte sich darin aber gründlich.

Um so mehr war er für eine energische Kriegführung, als sich das russische Hauptheer nun langsam nach Sachsen hineingeschoben hatte. Auf dem Marsche war der alte Kutusow gestorben, und der Oberbefehl ging danach auf Wittgenstein über, der an Dienst- und Lebensalter weit hinter Blücher zurückstand, vor diesem aber den Ruhm einiger im russischen Feldzug erfochtener Siege voraus hatte. Er war nicht so unbeholfen und widerwillig wie Kutusow, aber eigentliche Feldherrngaben besaß er nicht. Immerhin hatten die Russen auch triftige Gründe, den kühnen Plan Scharnhorsts abzulehnen, der dahin ging, mit dem größeren Teil des Heeres über den Vizekönig von Italien herzufallen, ehe sich Napoleon mit ihm vereinte, den Geschlagenen unablässig zu verfolgen und so doch noch einen Volksaufstand in Norddeutschland hervorzurufen, während der kleinere Teil der verbündeten Truppen den herankommenden Napoleon erwarten, vor seiner Übermacht über die Elbe zurückgehen, aber dann wieder vorbrechen sollte, wenn der französische Kaiser seinem Stiefsohn zu Hilfe eilte.

Die Russen wollten ihre Rückzugslinie nicht aufgeben und hatten auch keinen Anlaß, einen so verwegenen Krieg zu führen, wie Scharnhorst vorschlug. Vielleicht wäre auch dieser nicht so weit gegangen, wenn man im russisch-preußischen Hauptquartier das Übergewicht der gegnerischen Streitkräfte gekannt hätte. Gegenüber den 200 000 Mann, über die Napoleon im freien Felde verfügte, hatten die Verbündeten selbst mit den Truppen, die Magdeburg und Wittenberg beobachteten, nur über 123 000 Mann zu gebieten (69 000 Russen, 54 000 Preußen); nur indem sie auf die herannahenden Verstärkungen zurückgingen und die Truppen heranzogen, die die Oder- und Weichselfestungen belagerten, konnten sie die französischen Ziffern erreichen. Ausgeglichen wurde der Unterschied allerdings bis zu einem gewissen Grade dadurch, daß die verbündeten Heere überwiegend aus erprobten Soldaten, das französische Heer zum großen Teile aus jungen Rekruten bestand, die noch nicht im Feuer gewesen waren. Ganz besonders aber besaßen die Verbündeten eine treffliche und zahlreiche Reiterei, an der es dem Gegner so gut wie ganz fehlte; auch an Geschütz waren sie überlegen.

Nachdem sich Napoleon, ungehindert von den Feinden, mit dem Vizekönig vereinigt hatte, marschierte er auf der alten Frankfurt-Leipziger Straße vorwärts, um das russisch-preußische Heer zu umgehen und auf das Erz- oder gar auf das Fichtelgebirge zurückzuwerfen, womit der Krieg entschieden worden wäre. Zur Abwehr dieser Gefahr beschlossen die Verbündeten den Angriff nach einem Plane, der an sich sehr verständig war. Napoleon marschierte in drei großen Gruppen, die mehrere Stunden voneinander entfernt waren: voran der Kaiser selbst mit den Garden, dann das besonders starke Korps Neys und endlich andere französische Korps, die von der unteren Saale herankamen. Diese Marschsäulen wollten die Verbündeten durchbrechen, indem sie sich auf die mittlere Gruppe warfen. Bei Lützen erfolgte am 2. Mai der Angriff, der das Korps Neys in der Tat überraschte, jedoch nicht so, daß der französische Marschall mit schneller Entschlossenheit nicht noch die vier Dörfer Großgörschen, Kleingörschen, Rahna und Kaja besetzen und halten konnte, bis die entfernten Korps herankamen. Napoleon selbst, der schon auf dem Wege nach Leipzig war, eilte auf den ersten Kanonendonner herbei und übernahm die Leitung der Schlacht.

Es gelang den verbündeten Truppen, jene vier Dörfer ganz oder fast ganz zu erobern, aber es gelang ihnen nicht, sie zu behaupten. Sie kämpften mit der größten Tapferkeit, allein Wittgenstein erwies sich seiner Aufgabe nicht gewachsen, zumal da er auch nicht Autorität und Charakter genug hatte, sich das dilettantische Dreinreden des Zaren in die Heerführung zu verbitten. Eine ganz unnütze Parade vor den beiden Monarchen verzögerte den Angriff; falsche Dispositionen führten dazu, daß sich beim Aufmarsch mehrere Korps kreuzten, was viele Verwirrung und Zeitaufenthalt verursachte; auch wurde eine Verzettelung der Streitkräfte dadurch herbeigeführt, daß der erste Angriff mit einer viel zu schwachen Truppenzahl unternommen wurde. Ein Korps von 12 000 Russen blieb ein paar Stunden vom Schlachtfeld untätig stehen, und die Reiterei wurde dadurch lahmgelegt, daß der Zwischenraum zwischen den vier Dörfern durch Gebüsche, Gräben, Hecken, Teiche dicht verflochten war. So siegte die französische Übermacht; am Abend waren die verbündeten Truppen, bis auf einige Gebäude in Großgörschen, aus den vier Dörfern hinausgeworfen.

Immerhin — mehr gewonnen als ihre ursprüngliche Stellung hatten die Franzosen auch nicht, und ihre Verluste waren mindestens so groß wie die Verluste der Verbündeten. Diese dachten daran, die Schlacht am nächsten Tage zu erneuern, doch ein Kriegsrat, den Wittgenstein berief, entschied sich für den Rückzug, namentlich da Napoleon über ungleich größere Reserven verfügte und der russischen Artillerie die Munition zu mangeln begann. Gedeckt durch die Reiterei, vollzog sich der Rückgang in leidlicher Ordnung; wenn er über die Elbe nach Schlesien ging, also Berlin preisgab, so entschied dafür die Rücksicht auf Österreich, dessen Hilfe immer notwendiger wurde. Man wollte in der Nähe der böhmischen Grenze bleiben.

Sachsen mit seiner Hauptstadt fiel nun wieder in die Hand Napoleons, der sofort zeigte, wie man mit legitimen Landesvätern umzugehen habe. Hatten die verbündeten Monarchen sechs Wochen vertrödelt, um mit dem sächsischen König zu verhandeln, ohne etwas zu erreichen, so stellte Napoleon ihm die Wahl, sich binnen sechs Stunden zu entscheiden, ob er entthront sein oder in sein Land zurückkehren und sich mit allem, worüber er verfüge, in die französische Botmäßigkeit begeben wolle. Es versteht sich, daß diese deutliche Sprache ihre Wirkung tat und der sächsische König sofort wieder als getreuer Vasall zu den Füßen des gekrönten Plebejers kroch.

Die verbündeten Heere lugten derweil nach der österreichischen Hilfe aus. Scharnhorst, der bei Lützen am Fuße verwundet worden war, ging nach Böhmen, um sie zu betreiben. Da er sich zu wenig schonte, so verschlimmerte sich die anfangs nicht gefährliche Wunde, und er starb nach wenigen Wochen in Prag, ohne das Heer, das er in erster Reihe mit bewundernswerter Energie und Umsicht geschaffen hatte, jemals siegreich gesehen zu haben. Aber auch, wenn er am Leben geblieben wäre, so wäre er einstweilen nicht an sein Ziel gelangt. Die verbündeten Heere blieben vorläufig auf sich selbst angewiesen, und sie entschlossen sich, bei Bautzen eine Defensivschlacht anzunehmen, zumal da die Russen durch angeblich 10 000 oder 12 000 Mann, die der General Barclay de Tolly von dem eroberten Thorn herbeiführte, nicht unwesentlich verstärkt worden waren.

Zu dieser Schlacht kam es am 20. und 21. Mai, und sie ging abermals verloren, teils durch die Unvernunft des Zaren, der um so dreister in den Heerbefehl dreinredete, je tiefer das Ansehen Wittgensteins durch den Mißerfolg bei Lützen gesunken war, teils auch durch die starke Überlegenheit Napoleons, der hier mit 150 000 gegen 90 000 Mann kämpfte. Der Rückzug ging nach Schlesien hinein, und Barclay de Tolly, der als Oberbefehlshaber an Wittgensteins Stelle getreten war, wollte selbst nach Polen zurück, um das russische Heer wiederherzustellen.

Dem widersetzten sich die preußischen Generale aufs äußerste, und das Bündnis drohte auseinanderzukrachen, als ein Waffenstillstand, der am 4. Juni in Pläswitz geschlossen wurde, vorläufig den Krieg beendete.

Nach seinem Sturze hat Napoleon den Waffenstillstand von Pläswitz für den größten Fehler seines Lebens erklärt, und sicherlich hat der Waffenstillstand seinen Gegnern größeren Nutzen gebracht als ihm selbst. Gleichwohl hatte er triftige Gründe, ihn anzubieten.

Seine Lage war keineswegs so glänzend, wie sie nach außen erschien. Er hatte mit seinen jungen Konskribierten zwei große Schlachten siegreich geschlagen, aber unter verhältnismäßig großen Verlusten; mindestens bei Bautzen hatte er sogar ungleich mehr Mannschaften verloren als die Gegner. Zudem entging ihm die eigentliche Frucht der Siege, da ihn der Mangel an Reiterei an einer nachdrücklichen Verfolgung hinderte. Noch mehr als die Schlachten lichteten die Märsche die Reihen seines Heeres. Er hatte jetzt nicht mehr Veteranen unter sich, die an alle Strapazen des Krieges gewöhnt und ihnen gewachsen waren, sondern junge Milchgesichter, die leicht verwilderten, wenn bittere Not an sie herantrat. Die innere Zerrüttung des Heeres wuchs von Tag zu Tag; Marodieren, Plündern und Verwüsten griff immer weiter um sich, ähnlich wie bei dem verhängnisvollen Marsche auf Moskau.

Wenn so das eigene Heer zu versagen begann, so konnte Napoleon sich nicht der Einsicht verschließen, daß er mit ernsthafteren Feinden zu tun hatte als jemals früher. Es waren nicht mehr die preußischen Soldaten von Jena, mit denen er bei Lützen und Bautzen gekämpft hatte. Sein böses Gewissen ließ ihn besonders die Volkserhebung in den preußischen Provinzen fürchten, die er so über alles Maß ausgeraubt hatte. Der geniale Erbe der Französischen Revolution schämte sich selbst nicht, mit dem »roten Gespenst« herumzufuchteln, von »Anarchie und Revolution« zu schwatzen, die seine Feinde gegen ihn aufböten, während er nie zu so verwerflichen Mitteln gegen sie gegriffen hätte. Ebenso wie durch dies Gefasel verriet er seine heimliche Angst durch die Grausamkeit, womit er die Lützower Freischar niedermetzeln ließ, in der sich die volkstümlichen Elemente des Krieges gewissermaßen verkörperten. Am 17. Juni wurde sie bei Kitzen, in der Nähe des Lützener Schlachtfeldes, durch 4000 Mann, darunter zwei württembergische Regimenter, das heißt durch eine zehnfache Übermacht, überfallen. Freilich war Lützow selbst nicht ohne Schuld; nach der Bestimmung des Waffenstillstandes hätte er sich bis zum 12. Juni auf das rechte Elbufer zurückziehen müssen. Aber Napoleon erreichte mit diesem Gewaltstreich nur das Gegenteil des erstrebten Zweckes; statt Schrecken einzujagen, steigerte er den Haß gegen seine Herrschaft.

Auch diplomatische Gründe veranlaßten ihn, einen Waffenstillstand zu wünschen. Bereits vor der Schlacht bei Bautzen hatte sich Österreich zur Vermittlung zwischen den kriegführenden Mächten erboten, und diese Vermittlung war dem französischen Kaiser im höchsten Maße verhaßt. Er hatte eifrig um Österreichs Hilfe geworben, ihm sogar, nach dem Bruche mit Preußen, die Provinz Schlesien angeboten, jedoch Metternich hatte sich auf sehr ängstliche und vorsichtige, aber nicht ungeschickte Weise aus dem französischen Bündnis zu lösen gewußt, das er im Frühjahr 1812 eingegangen war.

Die Vorwürfe, die gegen die damalige Politik Metternichs erhoben worden sind, lassen sich nicht aufrechterhalten, wenigstens nicht, soweit sie von preußischer Seite kommen. In seiner Abneigung gegen volkstümliche Bewegungen war Metternich nicht schuldiger als der preußische König selbst, und gegenüber der preußischen Diplomatie, die bei der Wahl zwischen der französischen und russischen Gefolgschaft die kostbarste Zeit versäumte, war Metternich darauf bedacht, sich gegen die französische wie gegen die russische Übermacht zu sichern und derweil zu rüsten, bis er die Entscheidung zwischen beiden in der Hand hatte. Es spricht für die Politik Metternichs, die gewiß selbstsüchtig, aber nicht selbstsüchtiger war als die Politik aller anderen Kabinette, daß Napoleon sich von ihm geprellt glaubte und lieber noch mit dem Zaren verhandeln wollte als mit einem Vermittler, der nichts getan und nichts verloren hatte, aber für seine Vermittlung hohen

Lohn beanspruchte. So war der Versuch, mit dem Zaren ins reine zu kommen, ein Grund mehr für Napoleon, den Waffenstillstand zu wünschen. Entweder gelang es ihm, den Zaren abermals zu übertölpeln, oder aber, wenn Alexander diesmal bei seinem preußischen Verbündeten aushielt, die Waffenruhe zu Rüstungen auszunutzen, die ihm die siegreiche Beendigung des Krieges ermöglichten, selbst wenn Österreich sich auf die Seite seiner Feinde schlug.

Der Fehler in seiner Rechnung war nur, daß der Zar alle getrennten Verhandlungen ablehnte; er ließ den Gesandten Napoleons, der ihm sehr lockende Anerbietungen machen sollte, nicht einmal vor sich. Und selbst den Waffenstillstand erlangte Napoleon nur unter der Bedingung, daß die Verhandlungen über den Frieden während der Waffenruhe durch österreichische Vermittlung geführt werden sollten. So war Napoleon von vornherein auf neue Rüstungen angewiesen, wobei er insofern im Nachteil war, als Preußen und Rußland im eigenen Lande oder nahe dem eigenen Lande ausgiebiger rüsten konnten. Die preußische Landwehr verdankte dem Waffenstillstand ihre Organisation, und auch aus Rußland wälzten sich neue Truppenmassen heran.

Der Waffenstillstand sollte bis zum 20. Juli währen. Seine Demarkationslinie wurde so gezogen, daß den Franzosen ganz Sachsen und ein Teil von Niederschlesien bis an die Oder blieb. Ein 5 bis 7 Meilen breiter Strich mit der Stadt Breslau wurde für neutral erklärt. Wie die preußischen Generale den Waffenstillstand aufs heftigste bekämpft hatten, so rief er in der Bevölkerung tiefe Niedergeschlagenheit hervor, da man ihn für den Vorboten eines faulen Friedens hielt. Um den niederziehenden Eindruck abzuschwächen, veröffentlichte Clausewitz eine kleine Schrift, worin er darlegte, was sich durch die Erfahrung bestätigen sollte, daß die Streitkräfte der Verbündeten während der Waffenruhe stärker wachsen mußten als die Streitkräfte Napoleons.

Zunächst wurde am 14. Juni in Reichenbach [Schlesien] das Bündnis Preußens mit England fertig, das schon lange verhandelt, aber bisher noch nicht abgeschlossen war: nicht durch die Schuld Preußens, das ohne die englischen Subsidien gar nicht an die Fortsetzung des Krieges denken konnte, sondern weil die englischen Unterhändler in wahrhaft kläglicher Weise um eine Vergrößerung des Kurfürstentums Hannover aus ehemals preußischem Besitz feilschten. Hardenberg versprach endlich eine »Abrundung« von 250 000 bis 300 000 Seelen, und nun einigte man sich, daß England bis zum Schlusse des Jahres 666 666 Pfund Sterling zahlen und Preußen dafür 80 000 Mann ins Feld stellen sollte. Es war eine verhältnismäßig geringe Summe, und sie wurde zum Teil in allzu teuer angerechneten oder selbst unbrauchbaren Uniformen gezahlt. Am nächsten Tage schloß auch der Zar mit England ab; für 160 000 Mann, die er stellen sollte, erhielt er 1 333 333 Pfund Sterling, brauchte sich aber bei der geographischen Lage Rußlands wenigstens nicht mit der welfischen Habgier herumzuschlagen.

Noch weniger erhebend war die Verhandlung mit Schweden, die ebenfalls in der Zeit des Waffenstillstandes zum Abschluß gelangte. Seitdem der ehemalige französische Marschall zum Kronprinzen von Schweden erwählt worden war, ging sein ganzes Sinnen und Trachten auf den Erwerb Norwegens; er wollte sich dadurch im Lande befestigen, daß er einen Ersatz für das von den Russen eroberte Finnland schaffte. Bei Napoleon, unter dessen höherer Genehmigung seine Wahl zum schwedischen Kronprinzen erfolgt war, fand er jedoch kein Gehör, schon weil Norwegen einstweilen noch zu Dänemark gehörte, das mit Frankreich eng verbündet war. So entschloß sich Bernadotte, als der Krieg zwischen Rußland und Frankreich ausbrach, die russische Partie zu nehmen. Er zog sich dann freilich behutsam zurück, als Napoleon siegreich gegen Moskau vordrang, aber nur, um nach der Katastrophe der Großen Armee wieder in die Arme Rußlands und Englands zu stürzen und sich für die europäische Freiheit zu begeistern, immer unter der Bedingung, daß er Norwegen erhielte.

Rußland und England bemühten sich in der Tat, Dänemark zu ködern, indem sie ihm als Ersatz für Norwegen die beiden Mecklenburg, das schwedische und vielleicht auch das preußische Pommern versprachen; Bernadotte gab noch Hamburg und Lübeck in den Kauf. Aber in Kopenhagen konnte man sich lange nicht entschließen und hielt schließlich an dem französischen Bündnis fest. Nun landete Bernadotte am 18. Mai mit einem kleinen Heere in Stralsund, um Norwegen in Deutschland zu erobern; seine erste völkerbefreiende Tat bestand darin, daß er einen seiner Generale, der einem Hilferuf des von Davoust hart bedrängten Hamburgs gefolgt war, vor ein Kriegsgericht stellen und kassieren ließ.

Preußen hatte nun schon im April ein Bündnis mit Schweden geschlossen und sich verpflichtet, eine Streitmacht von 27 000 Mann unter den Befehl Bernadottes zu stellen, sobald er in Deutschland lande. Aber Preußen hatte sich geweigert, eine Bürgschaft für den Erwerb Norwegens zu übernehmen, solange noch einige Aussicht war, daß Dänemark von Napoleon abfallen würde. Nachdem diese Aussicht geschwunden war, verbürgte nun auch der preußische König am 22. Juli der Krone Schwedens, die dafür dem Kalischer Bündnis beitrat, die norwegische Beute, obendrein unter der schmählichen Verpflichtung, Dänemark nötigenfalls mit deutschem Lande zu entschädigen.

Viel wichtiger als die Verhandlungen mit Schweden und selbst mit England waren die Verhandlungen mit Österreich. Als Bedingungen des Friedens, den er vermitteln wollte, schlug Metternich vor, Napoleon solle die illyrischen Provinzen, die er 1809 erobert hatte, an Österreich zurückgeben, das damit die verlorene Position am Adriatischen Meere wiedergewann; ferner solle er das Herzogtum Warschau aufgeben, das unter Österreich, Preußen und Rußland geteilt werden sollte; weiter solle er die Oderfestungen räumen und endlich die Hansastädte Hamburg und Lübeck wiederherstellen. Diese Bedingungen waren in erster Reihe den österreichischen Interessen auf den Leib geschnitten, was sich im Grunde nach der herrschenden Staatsräson von einem österreichischen Minister auch nicht anders erwarten ließ. Als Vermittler maß Metternich aber mit ungleichem Maße. Auf die Forderungen der Verbündeten: Wiederherstellung der preußischen und österreichischen Macht, Auflösung des Rheinbundes und des Herzogtums Warschau, Rückgabe der Nordseeküste, endlich Unabhängigkeit von Holland, Italien und Spanien wollte er kleine Abschlagszahlungen leisten. Dagegen sollte Napoleon einige nicht allzu bedeutende Außenwerke opfern, aber sonst die ganze Machtfülle behaupten, die ihm die Herrschaft über Frankreich, Holland, Italien, Spanien und den Rheinbund gab.

Metternichs Verfahren erklärte sich daraus, daß er aufrichtig den Frieden wünschte. Er wollte seinem Staate wieder eine angesehene und unabhängige Stellung zwischen Frankreich und Rußland sichern; kriegerische Absichten und Neigungen lagen ihm und noch weit mehr seinem Herrn, dem Kaiser Franz, vollkommen fern. Er fürchtete Napoleon aber viel mehr als den Zaren oder gar den preußischen König; diesen durfte er schon eher etwas bieten als jenem.

Im allgemeinen trog ihn diese Rechnung auch nicht. Die Verbündeten schwankten sehr lange, ob sie die österreichischen Friedensbedingungen annehmen sollten. Sie haben es schließlich am 27. Juni in dem Vertrag von Reichenbach getan, aber doch nur unter der Bedingung, daß, wenn Napoleon bis zum 20. Juli die Vorschläge Metternichs nicht genehmige, Österreich sofort die Waffen ergreifen und sie mit 150 000 Mann unterstützen solle. Sie hegten die Überzeugung, daß es Metternich bei Napoleon nicht glücken würde, und diese Rechnung trog sie wiederum nicht.

Als Metternich sich am 25. Juni nach Dresden begab, um mit Napoleon zu unterhandeln, wurde er zunächst mit heftigen Vorwürfen über das falsche Spiel des österreichischen Kabinetts empfangen. Auch von den österreichischen Friedensbedingungen wollte der Kaiser nichts wissen, was immerhin nicht bloß, wie unendlich oft geschehen ist, seinem Eigensinn und Hochmut zugeschrieben zu werden braucht. Vorläufig stand er noch siegreich im Felde, und so verhältnismäßig gering die Opfer waren, die ihm zugemutet wurden, so handelte es sich dabei großenteils um Provinzen und Städte, die noch in seiner Gewalt waren. Das Herzogtum Warschau war von Rußland erobert, und die Oderfestungen wurden wenigstens von den verbündeten Truppen belagert, aber Illyrien und die Hansastädte waren noch ganz unangefochtener Besitz Napoleons. Freiwillig preiszugeben, was ihm durch die Gewalt der Waffen nicht entrissen werden konnte, war eine Zumutung, die jeder Souverän in seiner Lage abgelehnt haben würde, zumal da der Hauptteil der Beute der vermittelnden Macht zufallen sollte, die noch keinen Finger darum naß gemacht hatte.

Napoleon und Metternich erkannten, daß weitere Verhandlungen keinen Zweck mehr hatten. Wenn sie sich dennoch einigten, den Waffenstillstand bis zum 10. August zu verlängern und inzwischen einen Friedenskongreß nach Prag zu berufen, so geschah es, weil beide Teile noch einige Zeit für ihre Rüstungen brauchten. Bei den Russen und namentlich bei den Preußen kam Metternich damit schlecht an; sie machten kein Hehl daraus, daß sie im äußersten Falle auch ohne Österreich den Krieg fortsetzen würden. So wurde Metternich auch von dieser Seite zu einem entscheidenden Entschluß gedrängt; ausschalten konnte er sich nicht mehr aus dem Spiel, ohne daß Österreich in die gefährlichste Lage geriet, sei es nun, daß die Franzosen oder die Verbündeten das Feld behaupteten.

Unter diesen Umständen wurde aus dem Friedenskongreß in Prag eine reine Posse. Es kam nicht einmal zu einer gemeinschaftlichen Sitzung der Bevollmächtigten; man tauschte einige spitze Noten aus über formelle Fragen; zu einer sachlichen Einigung war noch kein Versuch gemacht, als der Waffenstillstand am 10. August ablief.

5. Der Herbstfeldzug

Während der Waffenruhe war auf beiden Seiten gewaltig gerüstet worden, und die feindlichen Heere hielten sich nun nahezu das Gleichgewicht. Die Verbündeten verfügten im freien Felde über 492 000 Mann, darunter 165 000 Preußen, und in Polen sammelte der General Bennigsen ein neues russisches Heer. Dagegen musterte Napoleon — außer den Besatzungen der Festungen, die auf dem Kriegsschauplatz lagen — nur 440 000 Mann, und er war auch an Geschützen und Reitern noch immer verhältnismäßig schwächer als seine Gegner, aber dafür hatte er den unschätzbaren Vorzug eines einheitlichen Heerbefehls.

Um ihre Länder gegen einen Angriff Napoleons zu decken, der seine Kriege bisher stets als Angreifer geführt hatte, teilten die Verbündeten ihre Streitkräfte in drei Heere. Das stärkste, etwa die Hälfte ihrer gesamten Truppen, stand in Böhmen, da man in erster Reihe voraussetzte, daß Napoleon einen großen Angriff gegen Wien unternehmen werde. Es wurde vom Fürsten Schwarzenberg befehligt, einem österreichischen Magnaten, der bisher noch keine namhafte Kriegstat aufzuweisen und dazu die drei Monarchen im Lager hatte. Es umfaßte die ganze österreichische Streitmacht, daneben aber noch russische und preußische Kräfte, von Preußen das Korps des Generals Kleist, dem Grolman als Stabschef beigegeben war.

Das zweite Heer, und zwar das kleinste — es zählte gegen 100 000 Mann —, stand in Schlesien unter dem Oberbefehl Blüchers, der auch noch keine Siege aufzuweisen, aber sich im Frühjahrsfeldzug in hervorragender Weise bewährt hatte. Nach dem Tode Scharnhorsts war jetzt Gneisenau sein erster Berater. Dies Heer bestand aus drei ungleichen Heerhaufen, zwei russischen, einem größeren von etwa 40 000 und einem kleineren von etwa 18 000 Mann, und einem preußischen unter dem General Yorck. Wenn die beiden russischen Generale sich nicht gern der preußischen Führung fügten, so war

Yorck unversöhnlich mit Gneisenau verfeindet. Bei aller militärischen Tüchtigkeit war er noch zu sehr von der methodischen Kriegführung der alten Schule befangen, als daß ihm die genialere Art Gneisenaus, der sich vollkommen in die napoleonische Strategie und Taktik eingelebt hatte, nicht im höchsten Grade anstößig gewesen wäre, wozu dann noch persönliche Eifersüchteleien kamen, da Yorck ein älteres Generalspatent besaß als Gneisenau.

Das dritte Heer endlich war etwa um die Hälfte stärker als das schlesische Heer. Es stand im Norden, zumeist in der Mark Brandenburg, um Berlin zu decken, und wurde vom Kronprinzen von Schweden geführt, der lächerlicherweise im Lager der Verbündeten als unvergleichliches Kriegsgenie galt, weil er einmal französischer Marschall gewesen war. Dabei hatte sich Bernadotte nicht einmal im französischen Kriegsdienst besonders ausgezeichnet. Er verdankte seine Marschallswürde viel mehr seiner Verschwägerung mit einem Bruder Napoleons als hervorragenden Kriegstaten; hinter Davoust, Massena, Ney, Soult und anderen Marschällen hatte er immer in zweiter Reihe gestanden, und nun gar mit Napoleon konnte er sich nicht entfernt messen. Seine späteren Kriegstaten sind denn auch ebenso mäßig geblieben wie seine früheren, wenngleich neuere Forscher dafür eingetreten sind, daß die Eifersucht der preußischen Generale, die unter ihm dienten, sein schlaffes und zweideutiges Verhalten etwas gar zu sehr ins Schwarze gemalt habe.

Den Kern des Nordheeres bildeten zwei preußische Heerhaufen, von denen der eine unter dem General Bülow, der andere unter dem General Tauentzien stand. Tauentzien war ein höfischer General, der im Jahre 1806 sich wenig fähig erwiesen hatte und besonders von Gneisenau geringgeschätzt wurde. Doch hielt ihn die Gunst des Königs und auch des Zaren; immerhin war sein Korps, das fast ganz aus Landwehren bestand, vorzugsweise für den Belagerungsdienst bestimmt. Ungleich bedeutender war der General Bülow, obgleich er, wie Kleist und Yorck, mehr zur alten Schule neigte; dazu war Boyen sein Stabschef. Neben den beiden preußischen Korps standen im Nordheer ein russisches Korps unter dem General Wintzingerode und die 24 000 wenig kriegstüchtigen Schweden, die Bernadotte mitgebracht hatte, endlich noch allerlei Kleinkram an Truppen, die zwischen der Elbe, der Oder und der Meeresküste zerstreut waren: die russisch-deutsche Legion aus dem Jahre 1812, die Reste der Lützower, mecklenburgische Landwehr, auch ein paar tausend Mann hannöverscher und englischer Soldaten usw.

Der Kriegsplan der Verbündeten zeichnete sich, wie gewöhnlich bei Koalitionskriegen, nicht durch besondere Klarheit aus. Erst sollten die drei Heere konzentrisch gegen den Feind vorgehen und sich in dessen Lager treffen, was ganz napoleonisch gedacht war und von Toll, dem fähigsten Strategen des russischen Heeres, vorgeschlagen wurde. Aber dann kamen die Bedenken, und so leuchtete den verbündeten Hauptquartieren der Vorschlag Bernadottes ein, daß die drei Heere vereinzelt vorrücken, dasjenige aber, das auf die Hauptmacht Napoleons stoßen würde, sich zurückziehen solle, worauf dann die beiden anderen Heere dem verfolgenden Feinde in Flanke und Rücken fallen sollten. Zunächst ist nach diesem Plane verfahren worden, bis dann die herbe Notwendigkeit auf den ersten, kühneren Plan zurückführte.

Auch über den französischen Kriegsplan ist viel gestritten worden, zumal da Napoleon zum erstenmal in seiner langen Feldherrnlaufbahn auf den Angriff verzichtete. Doch ist aus seinen Handlungen zu erkennen, worauf er hinauswollte. Was seinen Gegnern am wahrscheinlichsten dünkte, war am wenigsten seine Absicht; er dachte durchaus nicht an einen Zug gegen Wien, da er dann seine Stellung in Sachsen und Norddeutschland hätte aufgeben müssen. Wohl hatte er aber schon vor und nach der Schlacht bei Bautzen an einen Zug gegen Berlin gedacht und nach dieser Schlacht den Marschall Oudinot abgesandt, der jedoch am 4. Juni durch Bülow in einem blutigen Gefecht in dem Städtchen Luckau zurückgeschlagen wurde. An demselben Tage begann der Waffenstillstand, nach dessen

Ablauf Napoleon sofort den Marschall Oudinot wiederum, diesmal mit drei Korps, gegen Berlin entsandte. Es waren etwa 70 000 Mann, kaum ein Drittel Franzosen, reichlich zur Hälfte deutsche Truppen. Zugleich sollte der General Girard von Magdeburg mit 9000 Mann auf Berlin marschieren und ebenso Marschall Davoust von Hamburg aus mit französischen und dänischen Truppen.

Während dieses Zuges nach Berlin wollte sich Napoleon mit der Hauptmasse seines Heeres gegenüber den böhmischen und den schlesischen Heeren in der Verteidigung halten. Gelang es ihm, die feindlichen Streitkräfte im Norden zu besiegen, ins Meer zu werfen oder über die Oder zu treiben, so hatte er den Rücken frei und einen großen Teil Preußens, namentlich die preußische Hauptstadt, in seiner Gewalt. Er konnte den Herd des volkstümlichen Widerstandes zerstören und, gestützt auf die Oder- und Weichselfestungen, die noch in seiner Hand waren, dazu sich vom Lande nähernd, einen gewaltigen Angriff in der Richtung nach Süden unternehmen, falls ihm die preußischen und russischen Truppen nicht schon entgegenkamen, wo er dann alle Vorteile für sich gehabt hätte.

Dieser Feldzugsplan scheiterte aber zunächst daran, daß der Zug gegen Berlin mißlang. Oudinot kam bis Großbeeren, von wo er nur wenige Meilen bis an sein Ziel hatte. Bernadotte wollte die Stadt preisgeben, allein die preußischen Generale widersetzten sich, und es gelang ihnen, am 23. August bei Großbeeren eines der drei französischen Korps, das Korps Reynier, zu zertrümmern, worauf sich Oudinot nach Wittenberg zurückzog. Die Landwehr schlug sich vortrefflich bei Großbeeren; der märkische Bauer focht hier im engsten Sinne für Haus und Hof. Als ihre mehr oder minder unbrauchbaren Flinten an dem regnerischen Tage versagten, schlug sie mit den Kolben drein. Aber auch die sächsischen Truppen, die einen Teil des Korps Reynier bildeten, fochten sehr tapfer; nicht auf sie fällt die Schuld dieser Niederlage, wie die französischen Geschichtsschreiber zu behaupten pflegen, sondern auf die sonst auch unrühmlich bekannte französische Division Durutte, die neben den Sachsen das zertrümmerte Korps bildete. Eine Verfolgung der geschlagenen Feinde fand dank der vorsichtigen Kriegführung Bernadottes nicht statt.

Auf die Kunde von Großbeeren zogen sich auch die Truppen Davousts und Girards zurück. Aber Girard wurde auf dem Rückzug von einem Korps kurmärkischer Landwehr, das zur Beobachtung vor Magdeburg stand, am 27. August bei Hagelberg überfallen und völlig aufs Haupt geschlagen. Auch hier arbeitete die Landwehr mit den Kolben, doch ist die blutrünstige Phantasie, worin preußische Historiker den Leichenhaufen von 4000 Franzosen schildern, denen das Hirn aus den zerschmetterten Schädeln gequollen sei, erfreulicherweise nur der bestialische Ausbruch eines blöden Patriotismus. Tatsächlich sind nur etwa dreißig Franzosen in dieser Weise umgekommen.

Inzwischen war die Hauptmacht Napoleons auch mit dem böhmischen und dem schlesischen Heere aneinandergeraten. Am heftigsten drängte das schlesische Heer vor, obgleich es ungleich schwächer war als das böhmische und nach den Plänen der Verbündeten eine mehr untergeordnete Rolle spielen sollte; mit großer Mühe hatte Blücher eine halbe Zusage erreicht, daß er unter sehr günstigen Umständen eine Schlacht annehmen könne. Aber im Hauptquartier des schlesischen Heeres war Herz und Hirn der verbündeten Heere. Gegen Blücher und Gneisenau kamen die Bernadotte und die Schwarzenberg nicht entfernt auf, weder was den Verstand noch was den Willen anbetraf; brannte den preußischen Generalen das Feuer doch auch ganz anders auf den Nägeln als den österreichischen, russischen oder gar schwedischen!

Das schlesische Hauptquartier hielt sich dabei durchaus an den allgemeinen Feldzugsplan. Sobald es durch sein heftiges Vordrängen die Übermacht des Feindes auf sich gelenkt hatte, wich es zurück, unter heftigen Gefechten, auf demselben Weg, den es gekommen war. Das hatte freilich schwere Nachteile für die Truppen, namentlich des Korps Yorcks, das unter seinen 45 Bataillonen nicht weniger als 24 Bataillone ganz kümmerlich ausgerüsteter Landwehr zählte. Manche Truppenteile hatten drei Nachtmärsche hintereinander machen müssen, waren vier Tage lang nicht zum Abkochen gekommen. Yorck kam in den heftigsten Zwist mit Blücher und Gneisenau, denunzierte sie beim König wegen völligen Ruins des Heeres.

Das Verfahren des Hauptquartiers war aber durch seinen Entschluß geboten, bei der ersten Gelegenheit einen großen Schlag zu führen und doch der erdrückenden Überlegenheit des Feindes immer rechtzeitig auszuweichen. Und es konnte schon nach wenigen Tagen seinen großen Schlag führen. Sobald Napoleon erkannte, daß Blücher ihm auswich, und gleichzeitig die Nachricht erhielt, daß auch das böhmische Heer über das Erzgebirge vorbreche und Dresden bedrohe, kehrte er mit einem Teil seines Heeres um. Etwa 80 000 Mann hinterließ er in Schlesien unter dem Marschall Macdonald mit dem Befehl, das weichende Heer Blüchers noch über Jauer zurückzutreiben und dann eine gesicherte Stellung am Bober einzunehmen. Am 26. August marschierte Macdonald vorwärts, stieß aber unvermutet auf den schon wieder vordrängenden Feind. Es geschah an der Katzbach, einem kleinen Flusse, der durch mehrtägigen Regen zu einem reißenden Strome angeschwollen war. Das schlesische Heer wollte ihn gerade überschreiten, durch die aufs höchste gesteigerten Strapazen in gedrückter Stimmung, als die Vorposten meldeten, daß die Franzosen sich eben anschickten, in Massen über den Fluß zu setzen. Sofort war der Entschluß gefaßt, sie herüberkommen zu lassen und sie dann vom Ufer, einer hoch über dem Flußbett liegenden Ebene, hinabzuwerfen.

So geschah es und mit durchschlagendem Erfolg. Da eine Division Macdonalds noch weit vom Schlachtfeld entfernt war, so hatte das ohnehin stärkere schlesische Heer die Überzahl, und es gelang ihm, zwei französische Divisionen und die Hauptmasse der Reiterei in die Katzbach und deren Nebenfluß, die wütende Neiße, zu werfen. Eine rastlose Verfolgung, die das französische Heer völlig auflöste, vollendete den Sieg. Freilich hatten die furchtbaren Strapazen, womit er gewonnen worden war, auch die Landwehr hart mitgenommen, so daß viele Wehrmänner das Heer verließen.

An demselben 26. August und dem nächstfolgenden Tage ging Napoleon gegen das böhmische Heer vor, das bis Dresden vorgedrungen war. Gemäß dem Feldzugsplan wich es über das Erzgebirge zurück, aber unter sehr schweren Verlusten, etwa 50 000 Mann. Doch erlitt auch Napoleon eine empfindliche Schlappe. Da er annahm, daß die verbündeten Truppen westwärts ausgewichen seien, schickte er das Korps Vandamme über das Erzgebirge, um einen Beutezug in die feindliche Bagage zu machen. Es geriet dort aber mitten in das böhmische Heer, das seinen Rückzug über das Erzgebirge genommen hatte, und wurde am 30. August bei Kulm völlig aufgerieben.

Diese ersten Gefechte und Schlachten hatten das Gleichgewicht der Kräfte zwischen den kriegführenden Teilen noch nicht so wesentlich geändert, daß Napoleon auf seinen Kriegsplan schon verzichtet hätte. Er wollte sich jetzt selbst an die Aufgabe machen, Berlin zu erobern, aber er wurde wieder gefesselt durch das hitzige Vordringen Blüchers, der die Trümmer des Macdonaldschen Heeres vor sich hertrieb. So setzte er den Marschall Ney an die Spitze der Truppen, die Oudinot hatte nach Berlin führen sollen und die Napoleon ansehnlich verstärkte. Aber während er selbst gegen Blücher nichts ausrichtete, der ihm ganz in der früheren Weise auswich, wurde Ney am 6. September bei Dennewitz »vollständig geschlagen«, wie er selbst an seinen Kaiser berichtete.

Damit war der Feldzugsplan Napoleons gescheitert, und seine ganze Lage hatte eine bedenkliche Verschlechterung erfahren. In den aufreibenden Hin- und Hermärschen und durch die wiederholten Niederlagen hatte er nun doch ungleich mehr eingebüßt als die Verbündeten, und auch die moralische Haltung seiner Truppen hatte schwer gelitten; zu vielen Tausenden zogen die Versprengten einzeln durch das Land und suchten in die Heimat zu entkommen. Auch war die Verpflegung in dem ausgezehrten Lande kaum noch zu beschaffen; bitterer Mangel stellte sich ein, und die Zufuhren, namentlich an Munition, wurden durch die zahlreichen Streifscharen der verbündeten Heere sehr erschwert. Zudem begannen die getreuen Vasallen des Rheinbundes zu wanken; bei Dennewitz war bereits ein Bataillon des sächsischen Leibregiments zu den Preußen übergegangen, und der größte der Rheinbundstaaten, das von Napoleon mit Gnade und Gunst überschüttete Bayern, knüpfte mit Österreich an, um seinen Übertritt möglichst vorteilhaft zu verschachern.

So trat ein Stillstand von mehreren Wochen in den militärischen Bewegungen ein. Das böhmische Heer wartete auf das russische Reservekorps, das Bennigsen aus Polen heranführte; das schlesische Heer sollte den Anmarsch Bennigsens decken, und das Nordheer wagte nicht, die Elbe zu überschreiten, die von Dresden bis Hamburg noch vom Feinde besetzt war. Napoleon aber mußte sich ganz auf die Verteidigung beschränken; er lauerte auf eine Unvorsichtigkeit der Feinde, die ihm gestattete, sie mit überlegenen Kräften anzufallen.

Währenddessen war auch die Diplomatie am Werke. Am 9. September wurden in Teplitz neue Bündnisverträge unterzeichnet, die weit über die Reichenbacher Abmachungen hinausgingen. Auflösung des Rheinbundes, gänzliche Beseitigung der französischen Herrschaft auf dem rechten Rheinufer, Wiederherstellung des österreichischen und des preußischen Staates von 1805 wurden als Ziele des Krieges von allen verbündeten Mächten anerkannt. Das Schicksal des Herzogtums Warschau wurde einer »freundschaftlichen Verständigung« vorbehalten, den deutschen, zwischen Österreich, Preußen und dem Rheine gelegenen Staaten aber die »unbedingte und volle Unabhängigkeit« zugesichert.

Mit der »freundschaftlichen Verständigung« hatte es seinen eigenen Haken. Der Zar durfte noch nicht wagen, seine polnischen Gelüste zu offenbaren, von denen er wußte, daß sie auf den heftigen Widerspruch namentlich Österreichs stoßen würden; Österreich aber stellte sich an, als wisse es nicht, was mit »der freundschaftlichen Verständigung« gemeint sei. Einstweilen brauchten sie alle noch einander. Einen anderen Haken hatte es mit der »vollen und unbedingten Unabhängigkeit« der deutschen Mittel- und Kleinstaaten. Es klang so, als ob damit nur die Unabhängigkeit von der französischen Fremdherrschaft bezeichnet werden solle; gemeint war aber die unbedingte Souveränität jener Staaten, wie sich einen Monat später herausstellte, als Österreich im Oktober mit Bayern den Vertrag zu Ried abschloß.

Was den Kernstaat des Rheinbundes zum Abfall von Napoleon veranlaßte, war natürlich keine Spur von nationaler Regung, sondern die ängstliche Pfiffigkeit der Ratte, die das sinkende Schiff verläßt. Gleichwohl erhielt der König von Bayern die Anerkennung seines Besitzstandes — mit Austausch einiger Gebietsteile zwischen ihm und Österreich —, ferner trat er als gleichberechtigte Macht in die europäische Koalition ein, und endlich wurde ihm zugesichert, daß er »seine vollkommene Souveränität« genießen solle. Damit erhielt der Aufruf von Kalisch den letzten Gnadenstoß; was dem einen Rheinbundfürsten billig war, mußte den übrigen recht sein; wurde aber jeder dieser biederen Vaterlandsverräter innerhalb seiner Grenzen souverän, so war es mit einer nationalen Wiedergeburt des Deutschen Reiches vorbei.

Die preußischen Historiker gefallen sich darin, das Scheitern aller nationalen Hoffnungen auf das Konto Metternichs zu setzen, dessen heimtückische Verschlagenheit die arglosen Seelen des preußischen Königs und des Staatskanzlers Hardenberg umgarnt haben soll. Das ist natürlich nicht ernsthaft zu nehmen. Metternich hat sicherlich ein sehr reich ausgestattetes Sündenregister, aber als Minister eines Staates, dessen europäische Machtstellung ein zerrissenes Deutschland und ein zerrissenes Italien zur Voraussetzung hatte, brauchte er sich nicht für die deutsche oder die italienische Einheit zu begeistern; wenn er sich darüber alle heuchlerischen Redensarten schenkte, so war das insoweit eher zu loben als zu tadeln. Als nüchterner Politiker gab er den verschlissenen Plunder des habsburgischen Kaisertums, den sogar Stein ihm wieder aufdrängen wollte, freiwillig preis; die österreichische Hegemonie über Deutschland sicherte er viel fester durch die Souveränität der Mittel- und Kleinstaaten.

Die Tränen der preußischen Historiker fließen auch nur daher, daß Metternich offenherziger und namentlich erfolgreicher war als die preußischen Minister, mit deren nationalem Verständnis es ebensowenig weit her war. Was sie wollten, lief auf einen Plan hinaus, der schon wenige Jahrzehnte später als der ärgste Verrat galt: auf die Mainlinie; Preußen sollte über Nord- und Österreich über Süddeutschland herrschen. Etwas Besseres wußten weder Hardenberg noch Stein vorzuschlagen, und eben aus diesem Plane heraus hatten sie die Tätigkeit des Zentralverwaltungsrats auf Norddeutschland beschränkt, während es dem österreichischen Kabinett überlassen blieb, mit den süddeutschen Staaten zu verhandeln, was Metternich in dem Vertrag von Ried für seine habsburgischen Zwecke ausbeutete.

Inzwischen war der Bär noch nicht erlegt, dessen Fell geteilt werden sollte. Die verbündeten Heere hüteten sich zwar sorgfältig, sich einzeln von Napoleon überfallen zu lassen, aber ihn in seiner festen Stellung um Dresden anzugreifen, wo er sich auf die Elbe und das Erzgebirge stützte, wagten sie auch nicht. So kam es darauf an, ihn aus dieser Stellung herauszumanövrieren, indem man ihm auf dem linken Elbeufer in den Rücken fiel; in der sächsischen Ebene um Leipzig konnte man eher eine große Entscheidungsschlacht wagen. Für eine weitläufige Umgehung, die Schwarzenberg plante, sollte das schlesische an das böhmische Heer herangezogen werden, aber Blücher widersetzte sich dem; er hatte keine Lust, unter den Befehl eines so mittelmäßigen Oberbefehlshabers zu treten, wie Schwarzenberg war, mit noch dazu drei Monarchen im Lager. Statt des Linksabmarsches zum böhmischen Heere verlangte er den kühneren Rechtsabmarsch zum Nordheer, dessen preußische Generale schon offen gegen Bernadottes »Verräterei« meuterten und sich zum Anschluß an Blücher bereit erklärten. Ging das schlesische Heer nach Böhmen, so war nicht nur seine eigene Aktionskraft gelähmt, sondern es war dann mit aller Sicherheit zu erwarten, daß Bernadotte in völlige Untätigkeit versinken würde.

Halb erhielt Blücher von den Monarchen die Genehmigung seines Planes, halb nahm er sie sich selbst. Am 26. September, als die russische Reserve unter Bennigsen ihren Marsch vollendet hatte, brach er auf, unter heftigem Protest des russischen Bevollmächtigten in seinem Lager und trotz eines Befehles aus dem großen Hauptquartier, der ihm neue Hindernisse in den Weg legte. Am 3. Oktober war er bei Wartenburg an der Elbe und vollzog den Übergang unter einem überaus blutigen Gefecht, das Yorck leitete. Wie bei Großbeeren und Dennewitz kamen nur preußische Truppen ins Gefecht und namentlich Landwehren; die schlesischen Leineweber bedeckten sich hier mit Ruhm, wie in jenen anderen Schlachten die märkischen. Gneisenau, der nach der Schlacht an der Katzbach nicht hart genug über die schlesische Landwehr urteilen konnte, wußte sie jetzt nicht genug zu preisen. Nachdem er ein großenteils aus Leinewebern bestehendes Bataillon aus dem Hirschberger Kreise besonders gerühmt hatte, fügte er seinem Bericht an Hardenberg hinzu: »Möchte Ew. Exzellenz diese braven armen Leute sehen, wie sie der notdürftigsten Kleidungsstücke ermangeln und den Krankheiten und der Ermattung erliegen, es würde Ihnen das Herz pressen.«

Nachdem das schlesische Heer die Elbe überschritten hatte, folgte am nächsten Tage Bernadotte, den die preußischen und auch die russischen Generale des Nordheers längst dazu gedrängt hatten. Es geschah bei Aken und Dessau, ungehindert vom Feinde. Und zu gleicher Zeit begann auch das böhmische Heer aus dem Erzgebirge vorzubrechen und auf Leipzig zu marschieren, wohin von Norden die beiden anderen Heere kamen. Damit war Napoleons Stellung bei Dresden umgangen; er hatte nun alle feindlichen Streitkräfte im Rücken.

Das war ihm nichts weniger als unwillkommen; er hatte endlich die sehnlich erwartete Gelegenheit, zu schlagen. Er hinterließ in Dresden eine Besatzung von 30 000 Mann und warf sich aufs linke Elbeufer. Dem von Süden anmarschierenden böhmischen Heere stellte er einige Heerhaufen unter dem

Befehl seines Schwagers Murat, des Königs von Neapel, entgegen; er selbst wandte sich mit seiner Hauptmacht gegen die beiden Nordheere, die er einzeln oder zusammen schlagen und über die Elbe zurücktreiben wollte, worauf er dann mit dem böhmischen Heere gründlich abzurechnen gedachte.

Sein Plan hatte gute Aussicht, soweit es auf Bernadotte ankam. Dieser würdige Gascogner verlangte die allgemeine Retirade, sobald er von dem Herannahen Napoleons hörte. Blücher dagegen wollte die Schlacht annehmen, da er über einige 60 000, Bernadotte über ziemlich 90 000, Napoleon aber nur über 130 000 bis 140 000 Mann verfügte. Dazu war Bernadotte jedoch nicht zu bekommen. Mit Mühe und Not war er nur zu bewegen, nicht über die Elbe, sondern nach der entgegengesetzten Seite, über die Mulde und Saale, dem Angriff Napoleons auszuweichen, wobei die Heere wenigstens auf dem linken Elbeufer blieben. Als Sicherheitskommissarius verlangte Bernadotte dazu, daß Blüchers Heer die gefährdeteren Stellungen einnehme und er selbst sich hinter Blücher aufstellen dürfe. Napoleon, der gegen die Elbe vorstürmte, wo er die Feinde vermutete, entdeckte zu spät, wohin sie ihm ausgewichen waren, und konzentrierte sein Heer nun um Leipzig.

Hier fiel in den Tagen vom 16. bis 19. Oktober die Entscheidung des Feldzugs. Die Streitkräfte waren auf beiden Seiten am 16. Oktober ungefähr gleich. Von den 440 000 Mann, mit denen Napoleon den Feldzug eröffnet hatte, und 30 000 Mann an Nachschub waren etwa 90 000 Mann abgezweigt, namentlich nach Dresden und Hamburg, 180 000 waren in den zwei Monaten an Toten, Verwundeten, Kranken und Fahnenflüchtigen verlorengegangen. 185 000 Mann hatte Napoleon zur Stelle, und 15 000 Mann erreichten am folgenden Morgen noch den Anschluß. Mehr als 200 000 Mann hatten die Verbündeten aber auch nicht, da Bernadotte weder mit Gewalt noch Güte auf den Kampfplatz zu bringen war. Von Norden her rückte Blücher, von Süden her Schwarzenberg gegen die französische Stellung vor, die nach Westen durch die Stadt Leipzig und das Ratsholz gedeckt war, ein sumpfiges, mit Buschwerk bewachsenes Terrain zwischen den Flüssen Elster und Pleiße.

Im Norden wurde heftig um das Dorf Möckern gekämpft, das der Marschall Marmont in einer sehr starken Stellung mit 27 000 Mann gegen die 60 000 Mann des schlesischen Heeres standhaft verteidigte. Der Hauptteil der Blutarbeit fiel wieder dem Korps Yorcks zu, das mit dem Verlust von 5000 Mann, mehr als dem Viertel seiner Stärke, endlich den Sieg erstritt. Im Süden kämpfte Schwarzenberg bei dem Dorfe Wachau mit Napoleon selbst. Hier war die Übermacht auf französischer Seite, zumal da Schwarzenberg seine Truppen zum Teil so ungünstig aufgestellt hatte, daß sie keinen Teil am Kampfe nehmen konnten. Napoleon errang den Sieg, aber es war keiner jener zerschmetternden Schläge, wie er sie früher zu führen gewohnt war. Es scheint, daß er selbst schon am Abend dieses ersten Schlachttages den Feldzug verloren gegeben hat.

Dafür spricht, daß er am 17. Oktober, einem Sonntag, darauf verzichtete, den geschlagenen Feind von neuem anzugreifen, was ihn allein noch hätte retten können, sondern den gefangenen österreichischen General Merveldt mit entgegenkommenden Friedensbedingungen an die verbündeten Monarchen absandte. Diese gaben aber keine Antwort. Sie verzichteten an diesem Tage auch auf jeden Angriff, weil sie sehr ansehnliche Verstärkungen erwarten durften: Bennigsen führte ein Korps von 50 000 Mann heran, und auch Bernadotte rückte nun endlich in die Schlachtlinie ein; die Militärbevollmächtigten der verbündeten Heere in seinem Lager waren mit den heftigsten Vorstellungen auf ihn eingestürmt, und sowohl seine preußischen wie seine russischen Untergenerale machten kein Hehl mehr aus ihrer Absicht, im äußersten Falle ihm den Gehorsam aufzusagen.

Napoleon hatte bereits am Abend des 17. Oktober die ersten Befehle zum Rückzug gegeben, der durch die Stadt auf der Straße nach Westen sich vollziehen sollte. Er zog in der Nacht seine Truppen in einem engen Halbkreis um Leipzig zusammen. Griffen die Verbündeten am Morgen des 18. Oktober nicht an, so konnte er sich mit dem Scheine der Freiwilligkeit zurückziehen; im anderen Falle hoffte er noch, sie mit blutigen Köpfen zurückzuweisen. Aber die Verbündeten konnten nunmehr mit starker Überlegenheit angreifen. Ziffernmäßig verhielt sich ihre Macht zur französischen wie 3 zu 2; tatsächlich stellte sich das Verhältnis für Napoleon etwas günstiger, da Bernadotte nach wie vor seine kostbaren Schweden und die verbündeten Monarchen ihre Garden, ihr unersetzliches Paradespielzeug, dem Kampfe fernhielten. Ungefähr hatten 150 000 Franzosen mit 180 000 Mann verbündeter Truppen zu tun, und sie wußten auch jetzt noch einen Teil ihrer Stellungen siegreich zu behaupten. An anderen Stellen aber waren die Gegner so dicht an die Stadt gerückt, daß Napoleon bei einer Erneuerung der Schlacht am nächsten Tage die Gefahr der Vernichtung lief. So blieb es bei dem Rückzug. Ohne eine große Entscheidung im Kampfe selbst war die »Völkerschlacht bei Leipzig« zuungunsten Napoleons entschieden, jene vielbesungene Schlacht, von der ein neuerer Kriegshistoriker weniger prunkend, aber treffender gesagt hat, daß sie nur ein kolossales Nachtrabsgefecht gewesen sei.

Während sich die französischen Heeresmassen am 19. Oktober durch die engen Gassen der Stadt drängten, um auf die einzige Rückzugsstraße zu gelangen, unternahmen die verbündeten Truppen den Sturm auf die Stadt, der an mehreren Stellen gelang. Doch konnten die Franzosen den Rückzug vollenden; nur daß die zu frühzeitige Sprengung einer Elsterbrücke eine ganze Anzahl von ihnen abschnitt und in die Gefangenschaft brachte.

So trat Napoleon den Rückzug noch mit einem leidlich geordneten Heere an. Die Verfolgung entsprach nicht den Ansprüchen Gneisenaus; namentlich dem Korps Yorcks, das doch bei Wartenburg und Möckern so hart mitgenommen worden war, machte er heftige Vorwürfe; es war ohnehin von 40 000 auf 10 000 Mann zusammengeschmolzen. Aber der Rückzug selbst zerstörte, was Napoleon noch an Truppen besaß; wie am dritten Tage der Leipziger Schlacht schon 3000 bis 4000 Sachsen und auch ein Teil Württemberger zu den Verbündeten übergegangen waren, so verließen jetzt die deutschen Soldaten haufenweise die französischen Fahnen. Auch die jungen französischen Konskribierten liefen zu Tausenden auseinander. Zwar konnte Napoleon noch bei Hanau ein bayerisch-österreichisches Korps, das ihm den Weg versperren wollte, aufs Haupt schlagen, aber als er nach einem Marsche von dreizehn Tagen am 2. November den Rhein überschritt, hatte er neben 60 000 Nachzüglern nur noch 40 000 Mann in Waffen, und unter diesen richtete ein epidemisches Nervenfieber furchtbare Verheerungen an.

Verloren waren außerdem die starken Besatzungen in den Weichsel-, Oder- und Elbefestungen.

6. Der Winterfeldzug

In dem Herbstfeldzug hatte die Koalition der vier Großmächte gegen Frankreich leidlich zusammengehalten, obgleich sie gelegentlich auch schon wankte, so namentlich, als Napoleon das böhmische Heer bei dessen Vorstoß gegen Dresden zurückgeworfen hatte. Das gemeinsame Interesse, die französische Übermacht zu brechen, hielt England, Österreich, Preußen und Rußland am letzten Ende doch zusammen. Aber als dies Ziel erreicht war, brachen die widerstreitenden Interessen hervor, und es bildete sich innerhalb der verbündeten Heere eine Friedens- und eine Kriegspartei, die zähe miteinander rangen und zu einem fünfmonatigen Wechselspiel von diplomatischen Ränken und — alles in allem — kläglichen Heeresoperationen führten.

Hätte eine dieser Parteien das Übergewicht gehabt, so lag in jedem der beiden Fälle die Sache sehr einfach. Im Kriegsfalle brauchten die verbündeten Heere nur den Rhein zu überschreiten und konnten dann in aller Gemächlichkeit mit zehnfacher Übermacht gegenüber den zerrütteten Heerestrümmern Napoleons auf Paris marschieren. Im Friedensfalle wieder war Napoleon nunmehr bereit, die Herrschaft über Holland, Italien und Spanien aufzugeben und sich auf Frankreich mit seinen natürlichen Grenzen (Alpen, Rhein und Pyrenäen) zu beschränken. Mehr aber verlangte die Friedenspartei innerhalb der verbündeten Heere auch nicht.

Sie bestand aus Österreich und daneben aus England. Beide Staaten hatten erreicht, was für sie überhaupt erreichbar war; sie hatten somit keine Neigung, das schwer Erworbene wieder aufs Spiel zu setzen. Gleich nach der Ankunft der verbündeten Hauptquartiere in Frankfurt a. M. schloß Metternich mit Württemberg und den anderen Rheinbundfürsten auf derselben Grundlage ab wie vordem mit Bayern; nur mußten sie sich die ganz unbestimmte Klausel gefallen lassen, daß sie die Verpflichtungen übernehmen wollten, die die Unabhängigkeit Deutschlands nach endgültiger Ordnung der Dinge von ihnen erheischen würde, eine Klausel, durch die Metternich die preußische Eifersucht zu beschwichtigen suchte. Stein, dessen Zentralverwaltungsrat so gut wie auf nichts zusammenschrumpfte, erzählt von dieser Sintflut von Prinzlein, die in Frankfurt zusammenströmte, sie seien selbst sehr erstaunt gewesen, daß man mit ihnen so viele Umstände mache, nachdem sie sich so erbärmlich betragen hätten, aber sobald sie bemerkt hätten, daß ihnen kein Haar gekrümmt werden solle, seien sie sofort lau und widerspenstig geworden.

Aufgelöst wurden nur das Königreich Westfalen, das Großherzogtum Berg und das Großherzogtum Frankfurt, über die Napoleoniden herrschten oder in denen Napoleoniden erbberechtigt waren. In Hannover, Braunschweig, Kassel hielten die Angestammten ihren feierlichen Einzug und begannen damit, die wohltätigen Spuren der Fremdherrschaft zu tilgen und die alten Mißbräuche wiederherzustellen, soweit es irgend möglich war. Am schamlosesten trieb es der Kurfürst von Hessen. Aber ihnen allen war Metternich ein wohlwollender Beschützer und kettete sie so an das habsburgische Interesse. Und wie in Deutschland, so blühte auch in Italien sein Weizen.

Der König von Neapel war nach der Schlacht bei Leipzig von seinem Schwager Napoleon abgefallen, und in Norditalien gewann ein österreichisches Heer die Oberhand über Eugène Beauharnais.

Auch England hatte lebhafte Sehnsucht nach Frieden, sowohl weil das Land durch die langjährigen Kriege gegen Frankreich schwer mitgenommen war, als auch weil es seine reiche Kolonialbeute wohl geborgen hatte und mit der Aufhebung der Kontinentalsperre sowie der Wiederherstellung Hollands und Spaniens auf dem europäischen Festland seine Wünsche erfüllt sah. Dazu gelang ihm noch ein Hauptschlag in einer entscheidenden Frage, in der Napoleon, wenn je, ein allgemeines Interesse der zivilisierten Nationen vertreten hatte. Als unentbehrlicher Kassierer der Koalition machte England die Zahlung neuer Subsidien in der Höhe von fünf Millionen Pfund Sterling davon abhängig, daß die Frage des Seerechtes von allen Verhandlungen der Mächte ausgeschlossen würde. Es blieb dabei, daß der Seekrieg das Wesen eines bevorrechteten Raubes behielt und ein einziger Staat auf allen Meeren nach seiner Laune und Willkür schaltete.

Aber nicht nur, weil sie gesättigt waren, drängten Österreich und England zum Frieden, sondern auch, weil sie nicht ohne Grund fürchteten, daß die Fortsetzung des Krieges dem Zaren ein unerträglicheres Übergewicht geben werde, als Napoleon je besessen hatte. Trotz aller Behutsamkeit, die Alexander nach außen hin beobachtete, waren seine Anschläge auf Polen doch durchgesickert und hingen wie ein drohendes Wetter über der Koalition. Je weiter die verbündeten Heere vorrückten, um so mehr spielte sich der Zar als Befreier der Völker auf, zumal da der preußische König sich mit der Rolle seines Adjutanten begnügte und der österreichische Kaiser mit seinen unkriegerischen Gewohnheiten sich im Feldlager sehr unbehaglich fühlte. Der Zar steuerte je länger, je offener auf den Sturz Napoleons los; an seine Stelle wollte er am liebsten Bernadotte oder jedenfalls ein russisches Werkzeug setzen. Er war dann in der Tat der Beherrscher Europas.

Als Haupt der Kriegspartei hatte er seine rührigsten Helfer in dem Freiherrn vom Stein und dem Hauptquartier des schlesischen Heeres. Der preußische König selbst war ihm nicht gerade entgegen, aber doch nur, weil er dem mächtigen Gebieter nicht zu widersprechen wagte. Im Herzen hing er an der Friedenspartei: nicht eigentlich aus politischen Erwägungen, sondern aus angeborener Scheu vor raschen und starken Entschlüssen. Stein, Blücher und Gneisenau aber drängten unaufhörlich und ungestüm auf die Entthronung Napoleons, auch sie nicht aus politischen Erwägungen, sondern aus einem unauslöschlichen Hasse heraus, der sie für politische Erwägungen mehr oder weniger blind machte. Es ist wahr, daß Preußen sich unter den vier Mächten in der übelsten Lage befand. Es hatte die schwersten Lasten des Krieges getragen, und es wußte noch immer nicht, wo es seine Entschädigungen erhalten sollte. Aber es war unschwer vorauszusehen, daß bei der Regelung dieser heiklen Frage der besiegte Napoleon ein weit weniger gefährlicher Gegner sein würde als die siegreichen Engländer, Österreicher und Russen. Für diese unausbleibliche Auseinandersetzung die schon arg geschmolzenen Kräfte des preußischen Staates zu schonen wäre eine weit vernünftigere und weitsichtigere Politik gewesen, als, von einem unersättlichen, an sich durchaus begreiflichen, aber politisch kurzsichtigen Rachedurst getrieben, die Geschäfte des russischen Despoten zu besorgen.

Im Anfang schien die Friedenspartei innerhalb der verbündeten Heere stärker zu sein. Metternich sandte einen gefangenen französischen Diplomaten an Napoleon mit dem Vorschlag, einen Kongreß zu berufen, der über den Frieden auf der Grundlage der Rheingrenze unterhandeln sollte. Napoleon ging auf den Kongreß ein, hörte aber deshalb nicht auf zu rüsten, was ganz selbstverständlich war, da das Land dem Einmarsch der Feinde offen lag. Aber wenn diese Rüstungen der Kriegspartei der verbündeten Heere schon ein gewisses Oberwasser gaben, so noch mehr die Beobachtung, daß die französische Nation sich von Napoleon loszusagen begann. Im gesetzgebenden Körper, einer jener servilen Körperschaften, mit denen Napoleon sein autokratisches Regiment nicht gemildert, sondern nur verschleiert hatte, fielen drohende Worte gegen die Despotie seiner inneren Verwaltung; es bedeutete den Anfang vom Ende, daß die Mamelucken sich anschickten, die Rebellen zu spielen. Die besitzenden Klassen waren mit Napoleons Herrschaft sehr einverstanden gewesen, solange sie ihnen Reichtümer über Reichtümer in den Schoß schüttete, aber da er zum zweiten Male als gänzlich Besiegter heimkehrte und gewaltige Massen von Feinden an den Grenzen standen, fanden sie das Geschäft nicht mehr nach ihrem Geschmack. Jedoch auch die bäuerliche Bevölkerung, die stärkste Stütze des bonapartistischen Regiments, begann der immer steigenden Menschenopfer müde zu werden, die der Kaiser von ihr heischte.

Wie tief die ersten Anzeichen von Napoleons sinkendem Ansehen in Frankreich selbst auf die verbündeten Mächte wirkten, zeigt das Kriegsmanifest, das sie nun doch am 1. Dezember erließen. Der französischen Nation wurden darin die schmeichelhaftesten Dinge gesagt, und es wurde ihr sogar ein Umfang ihres Gebiets verbürgt, wie sie es unter dem alten Königreich nicht besessen hätte; mit aller Feierlichkeit verkündeten die Verbündeten, daß sie nicht die französische Nation bekriegen, sondern nur ihre eigene Unabhängigkeit gegen den Kaiser Napoleon verteidigen wollten. Es sollte nun also doch gekämpft werden, aber alsbald ergab sich ein neuer Zwiespalt innerhalb der verbündeten Heere. Gneisenau verlangte den unmittelbaren Marsch auf Paris ohne Rücksicht auf die zahlreichen Festungen an den französischen Grenzen, die Napoleon bei der Schwäche seiner Streitkräfte nicht besetzen könne, wenn er überhaupt noch im freien Felde kämpfen wolle. In der Tat konnten die Verbündeten, wie ihnen selbst französische Marschälle später zugestanden haben, Marsch für Marsch ihre Nachtquartiere bis Paris im voraus bestimmen.

Aber Gneisenau drang mit seinem Kriegsplan nicht durch. Nicht nur die österreichischen Generale, die noch an die methodische Kriegführung des Siebenjährigen Krieges gewöhnt waren, wollten nichts davon wissen, sondern auch im preußischen Heere war nur ein Teil der Führer, wie etwa Gneisenau, Boyen und Grolman, von der modernen Kriegsweise durchdrungen, wie sie Napoleon ausgebildet hatte; namentlich Knesebeck, der als Generaladjutant den preußischen König militärisch beriet, teilte mit den Österreichern die altväterische Ansicht, daß die Entscheidung des Krieges nicht von der Zertrümmerung der feindlichen Heeresmacht abhinge, sondern von der rechtzeitigen Besetzung irgendwelcher Flußtäler oder Höhenzüge. Nach der Ansicht dieser weisen Strategen sollten die verbündeten Heere, um die französischen Festungen zu vermeiden, auf einem langen Umweg durch Baden und die Schweiz in das südöstliche Frankreich vordringen, bis zu dem Plateau von Langres, der Wasserscheide dreier Meere. Der Besitz dieses Plateaus sollte die wunderbare Fähigkeit gewähren, ganz Frankreich zu beherrschen, während das schlesische Hauptquartier ihm nur den ungleich bescheideneren Vorzug zugestehen wollte, daß man dort sein Wasser nach drei Meeren zugleich abschlagen könne.

Ganz so, wie die Knesebeck und Genossen wollten, wurde ihr famoser Kriegsplan nun doch nicht ausgeführt. Von den drei Heeren, die den Herbstfeldzug geführt hatten, war das Nordheer aufgelöst; Bernadotte hatte sich mit seinen Schweden gegen Dänemark gewandt, Tauentzien belagerte Wittenberg, Bülow aber und Wintzingerode marschierten nach Holland, das sie in einem glücklichen Feldzug ohne große Mühe eroberten. Das böhmische Heer blieb auch jetzt das Hauptheer der Verbündeten; außer der russischen und preußischen Garde sowie den Kontingenten Bayerns und Württembergs bestand es ganz überwiegend aus österreichischen Truppen. Dieses Heer sollte nun in der Tat den weitläufigen Marsch auf das Plateau von Langres antreten. Dagegen blieb dem schlesischen Heere die Aufgabe, Deutschland gegen einen Angriff der Franzosen zu schützen und im gegebenen Falle das Hauptheer zu unterstützen, falls es in

Frankreich auf Widerstand stoßen sollte. Aber noch ehe dieser Fall eintrat, überschritt Blücher am 1. Januar 1814 bei Kaub, Mannheim und Koblenz den Rhein. Sein Heer bestand aus den alten Streitkräften, nur daß ein Teil der russischen Truppen bei der Belagerung von Mainz zurückblieb, wofür das preußische Korps Kleist eintrat, das ehedem zum böhmischen Heere gehört hatte.

Es bestätigte sich nun, was Gneisenau vorausgesetzt hatte. Das schlesische Heer marschierte fast ohne Kampf durch die Festungsreihen. Aber auch das Hauptheer unter Schwarzenberg war, ebenfalls fast ohne Gefecht, auf das Plateau von Langres gelangt, wonach sich zeigte, daß nichts erreicht war. Weiter vorzudringen, weigerte sich aber die Friedenspartei aus militärischen wie politischen Gründen. Es kam zum heftigsten Hader, und die Koalition wankte in allen Fugen. Jedoch sie ganz aufzugeben, erschien beiden Teilen noch zu gefährlich, und man kam so zu einem Kompromiß. Es sollte auf einem Kongreß über den Frieden verhandelt, aber gleichzeitig [sollten] die militärischen Operationen nicht unterbrochen werden. Metternich und der Zar suchten sich dabei gegenseitig über das Ohr zu hauen: Metternich, indem er die Kriegführung lahmlegte, wobei er sich durchaus auf Schwarzenberg verlassen konnte, der Zar aber, indem er sich vornahm, den Friedenskongreß, der in Châtillon tagen sollte, an der Obstruktion seiner Bevollmächtigten scheitern zu lassen.

Anscheinend waren die stärkeren Trümpfe in der Hand Metternichs, aber tatsächlich gewann der Zar das Spiel. Selbst ohne die Obstruktion seiner Bevollmächtigten war der Friedenskongreß zum Scheitern verurteilt. Seit dem Einmarsch in Frankreich hatten die Verbündeten gesehen, in wie hohem Maße die Bevölkerung der napoleonischen Herrschaft überdrüssig war. Sie steigerten nunmehr ihre Forderungen, indem sie nicht mehr das Frankreich mit den Alpen, dem Rhein und den Pyrenäen als Grenzen, sondern nur noch das Frankreich von 1792 anboten, ohne die Eroberungen nicht nur Napoleons, sondern auch der Republik. Der Unterschied betrug etwa 1400

Geviertmeilen: Das linke Rheinufer, Belgien und Luxemburg, Savoyen und Nizza sollten nicht mehr zu Frankreich gehören. So berechtigt vom deutsch-nationalen Standpunkt die Rückforderung des linken Rheinufers war, so beredt und mit so großem Widerhall damals Arndt den Satz verfocht, daß der Rhein nicht Deutschlands Grenze, sondern Deutschlands Strom sei, so waren die verbündeten Monarchen von solchen Gedanken weit entfernt. Aber in ihrer Ländergier übersahen sie auch, daß Napoleon die Grenzen des Frankreichs von 1792 unmöglich annehmen konnte. Wollte er nicht die Wurzeln seiner Dynastie zerstören, so mußte er das Reich mindestens in dem Umfang erhalten, worin es sich bei seinem Aufsteigen zur Alleinherrschaft befunden hatte.

Allein auch militärisch verrechnete sich Metternich. Das schlesische Heer war inzwischen herangekommen und hatte sich mit einer kühnen Schwenkung an die Spitze des Hauptheeres gesetzt in der Hoffnung, es mit sich fortzureißen wie einst beim Übergang über die Elbe das Nordheer. Derweil rückte aber auch Napoleon heran, und es kam am 29. Januar bei Brienne zu einem ersten Gefecht, das für Blücher nicht eben günstig verlief. Dagegen siegte er am 1. Februar bei La Rothière.

Napoleon hatte die überlange Frist, die ihm die Trödelpolitik der Verbündeten gewährt hatte, zu neuen Rüstungen ausgiebig benutzt, jedoch bei dem wachsenden Widerstand, auf den er in der Nation stieß, doch nur mit unzureichendem Erfolg. Er gebot über eine Feldarmee von 70 000 Mann, meist ungeschulter Rekruten, während das Heer Schwarzenbergs sich auf 190 000, das Heer Blüchers auf 84 000 Mann meist erprobter Soldaten belief. Freilich wurde die erdrückende Übermacht der Verbündeten dadurch abgeschwächt, daß ihre Heere von Genf bis zur Mosel verzettelt standen. Immerhin hatten sie den 50 000 Mann, mit denen Napoleon bei La Rothière zur Stelle war, 140 000 Mann entgegenzusetzen. Trotzdem war Schwarzenberg auch unter diesen günstigen Umständen nicht zur Schlacht zu bewegen. Mit Mühe und Not setzte der Zar durch, daß einige Korps des Hauptheeres unter den Befehl Blüchers gestellt wurden, der nun mit 90 000 Mann die Schlacht annahm und gewann.

Dieser Sieg stärkte die Aussichten der Kriegspartei. In einem Kriegsrat, der am Tage nachher stattfand, wurde der Marsch auf Paris beschlossen. Schwarzenberg sollte das geschlagene Heer Napoleons verfolgen, während Blücher aus Rücksichten der Verpflegung einige Märsche nordwärts marschieren und dann, nach Westen umbiegend, auf Paris rücken sollte. Indessen die inneren Gegensätze waren damit nicht beschwichtigt; Schwarzenberg dachte nicht daran, den Sieg auszubeuten; er verfolgte den geschlagenen Feind nicht nur nicht, sondern rückte auch so langsam vor, daß er nicht in gleicher Höhe mit Blücher blieb. Dadurch war die linke Flanke des schlesischen Heeres bloßgegeben, das ohnehin allzu sorglos in weit auseinandergezogenen Heersäulen marschierte. In blitzschnell geführten Schlägen schlug Napoleon die einzelnen Korps Blüchers am 10. Februar bei Champaubert, am 11. bei Montmirail, am 12. bei Château-Thierry und am 14. bei Etoges. Die vier Niederlagen kamen dem Verlust einer großen Schlacht gleich; das schlesische Heer hatte 15 000 Mann verloren.

Vom Hauptheer war an den vier Gefechtstagen keine Hilfe gekommen. Der Zwist zwischen Metternich und dem Zaren war wieder einmal in hellen Flammen ausgebrochen. Aus England, dessen Vertreter bisher auf Metternichs Seite gestanden hatten, meldete der russische Botschafter, daß die Regierung unter dem Einfluß der Volksstimme dem Frieden mit Napoleon entgegen sei. Der Zar verweigerte nun alle Teilnahme an den Friedensverhandlungen, und Metternich drohte mit dem Rücktritt Österreichs von der Koalition. In eben diesen Tagen erlitt das schlesische Heer seine Niederlagen, und Schwarzenberg erhielt den Befehl, zwar ohne Hintergedanken zu operieren, aber sich darauf gefaßt zu machen, daß die österreichischen Streitkräfte am nächsten Tage vom Kriegsschauplatz zurückmarschieren müßten. Das genügte vollständig, um Schwarzenbergs ohnehin geringe Tatkraft zu ersticken. Es kam dazu, daß Napoleon, nachdem er das schlesische Heer geschlagen hatte, sich gegen das Hauptheer wandte und über einzelne Korps bei Mormant und Montereau nicht unbedeutende Vorteile errang.

Die Friedenspartei atmete nun wieder auf. Schwarzenberg beantragte bei Napoleon einen Waffenstillstand. »Es ist schwer, bis zu diesem Punkte feige zu sein«, schrieb Napoleon an seinen Bruder Joseph; »diese Elenden fallen bei dem ersten Mißerfolg auf die Knie.« Er antwortete erst gar nicht, bot dann aber den Frieden auf Grund der Rheingrenze an; die Grenzen von 1792 verwarf er auf das bestimmteste. Seine Hoffnungen waren wieder hoch gestiegen; er meinte, daß er näher an München sei als die Verbündeten an Paris; mit seinen Gefangenen verhandle er nicht. Die vorläufige Waffenruhe lehnte er ab; die Konferenzen, die darüber gehalten wurden, verliefen ohne Ergebnis.

Schwarzenberg hatte das schlesische Heer an sich herangezogen unter dem Vorwand, eine Schlacht zu liefern. Tatsächlich dachte er aber nur an den Rückzug, womöglich bis an den Rhein. Wiederum aber litten beide Heere an den Schwierigkeiten der Verpflegung. Man lagerte auf einer kahlen, kreidigen Hochebene, die mit Schnee bedeckt war; es war bitterkalt, Kleidung und Schuhzeug des Mannes waren durch den Winterfeldzug hart mitgenommen; an Stroh fehlte es gänzlich, und um sich Holz zu verschaffen, wurden die Häuser und Hütten niedergerissen. Unter diesen Umständen fand ein Plan Grolmans bei den verbündeten Monarchen und Schwarzenberg günstige Aufnahme. Dieser Plan ging dahin, daß sich das schlesische Heer abermals von dem Hauptheer trennen und durch ein Manöver gegen Paris den Feind von dem Hauptheer ablenken sollte. Würde sich dann Napoleon gegen das schlesische Heer wenden, so wollte sich dieses nach Norden auf die starken Korps von Bülow und Wintzingerode zurückziehen, die aus Holland heranmarschierten.

Grolman hatte den Plan harmloser dargestellt, als er gemeint war. Das schlesische Heer wollte von Schwarzenberg völlig unabhängig sein und den Krieg auf eigene Faust führen, während Schwarzenberg sich einbildete, es solle und wolle nur in anderer Richtung den allgemeinen Rückzug fortsetzen. Befehle Schwarzenbergs, umzukehren, angeblich um eine gemeinsame Schlacht zu liefern, beachtete Blücher einfach nicht; er sah darin nur einen Vorwand, seine freie Bewegung wieder einzuschränken. Am 3. März vereinigte er sich bei Soissons mit Bülow und Wintzingerode; er gebot jetzt über mehr als 100 000 Mann, gegen die Napoleon gerade die Hälfte, 55 000 Mann, in schnellen Märschen hinanführte.

Nun aber erlahmte die napoleonische Kriegführung Blüchers und Gneisenaus. Dabei wirkten mehrere Ursachen zusammen. Bülow und sein Stabschef Boyen sahen mit Entsetzen den abgerissenen, elenden Zustand der Soldaten Kleists und Yorcks. Ihre eigenen Truppen waren bisher gut verpflegt worden und hatten niemals biwakiert, während das schlesische Heer nun schon seit Wochen in Gebieten operierte, die bereits ausgezehrt waren. Das Requisitionssystem wurde ein regelloses Raubsystem, und die französische Bevölkerung, die bisher gleichgültig und selbst freundlich gewesen war, begann tatsächlichen Widerstand zu leisten. Ebenso schlimm oder noch schlimmer war die moralische Rückwirkung auf die eigenen Truppen; sie verwilderten zusehends, so daß ihnen die Offiziere kaum noch etwas zu sagen getrauten. Yorck nannte sein Korps eine Räuberbande, und Scharnhorst, der Sohn des Generals, wurde von den eigenen Soldaten beinahe totgeschlagen.

Durch diese Zustände erschreckt, machte Boyen namentlich auch geltend, daß Preußen alle Ursache habe, sein Heer zu schonen, wenn es beim Abschluß des Friedens seine Interessen wahren wolle. Denn dann würden nicht die noch so glorreichen Kriegsleistungen, sondern die Kräfteverhältnisse der einzelnen Mächte das entscheidende Gewicht in der Waagschale bilden. In ihren praktischen Konsequenzen hatte in der Tat die Kriegführung des schlesischen Heeres seit dem Januar nur dem Zaren die wesentlichsten Dienste geleistet. Boyens

Vorstellungen machten auf Gneisenau einen tiefen Eindruck, zumal da sie von einem alten Gefährten kamen, der selbst den modernen Krieg zu führen wußte. Zu alledem aber erkrankte Blücher heftig an einer Art geistiger Umnachtung, und so lastete auf Gneisenau eine doppelt schwere Verantwortung. Er entschloß sich, aus dem Angriff in die Verteidigung überzugehen.

In einer ungemein starken Stellung bei Laon erwartete das schlesische Heer mit seinen mehr als 100 000 Mann am 9. März den Angriff Napoleons, der am 7. März in einem Treffen bei Craonne zwar ein russisches Korps besiegt, aber sehr schwere Verluste erlitten hatte, so daß er nur noch 45 000 Mann heranbrachte. Es wurde ohne große Energie und ohne eigentliche Entscheidung gekämpft; erst in der Nacht gelang ein Überfall, den Yorck und Kleist auf den rechten Flügel des Feindes machten, den Marschall Marmont kommandierte. Marmont mußte weichen, aber Napoleon blieb mit dem linken Flügel stehen in der verzweifelten Hoffnung, dadurch den Feinden zu imponieren, was ihm auch wirklich gelang. Auf der Verfolgung Marmonts waren ihm Yorck und Kleist in den Rücken gekommen, und Grolman als Stabschef Kleists schlug vor, Napoleon von hinten zu fassen, womit der Krieg beendet worden wäre. Yorck nahm den Gedanken eifrig auf, wollte aber doch nicht ohne die Genehmigung des Oberfeldherrn handeln, und diese Genehmigung wurde versagt. Grolman und Graf Brandenburg, die ins Hauptquartier gesandt wurden, brachten die Entscheidung zurück, das Spiel sei ohnehin gewonnen und man brauche nichts mehr zu riskieren. Graf Brandenburg schrieb später über seine Sendung: »Die Unentschlossenheit, Unsicherheit und Nachlässigkeit, welche in dieser ganzen Periode im Hauptquartier des Feldmarschalls herrschte, ist kaum mehr denkbar.« Die Rollen innerhalb des schlesischen Heeres waren vollkommen ausgetauscht; Yorck, der mit Gneisenau wegen dessen unablässigen Vorwärtsstürmens tödlich verfeindet war, verließ jetzt das Heer aus Wut über Gneisenaus Zauderstrategie und konnte nur mit Mühe zurückgeholt werden.

Eine ähnliche Umkehrung vollzog sich gleichzeitig im Hauptheer. Napoleon zog sich unverfolgt von Laon zurück, ließ Marmont mit 20 000 Mann gegenüber dem schlesischen Heere stehen und wandte sich mit 18 000 Mann gegen Schwarzenberg. Darüber bekam es der Zar mit der Angst und verlangte die allgemeine Retirade. Aber der ängstliche Schwarzenberg widerstand. Der Friedenskongreß in Châtillon hatte sich am 18. März aufgelöst; Österreich mußte auf den Frieden verzichten und wünschte nun selbst eine baldige militärische Entscheidung. Am 20. März kam es bei Arcis an der Aube zur Schlacht, bei der Schwarzenberg sich freilich so wenig wie ehedem bei Dresden und Wachau als Feldherr bewährte. Durch seine ungeschickten Maßnahmen wußte er nur einen kleinen Teil seines Heeres aufs Schlachtfeld zu bringen, und die Franzosen hielten sich tapfer. Erst am nächsten Tage stand Schwarzenberg mit mehr als dreifacher Überlegenheit dem Feinde gegenüber, allein trotzdem wagte er den Angriff nicht, sondern erwartete ihn von Napoleon. Der aber führte jetzt einen Plan aus, den er schon seit Wochen erwogen hatte; er warf sich auf die Rückzugslinie des Hauptheeres in der sicheren Hoffnung, es dadurch zurückzumanövrieren.

Einige Wochen früher hätte dieser Plan wahrscheinlich den erwünschten Erfolg gehabt. Auch jetzt noch jagte er dem Hauptheer einen heillosen Schrecken ein; Schwarzenberg hatte nicht übel Lust, dem französischen Heere nachzuziehen. Aber nun entschied wieder der Zar in einem Kriegsrat am 24. März, daß die verbündeten Heere auf Paris marschieren sollten, von dem sie nur noch wenige Märsche entfernt standen.

Gneisenau schrieb nachher über diesen heroischen Entschluß: »So zogen wir endlich nach Paris, nicht aus Überlegenheit der dafür sprechenden Gründe, sondern weil nichts anderes übrigblieb und das Verhängnis die große Armee dahin stieß.« Nicht die verbündeten Heere haben Napoleon besiegt, sondern er ist an dem Widerstand der eigenen Nation untergegangen. Es ist unrichtig zu sagen, daß Frankreich an waffenfähigen Männern schon erschöpft gewesen sei; gemessen an dem, was die preußischen Provinzen leisteten, hätte Frankreich noch eine Million Streiter aufstellen können. Napoleon gebot in diesem Feldzug nie über mehr als 300 000 Mann einschließlich der Truppen, die in Italien und Spanien standen, und der Nationalgarden, die zur Besetzung der Festungen verwandt wurden. Hätte er 100 000 oder 200 000 Mann mehr gehabt, so hätte er sicherlich die Oberhand behalten. Aber alle seine Aushebungen und Aufrufe, in denen er selbst an das preußische Vorbild erinnerte, halfen ihm nichts; ohne das bereitwillige Entgegenkommen der Nation ließen sich neue Heere nicht aus dem Boden stampfen. So mußte er auf die Dauer der Übermacht der verbündeten Heere unterliegen, trotz deren elender Kriegführung. Unter den Mauern von Paris konnte er die Schlacht mit einer dreifachen Überlegenheit nicht wagen; ihm blieb nur der Zug in den Rücken des Feindes als letztes verzweifeltes Mittel.

Sobald er erfuhr, daß dies Mittel versagt habe und die verbündeten Heere auf Paris marschierten, eilte er in schnellen Märschen zurück. Aber er kam zu spät; am 30. März hatte die Hauptstadt nach kurzem Kampfe kapituliert.

7. Der Friede von Paris

Am 31. März zogen der Zar und der preußische König an der Spitze ihrer Garden, die nur bei Lützen und vor Paris ins Feuer gekommen waren und immer in Quartieren gelegen hatten, in die eroberte Stadt ein; die Truppen, die in zahllosen Schlachten gefochten hatten, mußten in der Umgegend biwakieren, um durch ihren verwahrlosten Zustand die verwöhnten Augen der Pariser nicht zu beleidigen. Der preußische Schwachkopf hatte es sogar fertiggebracht, als er ein paar Tage vorher das Yorcksche Korps passierte und mit jubelndem Hurra empfangen wurde, ihm den Rücken zu kehren, in seiner Weise stotternd: Sehen schlecht aus, schmutzige Leute! Dies war der Dank des »Heldenkönigs« an die Landwehren, die ihm seinen Thron gerettet hatten.

Der Pöbel in Seidenhüten empfing die einziehenden Feinde mit lärmendem Beifallsgeschrei, während die Arbeiterbevölkerung der Vorstädte eine düstere Zurückhaltung beobachtete. Der Zar stieg in dem Hotel Talleyrands ab. Er hatte jetzt freie Hand, da der preußische König für nichts zählte und der Kaiser von Österreich mit seinem diplomatischen Stabe in Dijon zurückgeblieben war, um dem Sturze seines Schwiegersohns nicht selbst beizuwohnen. Über diesen Sturz waren Talleyrand und der Zar einig. Nicht so einfach war die Frage, wer an Napoleons Stelle treten solle. Aber auch hier entschied Talleyrand: Bonaparte oder die Bourbonen, das ist ein Prinzip, alles andere ist Intrige. Der Zar liebte die Bourbonen nicht, aber er mußte sich fügen. Für seinen Kandidaten Bernadotte konnte er keinen ernsthaften Kampf führen, und eine Regentschaft für den unmündigen Sohn Napoleons wäre wesentlich dasselbe gewesen, wie wenn der Kaiser selbst am Ruder geblieben wäre. Talleyrand berief sofort den Senat ein, wozu er freilich nur als napoleonischer Beamter berechtigt war, und diese edle Körperschaft, die durchaus aus napoleonischen Kreaturen zusammengesetzt war, beschloß, den Kaiser abzusetzen und sich unter das »väterliche Regiment« der Bourbonen zu begeben. Sie besaß die Schamlosigkeit, als Gründe dieses Beschlusses eine Reihe von ihr selbst in fanatischer Knechtseligkeit gebilligter Handlungen Napoleons anzugeben; würdiger konnte die Wiederherstellung des legitimen Königshauses nicht wohl eingeleitet werden.

Napoleon saß derweil in Fontainebleau. Er verfügte noch über etwa 50 000 Mann und beabsichtigte anfangs, den Kampf fortzusetzen. Aber der Abfall seiner eigenen Marschälle hinderte ihn daran. Sie waren müde geworden und sehnten sich nach dem ruhigen Genuß der Reichtümer, mit denen Napoleon sie überschüttet hatte. Sie drängten ihn, in mehr oder minder schonender Form, zur Abdankung; Marmont, ein besonderer Liebling Napoleons, war sogar schon mit seinem Korps zu den Feinden übergegangen. So verzichtete Napoleon, erst für sich, dann auch für seine Dynastie, auf den Thron. In dem Vertrag von Fontainebleau, der am 11. April abgeschlossen wurde — einem Vertrag, den er später selbst seiner unwürdig genannt hat —, ließ er sich auf die Insel Elba abschieben, mit den Rechten eines souveränen Fürsten und einer Jahresrente von zwei Millionen Franken, von der ihm die Bourbonen übrigens nie einen Heller gezahlt haben.

Diese edle Familie bewährte alsbald, daß sie nichts gelernt und nichts vergessen hatte. Sie hatte schon während des Feldzugs ihre Heimkehr vorbereitet und war dabei leider auch durch Gneisenau und Stein stark gefördert worden. Kaum war Ludwig XVIII., der Bruder des hingerichteten Landesverräters Ludwig XVI., in den Tuilerien angelangt, als er alle Ansprüche erhob, die der ältesten Monarchie der Christenheit zuständen. In seinem eigenen Schlosse weigerte er den verbündeten Monarchen den Vortritt. An diesen rächte sich jetzt schwer ihre perfide Taktik, die französische Nation durch Schmeicheleien und Verheißungen zu ködern, um sie dem Kaiser Napoleon abwendig zu machen. Wenn sie sich selbst nicht ins Gesicht schlagen wollten, so mußten sie sich nahezu den Frieden von den französischen Unterhändlern diktieren lassen. Der Zar hatte nicht, wie seine Hoffnung gewesen war, eine von ihm abhängige Regierung in Paris eingesetzt; er mußte vielmehr, um die englische und die österreichische Konkurrenz zu schlagen, den neuen König bei guter Laune zu erhalten suchen.

Da die Verbündeten in ihrem Frankfurter Kriegsmanifest versprochen hatten, Frankreich stärker zu erhalten, als es unter seinen Königen gewesen sei, so mußten sie die Grenzen von 1792 tüchtig abrunden, mit belgischen, deutschen und savoyischen Gebietsteilen, im ganzen hundert Quadratmeilen und etwa einer Million Einwohner. Dann aber erließen sie dem besiegten Frankreich jede Entschädigung für die Kriegskosten. Dieser englisch-österreichisch-russischen Großmut widersetzten sich die preußischen Minister allerdings lebhaft, aber ohne Erfolg. Anders stand es mit der Rückzahlung der Vorschüsse, die Preußen im Jahre 1812 an

Frankreich geleistet hatte. Hier lag eine vertragsmäßige Schuld vor; Preußen hatte es sogar zum formellen Kriegsgrund gemacht, als Napoleon sich im Frühjahr 1813 geweigert hatte, die Hälfte davon in der Höhe von 47 Millionen Franken zu zahlen. Nun aber erklärte der neugebackene König Ludwig: Lieber dreihundert Millionen aufwenden, um Preußen zu bekämpfen, als hundert Millionen, um es zu befriedigen! England, Österreich und Rußland zuckten dazu die Achseln und meinten, Preußen möge sehen, wie es zu seinem Gelde komme. Damit war die Sache erledigt. Ebenso blitzte Preußen mit seiner Forderung ab, daß Frankreich die von Napoleon in den europäischen Hauptstädten geraubten Kunstschätze zurückgeben solle. Nur einiges wenige erhielt es mit Hängen und Würgen zurück, wie das Viergespann vom Brandenburger Tor in Berlin.

Die einzige für Frankreich demütigende Bedingung wurde in den geheimen Artikeln der Friedensurkunde vom 30. Mai begraben: Über die Verteilung der eroberten Gebiete sollten die verbündeten Mächte allein zu entscheiden haben. Doch verschob man die Regelung der Gebietsfragen in der Hauptsache auf einen Kongreß, der innerhalb zweier Monate zusammentreten sollte. Die Schwierigkeit lag in der Befriedigung der preußischen und russischen Ansprüche; England und Österreich, die ohnehin gesättigt waren, bekamen schon in Paris, was sie etwa noch wünschen mochten. Durch die Vereinigung Belgiens und Hollands zu einem Königreich der Niederlande erhielt England einen wichtigen Brückenkopf auf dem europäischen Festland. Österreich aber hatte die französischen Truppen unter Eugène Beauharnais aus Italien verdrängt und erhielt – mittel- oder unmittelbar – die Herrschaft über Ober- und Mittelitalien.

Preußen ging also vorläufig mit leeren Händen heim. Aber ehe noch der Kongreß zusammentrat, sicherte es sich die allgemeine Wehrpflicht. Sie war zunächst nur für die Dauer des Krieges eingeführt, und in der Tat hob sie der König von Paris aus wieder auf. Aber Boyen, der schon während des Winterfeldzugs den Gedanken vertreten hatte, daß Preußen bei der endgültigen Regelung der Dinge ein starkes Heer haben müsse, wenn es nicht übers Ohr gehauen werden wolle, setzte nunmehr als Kriegsminister das Gesetz vom 3. September 1814 durch, das die allgemeine Wehrpflicht dauernd einführte. Die zwanzigjährige Dienstzeit der altpreußischen Kantonisten wurde auf neunzehn Jahre verkürzt: fünf Jahre im stehenden Heere, davon drei bei der Fahne und zwei als beurlaubte Reservisten, dann je sieben Jahre im ersten und im zweiten Aufgebot der Landwehr. Das erste Aufgebot war in Kriegszeiten, wie das stehende Heer, zum Dienste im In- und Ausland verpflichtet, das zweite Aufgebot, wenigstens vorzugsweise, zur Verstärkung der Garnisonen. Der Landsturm endlich, der nur für den äußersten Fall zur Abwehr feindlicher Angriffe bestimmt war, sollte alle irgend Waffenfähigen vom siebzehnten bis zum fünfzigsten Jahre umfassen.

Durch dies Gesetz verlor die Landwehr noch ein Stück ihres volkstümlichen Charakters. Sie sollte durch die Schule des stehenden Heeres gehen und nur aus gedienten Mannschaften bestehen. Auch blieb den Söhnen der besitzenden Klassen das Vorrecht des einjährigen Dienstes unter der Fahne. Jedoch in ihrer Art war die gesetzliche Einführung der allgemeinen Wehrpflicht eine demokratische Errungenschaft, und sie sollte die einzige bleiben.

8. Der Wiener Kongreß

Später, als ursprünglich beabsichtigt war, trat in Wien der Kongreß zusammen, der die europäischen und namentlich auch die deutschen Zustände neu ordnen sollte. Erst in der Mitte September 1814 fand die erste vorbereitende Sitzung der Bevollmächtigten statt, die die vier gegen Frankreich verbündeten Großmächte vertraten.

Das historische Wesen dieses Kongresses, dessen Verhandlungen sich neun Monate hinzogen, ist treffend gekennzeichnet durch die Frage Byrons, ob denn der Löwe nur erlegt sei, damit die Wölfe freie Pirsch hätten, und durch das derbe Wort Blüchers: »Der Kongreß gleicht einem Jahrmarkt in einer kleinen Stadt, wo jeder sein Vieh hintreibt, es zu verkaufen und zu vertauschen.« In einem Taumel lärmender Vergnügungen, in denen die banalste Liederlichkeit sich als Kern der neu erstandenen Legitimität von Gottes Gnaden offenbarte, wurde um Land und Leute geschachert, in der völligen Gedankenlosigkeit einer längst überlebten Kabinettspolitik, mit der Pfiffigkeit des Roßtäuschers, der den guten Freund und Nachbar hineinzulegen sucht.

Es hing denn auch nur an einem Haare, daß dieser Friedenskongreß einen neuen Weltkrieg entzündet hätte. Von den vier Großmächten waren England und Österreich im wesentlichen befriedigt. Der Zar aber trat nun endlich mit seinen polnischen Ansprüchen klar hervor; er verlangte das Herzogtum Warschau, von dem nur ein Stück an Preußen abgetreten werden sollte, um die Verbindung zwischen Ostpreußen und Schlesien herzustellen, und noch ein viel kleineres Stück, etwa sechs Geviertmeilen, an Österreich. Aus dieser Beute und dem, was er schon an polnischem Raube besaß, wollte der Zar ein konstitutionelles Königtum Polen schaffen, das mit Rußland durch den gemeinsamen Herrscher verbunden sein sollte.

Gegen diese Pläne, die dem Zaren ein ähnliches Übergewicht in Europa zu geben drohten, wie es bisher Napoleon besessen hatte, wandten sich England und namentlich Österreich. Zunächst schloß sich auch Preußen ihnen an, dessen Unabhängigkeit durch eine russische Hegemonie ja auch am schwersten bedroht gewesen wäre. Aber der preußische König, der gewöhnlich nichts wollte, jedoch wenn er einmal etwas wollte, stets das Unvernünftigste forderte, befahl seinem Staatskanzler, die russischen Ansprüche zu vertreten, und Hardenberg fügte sich als gehorsamer Hofmann wider seine bessere Überzeugung. Damit waren die verbündeten Mächte zu zwei und zwei geteilt, und Talleyrand, der die

Krone Frankreich in Wien vertrat, benutzte den Zwiespalt geschickt, um sich dazwischenzuschieben und sich eine geradezu beherrschende Stellung auf dem Kongreß zu sichern, namentlich auch jenen geheimen Artikel des Pariser Friedens zu beseitigen, wonach Frankreich bei den Gebietsverhandlungen nicht mitzureden haben sollte.

Die einzig vernünftige Regelung des polnischen Streites wäre die Wiederherstellung eines unabhängigen Polens gewesen. Metternich hat auch mit diesem Gedanken gespielt, aber nur, um ihn für unmöglich zu erklären. Zudem hatte die preußische Schwenkung diese Lösung der Frage unmöglich gemacht. Nun kam es darauf an, die Hilfe auszuschalten, die Friedrich Wilhelm seinem Lehnsherrn geleistet hatte, und dazu boten die preußischen Entschädigungsansprüche den bequemsten Hebel. Je bereitwilliger Preußen seine ehemals polnischen Provinzen dem Zaren opferte, um so dringlicher mußte es nach dem Besitz des Königreichs Sachsen verlangen, zumal da es schon eingewilligt hatte, im Westen wertvolle Gebietsteile, namentlich Ostfriesland, an Hannover und im Süden die fränkischen Fürstentümer Ansbach und Bayreuth an Bayern abzutreten.

An und für sich hatten England und noch weniger Österreich ein besonders dringendes Verlangen danach, eine starke Macht in Norddeutschland entstehen zu sehen. Immerhin hatten sie den Anspruch Preußens auf das Königreich Sachsen anerkannt. Das wurde nun anders, als die preußische Politik im Kampfe gegen Rußlands drohende Übermacht versagte. England und Österreich zogen ihre Zusagen zurück, wobei sie sich auf den allgemeinen Widerstand stützten, den die völlige Einverleibung Sachsens in den preußischen Staat fände. In der Tat spielte Talleyrand wieder mit gewohntem Geschick das Prinzip der Legitimität aus, das die Entthronung eines Fürsten von Gottes Gnaden verbiete. Im Munde eines Mannes, der der Französischen Republik und dem französischen Kaiserreich gedient hatte, konnte man sich nicht leicht eine schamlosere Redensart denken, aber sie wirkte dennoch auf Metternich und die englischen Torys[16]. Geschweige denn, daß die ehemals rheinbündlerischen Dynastien wie ein Mann hinter dem französischen Gesandten standen. Handelte es sich doch in der Tat um ihre eigene Sache!

Vom nationalen Standpunkt aus ließ sich die Entthronung des sächsischen Königs auch nicht mehr rechtfertigen, nachdem alle anderen Rheinbundfürsten zu Gnaden angenommen worden waren. Der König von Sachsen hatte nur das Pech gehabt, nach der Schlacht bei Leipzig in preußische Gefangenschaft geraten zu sein; sonst wäre er sicherlich nach dieser Schlacht ebenso von Napoleon abgefallen wie der König von Württemberg, der, wenn auch vielleicht kein getreuerer, so jedenfalls ein noch bösartigerer Vasall Napoleons gewesen war als der König von Sachsen. Die Entthronung dieses Monarchen als Sühne für seinen Vaterlandsverrat wäre dadurch zur Posse geworden. Indessen nationale Gesichtspunkte waren der preußischen Politik ohnehin ganz fremd. Hardenberg schlug selbst vor, den sächsischen König für den Verlust seines Landes zu entschädigen; er wollte ihn sogar auf dem linken Rheinufer, in nächster Nachbarschaft seines französischen Gönners, ansiedeln, womit der Anfang eines neuen Rheinbundes geschaffen worden wäre.

Bis zum Schlusse des Jahres 1814 spitzten sich die Gegensätze in der sächsischen Frage so zu, daß in Preußen bereits Kriegsrüstungen begannen, während am 3. Januar 1815 ein Bündnisvertrag zwischen England, Frankreich und Österreich abgeschlossen wurde. Darin verpflichteten sich »infolge neuerdings offenbarer Ansprüche« die drei Mächte, einander gegenseitig mit mindestens 150 000 Mann zu unterstützen, falls eine von ihnen wegen ihrer gemeinsam aufgestellten gerechten und billigen Vorschläge angegriffen werden sollte; ein Angriff auf Hannover und die Niederlande sollte als Angriff auf England gelten. Indessen da mit Ausnahme Frankreichs bei keiner der Mächte wirkliche Kriegslust bestand, so kam man bei näherer Überlegung zu dem Entschluß, alle heroischen Anläufe zu unterlassen und sich lieber in dem gewohnten

Schacher um Land und Leute zu einigen. Der Zar ließ einiges von seinen polnischen Ansprüchen nach; er gab den Tarnopoler Kreis zurück, den Österreich 1809 an das Herzogtum Warschau abgetreten hatte; er verzichtete auch auf Thorn und Krakau, von denen jenes ein Pfahl im preußischen, dieses im österreichischen Fleische gewesen wäre. Thorn wurde preußisch, Krakau eine selbständige Republik. Sachsen aber wurde geteilt; die nördliche größere, jedoch dünner bevölkerte Hälfte des Landes fiel an Preußen; den Rest behielt der König von Sachsen. Preußen wurde für diesen Ausfall aber durch rheinische Gebiete entschädigt; es mußte sich auf demselben linken Rheinufer ansiedeln, wohin es den König von Sachsen hatte verbannen wollen. Es erhielt dadurch dasjenige Gebiet Deutschlands, das die ausgedehnteste und mannigfaltigste Industrie besaß, und nichts kennzeichnet schlagender die Kurzsichtigkeit der österreichischen wie der preußischen Staatsmänner, als daß sie in diesem Erwerb einen schweren Mißerfolg Preußens sahen. Metternich frohlockte, daß Preußen nun mit Frankreich »unheilbar kompromittiert« sei, und Hardenberg suchte gute Miene zum bösen Spiele zu machen, indem er prahlte, nur »um des allgemeinen Wohles willen«, nur »zum Zwecke der Verteidigung Deutschlands« lasse sich Preußen mit den rheinischen Besitzungen abspeisen.

In den Bündnisverträgen der vier Mächte war die Wiederherstellung Preußens in dem Umfang versprochen worden, den es im Jahre 1805 gehabt hatte. Dies Ziel erreichte es auf dem Wiener Kongreß nicht; während England, Österreich und Rußland sich mehr oder weniger vergrößerten, verkleinerte sich Preußen um 600 Geviertmeilen. Allerdings hatte es eine halbe Million Einwohner mehr als im Jahre 1805, aber mit seinen 10 Millionen blieb es weit hinter den 27 Millionen Österreichs und den 30 Millionen Frankreichs, Rußlands ganz zu geschweigen, das allein durch die Eroberungen, die es erst mit Hilfe Napoleons und dann im Kampfe gegen Napoleon gemacht hatte, Finnland, Bessarabien und den größten Teil des ehemaligen Polens, etwa 9 Millionen Einwohner gewonnen hatte. Auch die Abrundung seines Gebiets hatte Preußen nicht erreicht; es zerfiel in zwei völlig getrennte Teile. Dagegen war es in weit höherem Grade ein deutscher Staat geworden, als es 1805 gewesen war, wo es als ein halb polnisches Gemeinwesen gelten durfte. Es hatte deshalb ein dringendes Interesse an der Lösung der deutschen Frage, die auf dem Wiener Kongreß verhandelt wurde.

Der Aufruf von Kalisch war längst ein leeres Blatt Papier geworden, aber irgend etwas mußte geschehen, um die Erinnerungen einer tausendjährigen Geschichte zu beschwören, die 1806 ein sehr trübseliges Ende gefunden hatte, jedoch 1813 zu neuem Leben erwacht zu sein schien. Selbst Metternich gab die Notwendigkeit eines »föderativen Bandes« für Deutschland zu, sosehr er es in Italien verwarf, das er nur als einen »geographischen Begriff« gelten lassen wollte. So war auch in den Verträgen mit den rheinbündlerischen Fürsten, die von Napoleon abgefallen waren — mit Ausnahme Bayerns —, ein leiser Vorbehalt im Sinne einer deutschen Einheit gemacht worden. Aber wie diese Einheit herzustellen sei, das war ein vollkommenes Rätsel auch für die, denen die Sache wirklich am Herzen lag. Es ist ein schier unglaubliches Chaos, das sich vor den Augen des Lesers auftut, der heute die Gutachten der Stein und Wilhelm v. Humboldt und die Schriften der Arndt und Görres durchblättert.

Die Wiederherstellung von Kaiser und Reich war der vernehmlichste Grundton, der durch den ganzen Wirrwarr klang, aber zugleich ein rein romantischer Gedanke, denn an das Jahr 1806 einfach wieder anzuknüpfen war eine Unmöglichkeit, an die niemand im Ernste denken konnte. Und da der Gedanke nur »im Luftreich des Traumes« leben konnte, so wechselten die Versuche, ihn auszuführen, wie die Bilder eines Traumes. Stein hat die verschiedensten Anläufe unternommen, sein Ideal zu verwirklichen; wie er anfangs die Mainlinie befürwortete, so hat er später die Trias empfohlen; ein Deutschland links der Elbe, mit Preußen und mit Österreich im ewigen Bündnis und dem Habsburger als Kaiser. Humboldt war nüchterner und mußte sich schließlich grob von Stein anfahren lassen, weil er das habsburgische Kaisertum verwarf, von dem übrigens die Habsburger selbst auch nichts wissen wollten. Allein auch Humboldts Denkschriften, deren er nicht weniger als ein halbes Dutzend während des Wiener Kongresses verfaßte, verliefen sich in die verzwicktesten Vorschläge, von denen man heute nicht begreift, wie ein so gescheiter Kopf auf sie verfallen konnte. Görres aber empfahl als Reichswappen: der Doppeladler, den schwarzen Aar zärtlich umhalsend, und der bayerische Löwe friedlich dazugesellt.

Auch die Vorschläge über die Zuständigkeit des neu zu schaffenden Reiches bewegten sich noch ganz im Ungewissen und Unklaren. Es lohnt sich nicht, weitläufig darüber zu reden, da auch hier das Hin und Her der Meinungen nur ein papierenes Dasein gefristet hat: bis auf einen Punkt, der sofort eine praktische Wirkung hatte. Stein verlangte, daß jedem deutschen Staate von Reichs wegen eine ständische Verfassung gewährleistet werden sollte, und er forderte viererlei für die Stände: Steuerbewilligung, Mitaufsicht über die Verwendung der bewilligten Steuern, Stimmrecht bei der Gesetzgebung, endlich Recht der Anklage gegen untreue Staatsbeamte; er meinte, wenn so viel nicht erreicht würde, seien alle anderen Bemühungen nichts.

Je unmöglicher sich erwies, einen festen und klaren Plan für die deutsche Verfassung zu entwerfen, um so leichteres Spiel hatten ihre Gegner, unter denen die süddeutschen Rheinbundfürsten obenan standen. Sie pochten auf ihre Souveränität, die ihnen von den verbündeten Mächten verbürgt worden war. Da sie nicht ein Tüttelchen davon dem deutschen Interesse zu opfern gedachten, so wußten sie wenigstens, was sie wollten, und hatten dadurch einen unberechenbaren Vorteil voraus; an diesem Widerstand scheiterte alles, was die Stein und Humboldt vorschlugen. Aber wohl war ihnen bei der Sache doch nicht; sie täuschten sich nicht darüber, daß ihre Throne noch sehr wacklig waren, zumal da die Mediatisierten – ihre ehedem souveränen Brüder von Gottes Gnaden, deren Besitzungen sie von Napoleons Gnaden in die Tasche gesteckt hatten — auf dem Wiener Kongreß lauten Lärm schlugen und sich auf das Prinzip der Legitimität beriefen. Auch fürchteten sie, daß Österreich und Preußen, deren »friedlicher Dualismus« die Voraussetzung des neuen Reiches bilden sollte, sich doch einigen und dadurch sie selbst in eine peinliche Klemme geraten würden. Nachdem sie die Verhandlungen über die deutsche Verfassung in völliges Stocken gebracht hatten, erklärten sich Bayern, Württemberg und Baden bereit, konstitutionelle Staatsformen in ihren Ländern einzuführen. Der König von Württemberg sagte offen heraus, er wolle eine landständische Verfassung gewähren, um zu beweisen, »daß nicht eine äußere Notwendigkeit oder eine gegen andere eingegangene Verpflichtung« ihn zwinge.

Es ist ganz richtig, wenn ein preußischer Historiker sagt, daß die drei Mittelstaaten des Südens sich »aus den gemeinsten Beweggründen, aus Souveränitätsdünkel und partikularistischer Angst vor der Einmischung der Bundesgewalt« entschlossen hätten, Landstände zu gewähren. Immerhin ist diese sittliche Entrüstung gerade bei preußischen Historikern nicht recht angebracht. Denn sieht man etwa von einzelnen Ideologen ab, so lag auch der preußischen Regierung verteufelt wenig an einer deutschen Verfassung. Der brave König wußte gar nichts Besseres zu tun, als das bayerische, württembergische und badische Vorbild nachzuahmen: Am 22. Mai 1815, ehe noch etwas über die deutsche Verfassung beschlossen war, erließ er ein feierliches Gesetz, wonach am 1. September desselben Jahres eine Kommission von einsichtsvollen Staatsbeamten und Eingesessenen der Provinzen in Berlin zusammentreten sollte, um eine Verfassungsurkunde auszuarbeiten. Als Grundlage dieser Verfassung wurde eine »Repräsentation des Volkes« verkündet, deren Wirksamkeit sich auf alle Gegenstände der Gesetzgebung erstrecken sollte, einschließlich der Besteuerung. Der Unterschied zwischen den süddeutschen Rheinbundfürsten und dem preußischen König bestand nur darin, daß jene ihr Versprechen, sei es nun recht oder schlecht, gehalten haben, dieser aber sein verpfändetes Königswort aufs schmählichste gebrochen hat.

Übrigens war es nicht allein das Vorbild der süddeutschen Mittelstaaten, das ihn veranlaßte, seine getreuen Untertanen so grob zu nasführen. Denn Hannibal stand wieder vor den Toren, und das schon arg enttäuschte Volk sollte abermals sein Blut in Strömen für seinen glorreichen Herrscher vergießen.

9. Die hundert Tage

Die Bourbonen hatten sich in Frankreich binnen weniger Monate mehr oder weniger unmöglich gemacht. Obgleich der neue König eine Charte verliehen hatte, die der Bourgeoisie einen bescheidenen Anteil an der Regierung sicherte, so strebte namentlich sein Bruder und Thronerbe, der Graf Artois, mit einem Gefolge unverbesserlicher Junker und Pfaffen dahin, die Zustände wiederherzustellen, wie sie unter dem alten Königtum bestanden hatten, und ängstigte damit namentlich auch die bäuerliche Bevölkerung aufs höchste.

Am ärgsten versahen es die Bourbonen mit dem Heere. Sie besaßen weder den Mut, es ganz neu zu gestalten, noch den Verstand, seine Überlieferungen zu achten. Sie nahmen ihm die Adler und die Trikolore, die Zeugen zahlloser Siege, und gaben ihm die weiße Fahne und Kokarde, die den Soldaten als Zeichen des Abfalles und des Verrats galten. Eine Beschränkung des Heeres war aus finanziellen Rücksichten notwendig, zumal da viele Tausende von napoleonischen Veteranen nach dem Friedensschluß aus der Kriegsgefangenschaft oder den Elbe-, Oder- und Weichselfestungen heimkehrten, allein, sie wurde mit äußerstem Ungeschick ausgeführt. Ergraute Offiziere wurden aus dem Dienst entlassen, um bourbonistische Junker an ihre Stelle zu setzen, die entweder noch kein Pulver gerochen oder gar schmachvollerweise in den Reihen der Emigranten gegen Frankreich gekämpft hatten. Es waren schließlich 14 000 Offiziere, die auf Halbsold gesetzt wurden, sich über ganz Frankreich verbreiteten und die wachsende Unzufriedenheit mit der Herrschaft der Bourbonen nährten, jeder ein glühender Agitator für die Wiederkehr des Kaisers.

Von Elba aus beobachtete Napoleon diese Zustände mit scharfem Blicke. Zugleich sah er die Uneinigkeit der Mächte auf dem Wiener Kongreß. Dazu kamen durchaus berechtigte Beschwerden, die er für seine Person erheben konnte. Der Vertrag von Fontainebleau wurde so gut wie gar nicht ausgeführt, dagegen wurde das Gerücht immer lauter, daß die verbündeten Mächte damit umgingen, ihn in Elba aufzuheben und nach St. Helena zu schaffen. Dies Gerücht war auch keineswegs grundlos; namentlich Hardenberg betrieb den sauberen Plan.

So wagte Napoleon den kühnen Sprung. Am 1. März 1815 landete er in Cannes; die Truppen, die gegen ihn gesandt wurden, gingen zu ihm über; am 20. März zog er in die Tuilerien ein, das Königtum der Bourbonen war wie im Sturme weggefegt. Aber so glänzend dieser Siegesflug und Siegeszug erschien, so war er im Grunde doch nur ein grandioses Abenteuer. Nicht die Nation hatte Napoleon von neuem auf den Kaiserthron erhoben, sondern das Heer. Der Groll der Bürger und Bauern über das Regiment der Bourbonen ging tief genug, um sich in die neue Ordnung der Dinge zu fügen, aber doch nicht so tief, um sich für sie zu begeistern. Das Heer wollte den Krieg, allein das bürgerliche Frankreich war des Krieges über und über satt.

Es gab nur eine Möglichkeit für Napoleon, sich dauernd zu halten. Die bourbonische Regierung und die Verhandlungen des Wiener Kongresses hatten die Wiederherstellung feudaler Zustände in greifbare Nähe gerückt; gestützt auf die Bauern und die Arbeiter, konnte er die Überlieferungen der bürgerlichen Revolution wachrufen und hätte dann um so größere Aussichten gehabt, je enttäuschter die gegen ihn verbündeten Nationen bereits durch ihre Regierungen waren. Aber ein demokratisches Regiment widerstrebte seinen despotischen Neigungen; er wollte die rote Mütze nicht aufsetzen; hatte er doch schon ein Jahr vorher die preußische Volkserhebung als einen Frevel an den heiligen Gütern der Monarchie denunziert. Statt dessen versuchte er sich auf das zerbrechliche Rohr der Bourgeoisie zu stützen, der er durch eine »Zusatzakte« zur Verfassung des Kaiserreichs etwa dieselben Rechte gewährte, die sie schon durch die Charte Ludwigs XVIII. erhalten hatte. Sie traute ihm deshalb kein Haar breit mehr; seine pathetischen Versuche, sich auf einen konstitutionellen Napoleon herauszuspielen, überzeugten niemanden, sondern verrieten jedem nur die innere Unsicherheit seiner Lage.

Entscheidend war schließlich, daß Napoleon der Nation nicht den Frieden gewähren konnte, den er ihr versprach. Als die Nachricht nach Wien kam, daß er aus Elba entwichen sei, schlug Stein schon am 8. März vor, und am 13. März beschlossen die verbündeten Mächte: »Napoleon Bonaparte hat sich aus den bürgerlichen und gesellschaftlichen Beziehungen ausgeschlossen und als Feind und Störer der Weltruhe der öffentlichen Bestrafung preisgegeben.« Dieser Beschluß war ebenso schmählich, wie einst die Ächtung Steins durch Napoleon gewesen war. Napoleon hatte als souveräner Fürst von Elba dem souveränen König von Frankreich einen siegreichen Krieg gemacht; die französische Nation hatte ihn als ihr Oberhaupt anerkannt, und er selbst wurde nicht müde, den Frieden anzubieten. Ihn zu ächten war eine brutale Gewalttat, eine schreiende Verletzung des Völkerrechtes, ebenso wie der Krieg, zu dem sich die Mächte sofort entschlossen, um Napoleon durch eine kolossale Übermacht zu erdrücken, von vornherein ein ganz ordinärer, ein reaktionärer Kabinettskrieg war, der im Interesse der Dynastien geführt wurde, mit den Interessen der Nationen aber schlechterdings nichts zu schaffen hatte. Aus einem Reste von Scham suchte man dem Kriege wenigstens den Charakter eines royalistischen Kreuzzugs für den legitimen, aber landflüchtigen König zu nehmen; gegenüber der künftigen Regierung Frankreichs, nach dem Sturze Napoleons, behielten sich die Mächte freie Hand vor.

Ehe es zum Kampfe kam, begab sich noch ein Zwischenspiel, das von beiden Teilen benützt worden ist, um sich zu entschuldigen oder zu rechtfertigen: die Schilderhebung Murats, des Königs von Neapel, gegen die österreichische Herrschaft in Italien. Nach seinem Abfall von seinem Schwager Napoleon war Murat von den verbündeten Mächten in Gnaden angenommen worden, aber die Verhandlungen des Wiener Kongresses, zu dem seine Gesandten nicht einmal zugelassen wurden, belehrten ihn, daß seines Bleibens in dem neuen Europa der Legitimität nicht sein werde. Er kehrte reumütig zu den alten Fahnen zurück, verhandelte mit Napoleon auf Elba und erklärte, als dieser in Frankreich gelandet war, den Krieg an Österreich. Mit 30 000 Mann rückte er in den Kirchenstaat vor, mit einem Manifest, das die Italiener zum Kampfe für ein freies und einiges Italien aufrief. Er hatte anfangs einige Erfolge, unterlag dann aber den überlegenen Streitkräften Österreichs und mußte selbst aus seinem Königreich fliehen. Seine Schilderhebung ist von den verbündeten Mächten in dem Sinne ausgebeutet worden, daß sie die Friedensangebote Napoleons als trügerisch verraten habe, während Napoleon gesagt hat, Murat habe ihm durch seinen Losbruch ebenso geschadet wie vordem durch seinen Abfall. Die einfachen Daten ergeben aber, daß dieser Zwischenfall den allgemeinen Lauf der Dinge durchaus nicht beeinflußt hat. Murats Kriegserklärung datiert erst vom 31. März, während die verbündeten Mächte schon am 13. Napoleon geächtet und am 25. März ein neues Bündnis gegen ihn geschlossen hatten. Dann aber war Murat schon am 20. Mai landflüchtig geworden, also zu einer Zeit, wo die Sache Napoleons noch lange nicht entschieden war.

In dem Bündnis vom 25. März verpflichteten sich England, Österreich, Preußen und Rußland, je 150 000 Mann ins Feld zu stellen und die Waffen nicht eher niederzulegen, bis Napoleon endgültig niedergeworfen sei. England verpflichtete sich zudem, fünf Millionen Pfund Sterling an Subsidien zu zahlen. Der Feldzugsplan wurde wieder wie bei allen Koalitionskriegen sehr weitläufig angelegt: in den Niederlanden standen 120 000

Mann Preußen unter dem Oberbefehl Blüchers und ein englisches, mit braunschweigischen, hannöverschen, nassauischen und holländischen Hilfstruppen stark durchsetztes Heer unter dem Oberbefehl Wellingtons, der den spanischen Krieg erfolgreich gegen die Marschälle Napoleons geführt. Am Mittelrhein stand Barclay de Tolly mit 150 000 Russen, am Oberrhein und der Schweiz endlich standen 200 000 Österreicher unter Schwarzenberg. Außerdem wurde noch ein viertes Heer als Reserve gebildet, das sogar noch stärker werden sollte als jedes der drei anderen.

Diesen gewaltigen Heeresmassen hatte Napoleon nur etwa 200 000 Mann entgegenzusetzen, von denen er — um überall die Grenzen zu decken — nur etwa 130 000 Mann in freiem Felde verwenden durfte. Zum Unterschied von 1813 und namentlich 1814 waren es allerdings Kerntruppen, vielleicht das erlesenste Heer, das Napoleon je kommandiert hat. Mit ihm hoffte er einen großen Schlag gegen eines der feindlichen Heere zu führen, der, wenn er gelang, die übermächtige Koalition am ehesten erschüttern und auch eine neue Begeisterung für den Krieg in der französischen Nation entzünden konnte, die den Rüstungen des Kaisers wenig entgegenkam. Am günstigsten lagen für ihn die Dinge an der belgischen Grenze. Das englische wie das preußische Heer waren durch die zahlreichen französischen Grenzfestungen vorläufig am Einmarsch in Frankreich verhindert; das preußische Heer erwartete noch 80 000 Mann Nachschub aus den entfernteren Provinzen. Dagegen konnte Napoleon unter dem Schleier und Schutze jener Festungen urplötzlich hervorbrechen und erst das eine, dann aber das andere der feindlichen Heere schlagen, die ihm in ihrer Gesamtheit noch um fast das Doppelte überlegen waren.

Sein Plan gelang ihm zunächst vortrefflich. Am Abend des 14. Juni besetzte er Charleroi, den natürlichen Vereinigungspunkt Blüchers und Wellingtons. Er trieb damit einen Keil zwischen sie und schlug am 16. Juni bei Ligny das preußische Heer. Blücher hatte die Schlacht nur angenommen auf das feste Versprechen Wellingtons, ihm rechtzeitige Hilfe zu leisten. Aber Wellington kam nicht, weil er sich selbst über die Stellungen seiner einzelnen Heeresteile vollkommen getäuscht hatte und sie aus räumlichen Rücksichten nicht rechtzeitig zusammenbringen konnte. Zudem wurde er selbst bei Quatre Bras von einem Teil des französischen Heeres angegriffen. Es kamen andere Unfälle dazu; eines von den vier Korps des preußischen Heeres erschien ebenfalls nicht rechtzeitig auf dem Schlachtfeld. Durch den Sieg bei Ligny hoffte nun Napoleon, das preußische Heer kampfunfähig gemacht und auf seine natürliche Rückzugslinie nach Osten gedrängt zu haben; damit entfernte es sich von dem englischen Heere, über das Napoleon mit Recht hoffen durfte einen entscheidenden Sieg davonzutragen.

Seine Rechnung wurde dadurch vereitelt, daß die Preußen den Rückzug nicht nach Osten, sondern nach Norden nahmen, nicht von dem englischen Heere weg-, sondern ihm zuzogen. Gneisenau gab den Befehl am Abend der Schlacht bei Ligny, da Blücher im Getümmel der Schlacht mit dem Pferd gestürzt und vorläufig nicht aufzufinden war. Es war ein höchst gewagter Entschluß, allein, er wurde die entscheidende Wendung des Feldzugs. Als Napoleon am 18. Juni das englische Heer angriff, das sich auf einem niedrigen Höhenzug zum Mont St. Jean aufgestellt hatte, war ihm der Sieg schon so gut wie sicher, bis das preußische Heer nach aufreibenden Gewaltmärschen in seine rechte Flanke brach. Das französische Heer erlitt eine furchtbare Niederlage und wurde durch die rastlose Verfolgung, die Gneisenau bis zum letzten Atemzug von Roß und Reiter betrieb, völlig aufgelöst. Damit war der Krieg entschieden; die Herrschaft der hundert Tage hatte ihr Ende erreicht.

Militärisch hatte das preußische Heer den Feldzug gewonnen; daran kann kein Zweifel bestehen trotz der hinterhältigen Reden, mit denen Wellington sofort an dieser Tatsache zu drehen und zu deuteln suchte. Ganz und gar noch, gemäß dem englischen Söldnerheer, in der alten Taktik befangen, hätte er dem Ansturm der französischen Kerntruppen nicht mehr lange widerstehen können, als die Preußen ihn retteten. Aber politisch behielt er das Spiel in der Hand. Bezeichnend ist schon im kleinen, daß sich der Name erhalten hat, den Wellington der entscheidenden Schlacht gab: nach dem Dorfe Waterloo, wo gar nicht gekämpft wurde, sondern wo Wellington sein letztes Hauptquartier vor der Schlacht gehabt hatte, nicht aber der Name [La] Belle-Alliance, den die Preußen forderten, weil sich Blücher und Wellington am Abend bei einem Pachthof dieses Namens zuerst getroffen hatten.

Bei dem Einmarsch beider Heere in Frankreich stürmten die Preußen voran, aber Wellington sorgte dafür, daß im englischen Interesse die Bourbonen schleunigst wieder in die Tuilerien zurückkehrten, was ganz und gar nicht im preußischen Interesse lag und wozu sich selbst nicht einmal die verbündeten Mächte verpflichtet hatten. Es war eine durchaus eigennützige Politik, durch die sich die englischen Torys eine von ihnen abhängige Regierung in Paris schaffen wollten. Jedoch dafür hatten die Blücher und Gneisenau kein Auge; sie wollten die »Nationalrache in langen Zügen« genießen; sie planten, Napoleon zu erschießen, sobald sie seiner habhaft würden, oder die Pariser Brücke in die Luft zu sprengen, die nach Jena genannt war, und ähnliche Dinge mehr. Den Vorteil davon hatte nur Wellington, der sich diesen vandalischen Plänen mit Erfolg widersetzte, wodurch seine krämerhafte Politik obendrein einen Schein von hochherziger Großmut gewann.

Napoleon hatte nach der Schlacht die Reste seines Heeres verlassen und war nach Paris geeilt, um zu retten, was noch zu retten war. Aber es war nichts mehr zu retten. Die Kammern verlangten ungestüm seine Abdankung, auch die Deputiertenkammer, die auf Grund seiner »Zusatzakte« gewählt worden war. Am 25. Juni mußte er Paris verlassen; am 29. Juni begab er sich nach Rochefort, wo ihm zwei Fregatten zur Flucht nach Amerika zur Verfügung gestellt wurden. Aber er verzögerte seine Abfahrt in der Hoffnung einer günstigen Wendung, bis die Reede von Rochefort durch englische

Kriegsschiffe gesperrt war. Ihnen ergab er sich am 15. Juli, um nicht gar noch in die Gefangenschaft der Bourbonen zu geraten. Die grausame Rache, die die verbündeten Mächte auf St. Helena an ihm nahmen, ist bekannt.

Die provisorische Regierung, die sich nach seiner Abdankung in Paris gebildet hatte, war nicht von langer Dauer. Sie kapitulierte am 3. Juli unter der Bedingung, daß alle französischen Truppen bis zum 6. Juli die Stadt zu räumen hätten. Am 7. Juli und den folgenden Tagen rückte das preußische Heer in die Stadt ein, während Wellington im Einklang mit seiner berechnenden Großmutpolitik seine Truppen im Bois de Boulogne lagern ließ. Am 8. Juli traf Ludwig XVIII. in den Tuilerien ein und konnte sofort als liebenswürdiger Hausherr die drei verbündeten Monarchen empfangen, die am 10. Juli anlangten.

Da sie nicht daran denken konnten, den legitimen König wieder zu vertreiben, so mußten sie gute Miene zu dem bösen Streiche machen, den ihnen Wellington gespielt hatte. Am schnellsten fand sich der Zar in die neue Lage. Dieser »Befreier Europas« hatte kaum erst die gewaltigen polnischen Bissen hinabgewürgt, als seine unersättliche Eroberungsgier schon nach neuen, türkischen Bissen lechzte. Da er gewiß war, daß er dabei auf englischen und österreichischen Widerstand stoßen würde, so lag ihm viel an guten Beziehungen zu Frankreich. In holdem Wetteifer mit den englischen Torys buhlte der Selbstherrscher aller Reußen um die Gunst Ludwigs XVIII., dem noch die frische Schmach seiner kläglichen Flucht vor Napoleon anhing. Österreich wünschte keine neuen Erschütterungen des Länderbesitzes, wie er in Wien zusammengeschachert worden war; die Ruhe des Kirchhofs begann Metternichs Hauptziel zu werden. Nur die Preußen verlangten neben einer hohen Kriegskostenentschädigung die Abtretung Elsaß-Lothringens und anderer Gebiete.

Die französischen Unterhändler hatten es leicht, diese Forderung zurückzuweisen, sintemalen die verbündeten Mächte in ihrem Ächtungsdekret und sonstigen Kundgebungen ja nur Napoleon bekämpft hätten, der glücklich beseitigt sei, nicht aber Frankreich, von dem sie also auch nichts zu fordern hätten. Indessen anmutige Trümpfe dieser Art stechen in Machtfragen nicht, und der wirkliche Grund, weshalb die preußischen Ansprüche nach mehrmonatigem Zanke abgewiesen wurden, lag eben darin, daß alle anderen Großmächte nichts davon wissen wollten. Demgegenüber war es nur ein magerer Trost, daß die Rheinbundfürsten, die neuen Raub witterten, diesmal Preußen unterstützten. Am widerhaarigsten fast — nächst dem französischen König selbst — war der Zar, dem der borussische Vasall doch eben erst die polnischen Kastanien aus dem Feuer geholt hatte.

In dem neuen Frieden, der am 20. November in Paris beschlossen wurde, mußte Frankreich nur einige unbedeutende Teile der Abrundungen zurückgeben, die ihm im Jahre vorher über die Grenzen von 1792 hinaus gewährt worden waren. Dazu kam eine Kriegskostenentschädigung von 700 Millionen Franken und die Verpflichtung, auf fünf oder je nachdem drei Jahre ein Okkupationsheer der verbündeten Mächte in der Höhe von 150 000 Mann in den Nordostprovinzen zu dulden und zu verpflegen. Auch die geraubten Kunstschätze mußten zurückgegeben werden.

Vorher jedoch hatte der Zar die christliche Welt noch mit einer wunderbaren Offenbarung beglückt: mit der Urkunde der Heiligen Allianz, einem Glaubensbekenntnis, das »den göttlichen Erlöser Jesus Christus« als den einzigen Souverän der einen christlichen Nation verkündete. Der Zar war unter den mystischen Einfluß der Frau v. Krüdener geraten, von der Goethe bei ihren Lebzeiten sagte: Hurenpack, zuletzt Propheten!, und von der er nach ihrem Tode meinte: So ein Leben, wie Hobelspäne; nicht einmal ein Häuflein Asche ist daraus zu gewinnen zum Seifensieden! Es versteht sich, daß die Weissagungen dieser würdigen Dame genau mit den zarischen Eroberungsinstinkten zusammenfielen; dies Bündnis der christlichen Welt sollte ein fühlbarer Druck auf die Türkei sein. In der Tat aber unterschrieben alle Fürsten den albernen

Wisch mit Ausnahme des Papstes und des Großsultans; auch die englischen Torys weigerten sich, sei es, weil ihnen die Sache gar zu dumm war, sei es, weil sie die Türkei trösten wollten.

Allein, die widrige Posse krönte in würdiger Weise den Sieg der europäischen Reaktion.

10. Der Deutsche Bund

Wie die Rückkehr Napoleons den preußischen König zwang, ein Verfassungsversprechen zu geben, das er niemals eingelöst hat, so zwang sie die deutschen Regierungen auf dem Wiener Kongreß, wenigstens etwas fertigzumachen, was einer deutschen Verfassung ähnlich sah. Sogar Metternich fürchtete den Zorn der öffentlichen Meinung, wenn nach dem endlosen Lärme der pomphaften Feste die nationalen Hoffnungen mit nichts abgespeist werden sollten. Und zudem erwartete man damals noch einen langen und langwierigen Krieg mit Napoleon.

So wurde denn in den Tagen vom 23. Mai bis 10. Juni in aller Eile eine Bundesakte zurechtgeschustert, von der man freilich behaupten konnte, daß sie noch weniger als nichts sei, daß sie die nationalen Hoffnungen nicht nur nicht befriedige, sondern geradezu verhöhne. Sie schuf weder eine Bundesregierung noch ein Bundesparlament, noch ein Bundesheer, noch ein Bundesgericht; sie sah weder ein allgemeines Gesetzbuch noch eine einheitliche Regelung der Handels- und Zollfragen, des Maß- und Münz- und Postwesens usw. vor. Ihr Organ war eine Gesandtenkonferenz, die in Frankfurt a. M. unter dem Namen des Bundestags tagen sollte. Die Mitglieder des Bundestags waren an die Instruktionen ihrer Regierungen gebunden; für alle wichtigeren Beschlüsse war Stimmeinhelligkeit notwendig, wie weiland auf dem polnischen Reichstag. Die Souveränität der Einzelfürsten blieb so gut wie unbeschränkt; sie behielten ihre eigene Diplomatie und das Recht der Bündnisse; nur gegen den Bund und seine Mitglieder durften sie sich nicht mit auswärtigen Mächten verbünden. Die Rechte der »Untertanen« wurden nicht einmal auf das Versprechen, sondern nur auf die Prophezeiung beschränkt, daß in allen Bundesstaaten eine landständische Verfassung stattfinden *werde;* daneben wurden gleichmäßige Verordnungen über die Preßfreiheit und Sicherstellung der Schriftsteller gegen den Nachdruck als eine zukünftige Aufgabe des Bundestags bezeichnet.

Es ist ganz richtig, was Lassalle später einmal ausgeführt hat, daß dies elende Machwerk der getreue Ausdruck der tatsächlichen Machtverhältnisse gewesen sei. Allein man begreift, daß sich die deutschen Zeitgenossen mit dieser rechtsphilosophischen Auffassung nicht trösten konnten, schon weil sie ihrer überhaupt noch nicht fähig waren. Sie empfanden die Bundesakte als eine schmerzliche Enttäuschung, aber nahmen sie mit einer dumpfen Gleichgültigkeit hin. Selbst Stein meinte mit einem Gleichmut, der seinem heftigen und ungestümen Wesen sonst nicht eigen war: »Man muß nicht den Mut verlieren, sondern alles von der Kraft des Fortschritts erwarten, die dem menschlichen Geiste innewohnt.« Er war sogar bereit, im Bundestag mitzuwirken; Österreich und Preußen boten ihm zugleich ihre Vertretung an, und es scheiterte nur an äußeren Umständen, daß Stein preußischer Gesandter am Bundestag wurde.

Eine politische Presse gab es in Deutschland nur hier und da. Ihr bedeutendstes Organ war der »Rheinische Merkur«, den Görres seit dem Februar 1814 in Koblenz herausgab, und in ihm war zu lesen, daß die gesamte Zeitungspresse in dieser großen Zeit, dreifach strafbar, nirgends einen angemessenen Ausdruck für die Hoffnungen, Überzeugungen und Wünsche des Volkes gefunden habe. Das Urteil war gerecht, aber es fiel nicht am wenigsten auf den »Rheinischen Merkur« selbst zurück. Görres war von seiner anfänglichen Begeisterung für die Französische Revolution gänzlich zurückgekommen und begann für die Herrlichkeit des deutschen Mittelalters zu schwärmen; er glitt so allmählich in die ultramontane Richtung, zu deren beredtesten Vorkämpfern er später gehört hat. Bei aller sonstigen Verschiedenheit zog Arndt, der den »Wächter« in Köln herausgab, am gleichen Strange. Auch er hegte die ausbündigste Abneigung gegen die Aufklärung des achtzehnten Jahrhunderts und selbst gegen unsere klassische Literatur; wie Stein war er noch ganz in ständischen Vorurteilen befangen. Eine Verfassung wollte freilich auch er, und er gab dem bittersten Gefühl, das damals die patriotischen Herzen bewegte, einen beredten Ausdruck, indem er sagte, die besiegten Franzosen und die besiegten Polen hätten eine Verfassung bekommen, aber die Deutschen wolle man in dummer Geistlosigkeit hinstrecken wie die toten Klötze. Jedoch mit seinen mittelalterlichen Anschauungen konnte er im Rheinland, das die Segnungen der Französischen Revolution kannte, nicht festen Fuß fassen, und sein Blatt ging nach Jahresfrist ein. Der »Rheinische Merkur« aber, der durch seine katholische Richtung viel tiefere Wurzeln geschlagen hatte, wurde im Januar 1816 von der preußischen Regierung verboten, auf daß Görres recht behielte mit seinem drastischen Worte, die Angst der Regierungen vor der Preßfreiheit sei nur der Haß der öffentlichen Dirnen gegen die Straßenbeleuchtung.

Andere Ansätze einer politischen Presse, soweit sie überhaupt bemerkenswert waren, taten sich in Jena auf. So anfechtbar sein Mäzenatenruhm sein mochte, so war Karl August noch der verhältnismäßig leidlichste der deutschen Fürsten; über die Preßfreiheit dachte er sogar verständiger als sein Freund Goethe. Freilich machten es ihm die Zeitungen in Jena auch nicht schwer, wenngleich Stein über ihre »französischen Reformgrundsätze« jammerte. Sie trugen alle das Gepräge der größten Mäßigung; »nie hat es eine unschuldigere Presse gegeben«, sagt Gervinus mit Recht. Ihre namhaftesten Organe waren die »Nemesis«, die der Historiker Luden, und die »Isis«, die der Naturforscher Oken herausgab. Die »Nemesis« forderte in einschläfernder Breite nichts Unbilligeres, als

daß die Fürsten ihr Wort halten und den Artikel der Bundesakte, der landständische Verfassungen verhieß, alsbald ausführen sollten; die »Isis« war eigentlich ein naturwissenschaft-
liches Organ, befaßte sich daneben aber auch mit Politik, im
Sinne eines ehrlichen, wenn auch grillenhaften und harmlosen
Radikalismus. Okens Verdienste lagen durchaus auf dem
Gebiet der Naturwissenschaften.

In Berlin hatten Niebuhr und Schleiermacher im Frühjahr
1813 eine ernsthafte Zeitung zu gründen versucht, aber erst
mit Hilfe Scharnhorsts, der nicht genug über die »unerhörte
Erbärmlichkeit der Berliner Zeitungen« zu klagen wußte, den
Widerstand Hardenbergs überwunden. Der Staatskanzler
gestattete schließlich für die Dauer des Krieges das Erscheinen
des »Preußischen Korrespondenten«, wenn auch nur unter der
Zensur des Auswärtigen Amtes. Noch aber war das preußische Heer im Jahre 1815 aus Frankreich nicht zurückgekehrt,
als gerade Niebuhr und Schleiermacher die Opfer einer infamen Denunziation wurden. Schmalz, ein Professor der Berliner Universität, zog einen beiläufigen Anlaß an den Haaren
herbei, um in einer kleinen Flugschrift angebliche geheime
Vereine, tatsächlich aber die Patrioten, die die preußische
Erhebung von 1813 gefördert hatten, des Hochverrats und
Majestätsverbrechens zu zeihen. Sie führten nach Schmalz
»pöbelhafte Schmähreden gegen andere Regierungen und tolle
Deklamationen über eine Vereinigung des ganzen Teutsch-
land unter einer Regierung«. »Wie vormals die Jakobiner
die Menschheit, so spiegeln sie die Teutschheit vor, um uns die
Eide vergessen zu machen, wodurch ein jeder seinem Fürsten
verwandt ist.« »Diese Menschen ... wollen durch Mord, Plünderung und Notzucht altteutsche Redlichkeit und Zucht ver-
mehren.« Daneben versicherte Schmalz, von einer volkstümlichen Begeisterung sei 1813 keine Spur vorhanden gewesen.
Das ganze Volk habe ruhig auf den Ruf des Königs gewartet
und sei dann zu den Waffen geeilt, wie man aus ganz gewöhn-
licher Bürgerpflicht bei Feuerlärm zum Löschen einer Feuers-
brunst eile.

Niebuhr, Schleiermacher und ihre Gesinnungsgenossen erhoben sich gegen diese elende Denunziation, und sie trieben Schmalz gehörig in die Enge, als diesem eine mächtige Hilfe kam. Der König zeichnete ihn durch einen Orden aus und verbot, was für Schmalz eine noch größere Wohltat war, »bei namhafter Geld- oder Leibesstrafe« die Fortsetzung des Streits. Außerdem wurden ältere Verbote geheimer Verbindungen in Erinnerung gebracht, als ob die geheimen Verbindungen, die Schmalz denunziert haben wollte, wirklich beständen! Wenn Niebuhr danach eine »sehr gemeine Zukunft« befürchtete, so sollte er sich als guter Prophet bewähren.

Immerhin war ein dürftiges Zerrbild von dem, was die Patrioten erstrebt hatten, in Berlin lebendig: in der Turnerei, die Jahn betrieb. Doch auf das, was Fichte aus der deutschen Jugend machen wollte, und auf das, was Jahn aus ihr machte, paßte das Dichterwort: Zum Teufel ist der Spiritus, das Phlegma ist geblieben. Mag man Jahns Verdienste um das Turnwesen noch so hoch anschlagen, so blieb er, alles in allem und namentlich auch als Lehrer der Jugend, der »fratzenhafte Kerl«, den Stein in ihm sah. Jahn predigte den dümmsten Franzosenhaß; eine seiner Lieblingsredensarten war, daß, wer seine Töchter die französische Sprache lernen ließe, sie ebensogut die Hurerei lehren könne. Staatsgefährlich im polizeilichen Sinne wurde Jahn nur dadurch, daß er gegen das stehende Heer eiferte, nicht aus historischer Einsicht, sondern als Turnvater, der mit der edlen Turnerei allen Mächten der Welt gewachsen zu sein glaubte, und daneben aus der Eifersucht, die er als ehemaliger Lützower aus dem Kriege mitgebracht hatte. Auch das höfische Gesindel schalt er, doch auch hier mehr aus Haß gegen jede feinere Bildung, als weil er der Monarchie hätte an den Kragen wollen. Er blieb durch und durch ein preußischer Monarchist und bezog Gehalt aus der Staatskasse. Wenn den überängstlichen König das Lärmen und Poltern auf den Turnplätzen zu erschrecken begann, so wußten die ängstlichen Behörden recht gut, daß nichts dahintersteckte, und legten dem Treiben Jahns und seiner reisigen Scharen zunächst nichts in den Weg.

Hatte Jahn dem Wirken Fichtes nur abgesehen, wie dieser große Erzieher sich räusperte und spuckte, so wehte wirklich ein Hauch von Fichtes Geist in der deutschen Burschenschaft, die sich in den ersten Friedensjahren zu entwickeln begann. Sie war in gewissem Sinne die Verwirklichung des Planes, der schon 1811 unter den begeisterten Jüngern Fichtes aufgetaucht war: des Planes einer Deutsch-Jüngerschaft, den Fichte gebilligt hatte; nur mit der Einschränkung, die Burschen sollten sich hüten, deutsch und mittelalterlich zu verwechseln, und das Mittel, die Verbindung, nicht höher stellen als den Zweck, die Belebung deutschen Sinnes. Diese Gedanken tauchten mit verstärkter Gewalt unter den Studenten auf, die als Freiwillige zu den Waffen geströmt waren und bei ihrer Heimkehr als siegreiche Kämpfer sich um so weniger in das verrottete Universitätswesen finden konnten, das mit Recht den flammenden Zorn Fichtes erregt hatte.

Diese Jünglinge wurden nicht durch das beirrt, was, wenn man anders gerecht sein will, bei dem Urteil über die unheimliche Dumpfheit und Stumpfheit der Männer nicht vergessen werden darf: die unvermeidliche Ermattung nach der ungeheuren Anspannung einer vieljährigen Kriegs- und Notzeit sowie die bittere Notwendigkeit, die armseligen Trümmer ihrer bürgerlichen Existenz notdürftig wiederherzustellen. Die Jugend, die am 12. Juni 1815 durch einen feierlichen Aufzug auf dem Marktplatz in Jena die deutsche Burschenschaft eröffnete, sah im frohen Bewußtsein ihrer Siege über den Unüberwindlichen mit strahlenden Augen in die Zukunft, ein neues Geschlecht, das, wie Fichte verheißen hatte, die Freiheit und Klarheit den Deutschen bringen werde, wenn erst das alte, hoffnungslos in Selbstsucht verkommene Geschlecht verschwunden sei. Dabei lief viel Selbstgerechtigkeit mit unter, und auch die Burschenschafter suchten oft genug die Nachfolge Fichtes in den zufälligen Eigenschaften seiner Persönlichkeit: in seinem trotzigen

Gange und seinen strafenden Blicken. Aber ihnen gelang glänzend, was ihr nächstes Ziel war: eine gründliche Reform des Studentenlebens.

Die Burschenschaft begann in Jena, wozu ebensoviel beitragen mochte, daß Jena unter den deutschen Universitätsstädten die eigentliche Studentenstadt war, als auch, daß an ihr neben Luden und Oken noch andere Männer unterrichteten, wie Fries, Kieser und Schweitzer, die ein Herz für die Not der Zeit hatten. Doch trat der politische Charakter der Burschenschaft in ihren ersten Jahren noch nicht stark hervor. Ihre Begeisterung für das neue Deutschland hatte einen stark christlich-germanisch-romantischen Einschlag, der weder von Franzosen- noch von Judenhaß frei war. Aus dieser ersten Burschenschaft sind an namhaften Männern mehr spätere Reaktionäre hervorgegangen als spätere Liberale; es sei nur an Hengstenberg, Leo, Stahl, Wolfgang Menzel erinnert.

Von Jena, wo sie bald fast die ganze Studentenschaft umfaßte, verbreitete sich die Burschenschaft auf andere Universitäten, und es entstand ganz von selbst der Gedanke, auf einer feierlichen Zusammenkunft die neue Gemeinschaft aller deutschen Burschen zu befestigen. Man wählte dazu den 18. Oktober 1817, um zugleich den dreihundertsten Geburtstag der deutschen Reformation und den vierten Jahrestag der Leipziger Schlacht zu feiern. Etwa fünfhundert Studenten kamen an diesem Tage in Eisenach zusammen, auch einige Professoren aus Jena. Das Fest selbst trug durchaus ein patriotisches und selbst ein religiöses Gepräge. In dem Rittersaal der Wartburg, den der Großherzog von Weimar eingeräumt hatte, begann die Feier mit dem Absingen von Luthers »Ein feste Burg ist unser Gott«; der Hauptredner der Studenten sprach ganz im allgemeinen von dem »Streben nach jeglicher menschlicher und vaterländischer Tugend«; Oken, der »gelehrte Hitzkopf«, wie Goethe ihn nannte, warnte sogar vor einer verfrühten politischen Tätigkeit der Jugend. Nach der Feier wohnten die Burschen dem Gottesdienst in Eisenach bei.

Erst am Abend, als die Burschen auf den Wartenberg zogen,

gegenüber der Wartburg, um mehrere große Siegesfeuer mit patriotischen Reden und Liedern zu begrüßen, spielte sich ein sozusagen politischer Zwischenfall ab. Der von Heine später so unermüdlich verspottete Maßmann, unter den Gründern der Burschenschaft der einzige Berliner und zugleich ein Lieblingsschüler Jahns, machte den Vorschlag, einige Schriften zu verbrennen, die der patriotischen Jugend widerwärtig waren, wie einst Luther die Bannbulle des Papstes verbrannt hatte. Es war eine Nachäfferei, wie sie nur Jahn ersinnen konnte, von dem auch das Verzeichnis der Schriften herrührte, die verbrannt werden sollten: kunterbunt durcheinander der Code Napoléon und die Pamphlete des Denunzianten Schmalz, eine Sammlung von Polizeigesetzen, die der preußische Minister Kamptz fast ohne eigene Zutat herausgegeben hatte, einige Preßerzeugnisse, die sich gegen das Turnen oder für das Judentum aussprachen, endlich auch einige — im Sinne der damaligen Zeit — liberale Schriften, die der brave Jahn nur nicht verstanden hatte. Man warf nicht einmal die Bücher selbst ins Feuer, sondern nur einige Ballen alten Druckpapiers, die mit ihren Titeln beschrieben waren; dazu verbrannte man einen Ulanenschnürleib, einen Zopf und einen Korporalstock »als Flügelmänner des Gamaschendienstes, der Schmach des ernsten heiligen Wehrstandes«; dann ging man mit einem dreifachen Pereat auf die »schuftigen Schmalzgesellen« auseinander.

Der Zwischenfall war nicht wert, über den Tag hinaus das geringste Interesse zu erregen, mochte man ihn nun als eine Eulenspiegelei Jahns auffassen, wie er deren manche auf dem Kerbholz hatte, oder als einen übermütigen Studentenscherz, wie sie die Geschichte der deutschen Hochschulen ebenfalls in Fülle aufzuweisen hatte. In der totenstillen Zeit machte er aber ein gewaltiges Aufsehen, und nicht etwa bloß bei den deutschen Regierungen und den reaktionären Elementen des Volkes. Von den namhaften Männern der Nation fand im Grunde nur Goethe ein halbwegs freundliches Wort; da auch eine Schrift Kotzebues mit verbrannt worden war, so widmete Goethe dem frivolen Spötter die Verse:

Du hast es lange genug getrieben,
Niederträchtig vom Hohen geschrieben.
Daß du dein eig'nes Volk gescholten,
Die Jugend hat es dir vergolten.

Sonst aber tobten selbst Niebuhr und Stein gegen die
»Fratze auf der Wartburg«, und nicht weniger als vier Großmächte machten gegen sie mobil. Die französische Regierung
und der Zar begnügten sich wenigstens mit schriftlichen Vorstellungen, die sie der Regierung in Weimar machten; Österreich und Preußen sandten – und Preußen keinen Geringeren
als den Staatskanzler selbst – eigene Gesandten nach Weimar,
um die fürchterliche Erscheinung zu untersuchen. Karl August
mußte sich auch zu einigen Zwangsmaßregeln bequemen; er
verbot die »Burschenzeitung«, deren Gründung beim Wartburgfest beschlossen worden war, verwarnte einige andere
Zeitungen und ließ Oken wegen Hochverrats anklagen. Aber
wie diese Anklage mit einer Freisprechung endete, so ließ sich
auch sonst mit der eifrigsten Spürnase nichts Hochverräteri-
sches entdecken, und der erste Anlauf verlief im Sande.

Er hatte nur den einzigen Erfolg, daß die Burschenschaft
den Ernst des politischen Kampfes zu begreifen begann und
aus den frommen Träumen erwachte, die das Wartburgfest
umgaukelt hatten.

11. Die Karlsbader Beschlüsse

Etwa ein Jahr nach dem Wartburgfest trat ein europäischer
Kongreß in Aachen zusammen, die erste jener Zusammen-
künfte, die von den gegen Frankreich verbündeten Mächten
beim zweiten Pariser Frieden beschlossen worden waren, um
von Zeit zu Zeit die Sicherung der europäischen Ruhe zu
beraten. Nirgends aber war diese »Ruhe« mehr gefährdet als
in Deutschland, nämlich nach Ansicht der europäischen
Monarchen und Minister, und so wurde denn in Aachen die

Frage »staatsmännisch« erwogen, wie die »deutsche Revolution« zu bändigen sei.

Dabei traten der Zar wie Metternich in gewissermaßen neuen Rollen auf. In seiner schauspielerischen Weise hatte sich der Zar ehedem als »liberaler Völkerbefreier« aufgespielt, aber dies Spiel mit dem Feuer war ihm gründlich verleidet worden, als er an seinem eigenen Hofe einige demagogische Geheimbünde entdeckte, die ihre Fäden bis in seine Garde hinein erstreckten[17]. Er verschwieg das Geheimnis sorgfältig, allein er spielte nun öffentlich den fanatischen Rückwärtser; ich halte eine Million Soldaten auf der Lauer, prahlte er, um das monarchische System gegen alle Mächte der Revolution zu verteidigen. Er mahnte die deutschen Fürsten, die er als seine Vasallen und Vortruppen betrachtete, eifrig zum Kampfe gegen die »Demagogen« und fand damit bereitwilliges Gehör, zuerst und zumeist bei seinem preußischen Lehensmann.

Der Zar hatte ganz Deutschland mit einem dichten Netze von Spionen umsponnen, die ihm über die deutschen Zustände berichten mußten. Schon vor dem Aachener Kongreß war durch einen Zufall bekannt geworden, daß Kotzebue, der als russischer Legationsrat in Weimar lebte, aber sich durchaus als deutscher Dichter aufspielte und seinen giftigen Hohn namentlich an der deutschen Burschenschaft ausließ, zu diesen russischen Spionen gehörte. In Aachen selbst verbreitete der Zar eine geheime Denkschrift eines anderen seiner elenden Spione, eines gewissen Stourdza, die ein schauerliches Gemälde von den deutschen Universitätszuständen entwarf und ein scharfes Einschreiten gegen die »revolutionäre Bewegung« der Studenten verlangte. Die Denkschrift wurde jedoch an eine Pariser Buchhandlung verraten und von dieser veröffentlicht; sie erregte einen heftigen Sturm in der Burschenschaft, zumal da Kotzebue seinen Mitspion dadurch herauszuhauen suchte, daß er behauptete, die Denkschrift Stourdzas spreche nur die eigenen Gedanken des Zaren aus. Vor den Angriffen und Drohungen der Burschenschaft mußte Kotzebue aus Weimar weichen und siedelte nach Mannheim über.

Wie der Zar, so änderte auch Metternich seine Politik. Er hatte sich bis dahin um die deutschen Zustände wenig gekümmert; ihm genügte die Souveränität der Mittel- und Kleinfürsten als sichere Bürgschaft für die Fortdauer der deutschen Zerrissenheit. Nun aber tat sich eine nationale Bewegung kund, die Metternich in Deutschland von seinem österreichischen Standpunkt aus so wenig dulden konnte und wollte wie in Italien. Ganz ein Diplomat der alten Schule, gewalttätig aus Feigheit, wollte er sie im Keime ersticken, wozu er, da er der Mittel- und Kleinstaaten sicher sein konnte, vor allem die Zustimmung des preußischen Königs brauchte. Die Erhebung der preußischen Provinzen aus dem Frühjahr 1813 war ihm in peinlicher Erinnerung und ebenso das schlesische Heer, das bei dem Winterfeldzug in Frankreich seine Pläne so oft durchkreuzt hatte. Führte der preußische König nun gar das Versprechen einer Verfassung aus, so sah Metternich die deutsche Revolution im vollen Gange.

In Aachen bemühte er sich demnach eifrig, den preußischen König einzufangen. Er stellte ihm vor, daß die revolutionäre Partei in Preußen ihre Hochburg habe, wo sie sich bis in die höchsten Kreise des Beamtentums und des Heeres verzweige. Dabei fand Metternich den Boden trefflich vorbereitet durch den Zaren, der schon das Orakel von sich gegeben hatte, man könne nicht wissen, ob er mit seinem Heere nicht den König von Preußen gegen dessen eigenes Heer werde unterstützen müssen. Solche Flüsterungen versagten bei dem argwöhnischen und kleinlichen Geiste des preußischen Königs nie. Er horchte nun gerne auf die Warnungen Metternichs vor dem Erlaß einer Verfassung. Nach Metternichs Ansicht war das verpfändete Wort des Königs schon eingelöst, wenn er Provinzialstände — im mittelalterlichen Sinne — einrichtete mit ganz unbedeutenden Befugnissen: dem Rechte der Bitten, der Beschwerden und der Verteilung der direkten Steuern. Äußerstenfalls könnten je drei Mitglieder aus jeder Provinz zu einer Zentraldeputation in Berlin zusammenberufen werden, aber — so meinte Metternich — der König möge sorgsam prüfen, ob dieser Landtag von einundzwanzig Mitgliedern nicht auch schon die leibhaftige Revolution sei.

Metternich begründete diese Ansicht in zwei großen Denkschriften, von denen preußische Historiker zu sagen pflegen, sie seien das widersinnigste Zeug, das je über preußische Zustände zusammengeschrieben worden sei. Daran besteht auch kein Zweifel. Aber das »Erstaunliche« der Tatsache ist nicht, wie jene Historiker meinen, Metternichs, sondern des preußischen Königs Schuld. Metternich wußte, mit wem er zu tun hatte, und seine Darstellung, gleichviel, ob er selbst an sie glaubte oder nicht, war trefflich berechnet auf den unglaublich beschränkten Kopf, der die preußische Krone trug. Der König glaubte an alles, was ihm der österreichische Kanzler vorzauberte, und dieser datierte triumphierend von dem Aachener Kongreß die Rettung der preußischen Monarchie.

Die unheimlichen Machenschaften des Kongresses wurden nach Möglichkeit geheimzuhalten gesucht, doch sickerte genug davon durch, um neue Beunruhigungen in allen Kreisen hervorzurufen, die noch politische Interessen kannten, vor allem in der Burschenschaft. In ihr entwickelte sich immer stärker eine Richtung, die das christlich-germanische Gewand abstreifte und ihre Ideale nicht mehr in mittelalterlicher Romantik, sondern in der großen französischen Revolution suchte. Ihre Führer fand sie in den Brüdern Follen, namentlich in Karl Follen, der erst als Student in Gießen, dann als Dozent in Jena wirkte. Diese Richtung hatte begriffen, wo das wahre Hindernis der deutschen Einheit und Freiheit liege; das Burschenlied: Fürsten zum Land hinaus! sprach es mit erfrischender Deutlichkeit aus. In anderen Liedern schliff sie den Dolch für die eidbrüchigen Fürsten; eine Ader von dem Terrorismus der St.-Just und Robespierre floß durch ihr Blut, und auch an ihr bewährte sich das Wort, das einst der Leutnant Moltke geschrieben, aber der Feldmarschall Moltke verleugnet hat: Weil sie selbst das Unschuldige nicht öffentlich äußern durften, so taten sie das Schuldigste im geheimen. Nichts ehrte sie mehr als ihre Empörung über die nationale

Schmach der russischen Spionenwirtschaft auf deutschem Boden, aber da dieser Empörung der Mund verschlossen wurde, so entlud sie sich in den Dolchstößen, womit der Burschenschafter Karl Sand am 23. März 1819 den russischen Spion Kotzebue tötete.

Vom politischen Standpunkt aus war die Tat unsinnig wie jeder Mord, der in einer einzelnen Person ein ganzes System zu vernichten sucht. Anders lautete das moralische Urteil derjenigen Zeitgenossen, die sich ein vaterländisches Gefühl bewahrt hatten. Sie verglichen Sand mit Brutus, mit Scävola, mit Tell und begrüßten seine Tat als »ein Zeichen dessen, was kommen muß und wird«. Ein Professor der Theologie, de Wette in Berlin, schrieb an die Mutter Sands – in einem Briefe, der ihn seine Professur kostete –: »So, wie die Tat geschehen ist durch diesen reinen, frommen Jüngling, mit diesem Glauben, dieser Zuversicht, ist sie ein schönes Zeichen der Zeit.« Görres aber faßte das Urteil der gebildeten Volksschichten in den Worten zusammen: Mißbilligung der Handlung bei Billigung der Motive.

Dieser Widerhall der Tat nicht minder als sie selbst rief unter den Fürsten schlotternde Angst hervor, zumeist bei dem preußischen König, der sofort den Polizeibehörden außerordentliche Vollmachten erteilte, eine Ministerialkommission zur Verfolgung der Demagogen niedersetzte und als erstes Opfer den harmlos-närrischen Jahn verhaften ließ. Der König war jetzt reif, ein ganz willenloses Werkzeug Metternichs zu werden, der an seinem Teil zu einem großen Schlag gegen die nationale Bewegung ausholte. Am 22. Juli kamen beide in Teplitz zusammen. Wie der König einst Stein bei Napoleon verklatscht hatte, so verklatschte er jetzt Hardenberg bei Metternich, nur daß Hardenberg sich selbst in seine schiefe Stellung gebracht hatte, indem er die Angst des Königs vor den Demagogen künstlich geschürt hatte in der törichten Hoffnung, dadurch seine eigene Stellung zu befestigen. Jetzt warf sich der König ganz in Metternichs Arme, der schon in Aachen das kommende Unheil prophezeit hatte.

Nicht nur, daß er ein Herz und eine Seele war mit den Gewaltmaßregeln, die Metternich gegen die Demagogen, die Universitäten und die Zeitungen vorschlug, sondern er verpflichtete sich auch schriftlich – ohne jede Gegenleistung Österreichs –, seinem Lande keine allgemeine Volksvertretung zu gewähren, sondern nur nach dem Vorschlag, den Metternich schon in Aachen gemacht hatte, Provinzialstände, aus denen ein Zentralausschuß von Landesrepräsentanten gewählt werden sollte. Stellt man sich einmal auf den monarchischen Standpunkt, so ließ sich keine tiefere Selbstentwürdigung der Monarchie denken, als daß sich der preußische Monarch in Angelegenheiten seines eigenen Staates einem fremden Staate verpflichtete. Aber derselbe Jammermann, der die Stein, Scharnhorst und Gneisenau mit dem lächerlichsten Gottesgnadendünkel gequält hatte, ließ sich von einer auswärtigen Macht ohne alle selbstherrlichen Skrupel den Treubruch am eigenen Volke vorschreiben.

Nachdem Metternich den preußischen König an seinen Wagen gespannt hatte, wurde ihm das Kutschieren leicht. Da der Bundestag selbst ein zu schwerfälliges Werkzeug für seinen Staatsstreich war, so hatte er nur die Vertreter von neun Regierungen nach Karlsbad berufen, sicher, daß, wenn diese erst einig wären, der Troß der Kleinstaaten in Frankfurt keinen Widerspruch mehr wagen würde. In den Karlsbader Konferenzen waren außer Österreich und Preußen nur Hannover, Sachsen, Bayern, Württemberg, Baden, Mecklenburg und Nassau vertreten. Die Verhandlungen fanden vom 6. bis 31. August statt und zeigten die »wundervolle Eintracht der Höfe«, die sich immer einstellt, wenn es gilt, den geliebten »Untertanen« das Fell über die Ohren zu ziehen.

Nur in einem Punkte haperte es ein wenig, gerade in dem Punkte, den Metternich in Teplitz so siegreich gegen den preußischen König ausgefochten hatte. Die ehemaligen Rheinbundstaaten, Bayern, Baden, Nassau und namentlich Württemberg, waren nicht zu bewegen, den Artikel der Bundesakte, der landständische Verfassungen für jeden Bundesstaat prophezeite, im Sinne mittelalterlicher Stände auszulegen; sie fürchteten, dadurch dem ehemals reichsunmittelbaren Adel ihrer Gebiete, der ihnen noch sehr aufsässig war, eine für sie gefährliche Macht einzuräumen; in Württemberg hatten die alten Stände, die sich hier wie in Mecklenburg noch sehr kräftig erhalten hatten, dem neugebackenen König viel mehr Späne gemacht als die moderne Volksvertretung. Diesem Kummer der ehemaligen Rheinbündler versagten sich Österreich und Preußen nicht; man einigte sich in der Formel, daß der Artikel der Bundesakte, der landständische Verfassungen prophezeite, nur eine »der Aufrechterhaltung des monarchischen Prinzips und des Bundesvereins vollkommen angemessene Auslegung« erfahren dürfe.

Um so fixer war die erlauchte Gesellschaft bei der Hand, den anderen Artikel der Bundesakte abzuwürgen, der den »Untertanen« ein gewisses Recht verlieh, nämlich den Anspruch auf Preßfreiheit. Man beschloß, daß alle Zeitschriften und alle Bücher unter zwanzig Bogen während der nächsten fünf Jahre der Zensur unterliegen sollten, wobei jedem Bundesstaat überlassen wurde, auch größere Bücher der Zensur zu unterwerfen. Bei dieser Henkersarbeit war der »Staat der Intelligenz« voran. Metternich wollte schon die Schriften freigeben, die über fünfzehn Bogen umfaßten, aber Hardenberg bestand auf der härteren Bestimmung.

Der dritte der Karlsbader Beschlüsse nahm die Universitäten beim Kragen. Jede Landesuniversität sollte unter polizeiliche Aufsicht gestellt werden; ein außerordentlicher Regierungsbevollmächtigter sollte sie überwachen, die Lehrer beaufsichtigen und ihrem Geiste eine »heilsame Richtung« geben. Jeder Professor, der wegen verderblicher Lehren abgesetzt wurde, durfte in keinem anderen deutschen Staate jemals ein Lehramt erhalten. Es versteht sich, daß die Studenten unter gleich scharfe Aufsicht genommen wurden; namentlich die Burschenschaft wurde unterdrückt, da es »schlechterdings unzulässig sei, daß eine fortdauernde Gemeinschaft zwischen den verschiedenen Universitäten bestehe«.

Viertens endlich sollte von Bundes wegen eine Zentralbehörde in Mainz eingesetzt werden »zur Untersuchung des Ursprunges und der mannigfachen Verzweigungen der gegen die bestehende Verfassung und innere Ruhe sowohl des ganzen Bundes als einzelner Bundesstaaten gerichteten revolutionären Umtriebe und damagogischen Verbindungen«. Diese Bestimmung war auf die große geheime Verschwörung gemünzt, an die namentlich der preußische König glaubte; er wollte sogar der Kommission richterliche Befugnisse erteilen, wogegen sich nicht sowohl Metternich als der österreichische Kaiser selbst sträubte, der immerhin nicht ganz so verbohrt war wie sein preußischer Bruder von Gottes Gnaden, deshalb an die geheime Verschwörung nicht recht glaubte und die Lächerlichkeit eines außerordentlichen Bundesgerichts scheute, das nur mit der Stange in der Luft herumfahren würde. Aber auch als bloße Untersuchungsbehörde hat die »schwarze Kommission« in Mainz, wie sie der Volksmund alsbald taufte, unsägliches Unheil über eine Unzahl braver und völlig unschuldiger Menschen gebracht.

Die Karlsbader Beschlüsse griffen mehr oder minder tief in die Souveränität der deutschen Fürsten ein, aber diese Hoheiten und Majestäten dachten edel genug, ein mehr oder minder großes Stück ihres kostbarsten Kleinods auf dem Altar des Vaterlandes zu opfern, wo es den Zweck galt, in niedrigen und schmutzigen Schergendiensten die deutsche Einheit zu verwirklichen. Sie ließen sich sogar eine provisorische Exekutierungsordnung gefallen, die den Bundestag ermächtigte, die Vollziehung der Karlsbader Beschlüsse zu überwachen und nötigenfalls gegen einen widersetzlichen Bundesstaat militärische Zwangsmittel zu gebrauchen. Es ist jedoch nicht dazu gekommen; der edle Wetteifer der deutschen Fürsten, die Karlsbader Beschlüsse auszuführen, war tadellos; höchstens daß der König von Preußen seine Brüder von Gottes Gnaden noch um eine Nasenlänge schlug.

Von dem Plenum des Bundestags wurden die Karlsbader Beschlüsse einstimmig genehmigt und, um ja dem Volke keinen Hohn zu ersparen, am sechsten Jahrestag der Leipziger Schlacht veröffentlicht. Sie eröffneten eine Demagogenjagd von scheußlicher Bosheit und Niedertracht, deren Schilderung über den Rahmen dieser Darstellung hinausgeht. Es sei nur noch erwähnt, daß noch in demselben Jahre 1819 die letzten namhaften Zeugen der Befreiungskriege aus dem preußischen Staatsdienst flogen: Wilhelm v. Humboldt als Minister für Verfassungswesen, Boyen als Kriegsminister und Grolman als Chef des Generalstabs. Die ostelbischen Junker hatten endlich ganz reinen Tisch gemacht.

12. Ergebnisse

In seinen jüngeren Jahren hat Treitschke einen Aufsatz über Lord Byron geschrieben, worin er auch über die Befreiungskriege spricht.

Darin heißt es: »Man schaute die widerliche Abgötterei, die mit dem rohesten Volke Europas getrieben wurde und leider ein häßlicher Makel der großen Bewegung bleibt. Man hört jene deutschen Verse, die uns noch heute das Blut in die Wangen treiben:

> Ihn jagte der Schrecken des russischen Heers,
> Ihn jagte die Wucht des Kosakenspeers.

Hunderte schöner Lippen sangen die schmelzenden Abschiedsworte, die der gefühlvolle Kosak an die gefühlvolle Kosakin gerichtet haben sollte: Schöne Minka, ich muß scheiden. Wahrlich, zur rechten Stunde erschien Byrons grimmige Satire auf die Erstürmung von Ismail; sie zeigte der Welt diese Befreier Europas in anderem Lichte, den ganzen Zorn des freien Mannes ergoß sie über die geknechteten Barbaren, die zur Schlachtbank stürmten unter dem Lästerruf: Gott und die Kaiserin!... Und was war mit allem Blut und Jammer der Völker gewonnen? Die Pläne des Welteroberers waren verdrängt durch ein politisches System, das in Wahrheit kein System war, durch das ideenlose Rechnen von heute auf morgen, durch die Feigheit und Gedankenlosigkeit, die ihre Nichtigkeit hinter einigen salbungsvollen Phrasen verbargen. An die Stelle des genialen Imperators trat nun das unfähige Dreigestirn:

> Die irdische Trinität, Gott nachgeschaffen,
> So, wie der Mensch sich wiederholt im Affen.

Konnte die Welt wirklich noch über den Sturz der Fremdherrschaft jubeln, wenn auf dem Wiener Kongreß in echt bonapartistischem Geiste mit frivoler Mißachtung der Volkstümlichkeit die Grenzen der Länder bestimmt wurden, wenn dann russische Späher den Volksgeist belauschen und vor den Mächten verklagen durften?... Hatte man noch ein Recht, von Freiheitskriegen zu reden, wenn mit der Freiheit auch die Jesuiten zurückkehrten und die Inquisition des ›katholischen Molochs‹ von Spanien?... Den zwiespältigen Charakter der Freiheitskriege zu leugnen wird den gesinnungstüchtigen Phrasen der Gegenwart nie gelingen. Die Kabinette hatten in Napoleon den Zertrümmerer der alten feudalen Unordnung, den Sohn der Revolution bekämpft, die Völker den Fremden und den Despoten. War es nicht eine rühmliche, eine notwendige Tat, den reaktionären Zug, der die Bekämpfung Napoleons bezeichnete, schonungslos der Welt zu enthüllen? Das können nur jene verneinen, die nichts ahnen von der echten historischen Gerechtigkeit, die dem Pöbel als mattherzige Halbheit gilt.« Soweit Treitschke, der sich später dann freilich auch von den »gesinnungstüchtigen Phrasen« hat betäuben lassen.

So viel Richtiges nun aber auch seine beredten Ausführungen enthalten, so bedürfen sie doch mancherlei Einschränkungen. Von einem Kampfe der »Völker« kann man mindestens in den Jahren 1813 und 1814 kaum noch sprechen; um von den englischen Söldnerheeren ganz zu schweigen, so zogen die russischen Heere halb widerwillig in den Kampf, nachdem sie den Feind vom russischen Boden vertrieben hatten, und die österreichischen Heere verdienten durchaus das Lob Metternichs, daß sie nur auf Befehl des Kaisers sich »in Marsch setzten oder Halt machten«. Wo etwa wirklich die »Völker« sich gegen Napoleon erhoben, wie in Spanien und 1809 in Tirol, sahen sie in ihm nicht oder doch nicht allein den Fremden und den Despoten, sondern mindestens ebensosehr den Zerstörer der feudal-mittelalterlichen Unordnung.

Der »zwiespältige Charakter« der Befreiungskriege kann also nur für Deutschland gelten, und auch hier ist noch eine starke Einschränkung nötig. Der größere und reichere Teil der deutschen Nation hat sich gar nicht gegen Napoleon erhoben; die Truppen des Rheinbundes hatten noch im Frühjahrsfeldzug zu seinen tapfersten und treuesten Soldaten gehört; bei Lützen zeichneten sich besonders die Hessen, bei Bautzen die Württemberger aus. Selbst im Herbstfeldzug von 1813 haben die Sachsen noch sehr tapfer bei Großbeeren für Napoleon gekämpft; erst mit der Schlacht bei Leipzig begann der Abfall der Rheinbundfürsten, die nun ihre Soldaten gegen ihren bisherigen Beschützer ins Feld sandten. Aber Kriegstaten wie unter den französischen Fahnen haben diese Truppen als Teile der verbündeten Heere nicht vollbracht, und namentlich in Süddeutschland ist der Name Napoleons noch auf Jahrzehnte hinaus ungleich volkstümlicher gewesen als die Namen Blüchers oder Gneisenaus.

Im wesentlichen sind es nur die preußischen Provinzen, Ost- und Westpreußen, Pommern, Brandenburg und Schlesien, in denen von einem Volkskrieg gesprochen werden kann. Schon in dem mehr äußerlichen Sinne, daß die preußische Monarchie in der Zeit von 1807 bis 1815 eine überaus klägliche Rolle gespielt hat; der preußische König, in dessen Person sich alle Unvernunft der Monarchie nach der intellektuellen wie nach der moralischen Seite klassisch verkörperte, ist immer nur das fünfte Rad und meistens sogar der Hemmschuh am Wagen gewesen. Seinem inneren Wesen nach aber ergibt sich der Volkskrieg schon daraus, daß die preußischen Provinzen nach Boyens Berechnung nicht weniger als sechs Prozent ihrer

Gesamtbevölkerung unter die Waffen gestellt haben. Das ist eine in aller Geschichte äußerst seltene Leistung; sie beweist jedenfalls, daß es sich in der Tat um eine Massenbewegung gehandelt hat. Es ist unmöglich, daß sich mit allen noch so gewaltsamen Rekrutierungsmitteln eine gleich hohe Heeresziffer erreichen läßt, wenn die Bevölkerung nicht mit heller Begeisterung zu den Waffen eilt. Und soweit es sich um eine Massenbewegung handelte, richtete sie sich in der Tat nur gegen den Fremden und den Despoten. So kümmerlich die Reformen Steins und Hardenbergs immer sein mochten, so reichten sie trotz alledem aus, in der bürgerlichen und der bäuerlichen Klasse jede Sehnsucht nach der feudalen Unordnung zu ersticken, die vor Jena im preußischen Staate bestanden hatte.

Wenn sich an diesen Tatsachen nicht rütteln läßt, wie nun erklärt es sich, daß ein so ungeheures Ringen doch nur das äußerst magere Ergebnis gehabt hat, dieselbe Junkerherrschaft, die bei Jena in einer lebensunfähigen Form zusammengebrochen war, nach Waterloo in lebensfähiger Form wiederhergestellt zu sehen; in einer so lebensfähigen Form, daß sie ein Menschenalter überdauert und erst durch die Revolution von 1848 wieder erschüttert werden konnte? Die Antwort auf diese Frage ergibt sich aus der ökonomischen Struktur des preußischen Staates.

Die preußischen Junker waren von jeher die »eigentlichen Regenten« dieses Staates, wie nachgerade auch von den bürgerlichen Geschichtsschreibern anerkannt wird. Sie hatten die Monarchie zu ihrem Werkzeug gemacht und die Bauern in die harten Ketten der Erbuntertänigkeit geschlagen. Aber auch die Entwicklung der Städte hatten sie zu unterbinden gewußt, indem sie Gewerbe und Handel für sich monopolisierten. Es war dieselbe historische Entwicklung, die das polnische Reich zerstört hat. Nur gedieh sie im preußischen Staate nicht bis ans Ende. Einmal hatten die preußischen Städte aus den Tagen der Hansa noch zu viel zuzusetzen, als daß sie so leicht gänzlich umzubringen waren, und dann hatten die Junker auch ein dringendes Interesse, sie bis zu einem gewissen Grade zu schonen.

Was ihnen gefährlich hätte werden können, die Entwicklung einer bürgerlichen Klasse, das haben die Junker zu hindern gewußt. Seit der Mitte des fünfzehnten Jahrhunderts schieden die Städte aus den Klassenkämpfen innerhalb des preußischen Staates vollständig aus; diese Klassenkämpfe spielten sich namentlich zwischen dem König- und dem Junkertum ab, aber es fehlte auch nicht ganz an Bauernunruhen. In jedem Falle war es die stete Sorge von König- und Junkertum, die Bauern in untertäniger Gesinnung zu erhalten. Dagegen behandelten König- wie Junkertum die Städte mit souveräner Verachtung, und in der Tat regte es sich in den preußischen Städten niemals. Sie schienen nicht einmal eine instinktive Ahnung davon zu haben, daß sie eine Klasse mit besonderen Interessen vertraten. Gleichwohl produzierten sie immerhin noch ein mehr oder minder beträchtliches Maß von bürgerlicher Intelligenz, das – da es im Kampfe der eigenen Klasse nicht verwertet werden konnte – sich in den Dienst der herrschenden Klassen stellte und ihnen den nötigen Verstand lieferte, um zu regieren, was die preußischen Könige wie die preußischen Junker gleich gut gebrauchen konnten.

Mindestens seit der Mitte des siebzehnten Jahrhunderts, seitdem der sogenannte Große Kurfürst mit der Einrichtung eines stehenden Heeres und stehender Steuern begann, ist das bürgerliche Element in den leitenden Stellen der preußischen Regierung unverhältnismäßig stark gewesen. Es erübrigt hier, die Namen der zahlreichen Geheimen Räte, Präsidenten, Minister und selbst Generale aufzuzählen, die aus der bürgerlichen Klasse hervorgegangen sind. Denn die Tatsache ist so bekannt wie unbestreitbar; sie wird von den borussischen Psalmensängern sogar mit besonderem Nachdruck hervorgehoben, um den »bürgerlichen« Charakter des preußischen Staates zu beweisen. Überflüssig zu sagen, daß dieser Schluß nur dann berechtigt wäre, wenn sich die bürgerliche Klasse aus eigener Kraft einen Anteil an der Regierung erkämpft hätte. So aber lieferte sie den Junkern nur den Verstand, der nun einmal zum Regieren notwendig ist.

Es sind denn auch ganz überwiegend bürgerliche Reformer gewesen, die den preußischen Staat nach dem Zusammenbruch von Jena wiederhergestellt haben. Sie konnten ihn nicht revolutionieren — denn dazu hätte eine entschlossene Klasse hinter ihnen stehen müssen —, sondern nur restaurieren, mit anderen Worten: Sie konnten nur den Junkerstaat, der lebensunfähig gewesen war, wieder lebensfähig machen. Es ist wahr, daß die Junker in ihrer begriffsstutzigen Eigensucht diese für sie heilsame Prozedur anfangs nicht begriffen, sich vielmehr mit Klauen und Zähnen an ihre feudalen Vorrechte klammerten und kein noch so unsauberes Mittel verschmähten, um die Reformer zu stürzen. Aber sie haben mit ihrem hartnäckigen Widerstand doch erreicht, daß die Reformen gerade nur so weit gelangen, als den junkerlichen Interessen entsprach. Die agrarische Reform schuf ihnen eine ungleich festere Grundlage ihrer sozialen Existenz, als sie vor Jena besessen hatten. Die militärische Reform schärfte das mächtigste Werkzeug ihrer Klassenherrschaft. Und die städtische Reform tat ihnen kein Leid: Wußten die Stadtverordnetenversammlungen in den Jahren nach Waterloo, als die Junker ihre Herrschaft wieder gemächlich einrichteten, doch auch nichts Besseres zu tun, als an der einzigen demokratischen Errungenschaft der Kriegsjahre, der allgemeinen Wehrpflicht, zu rütteln; besonders die Berliner Stadtverordnetenversammlung tat sich darin hervor. Das war noch mehr, als die Junker im Grunde verlangten.

In dem wachsenden Grolle der Volksmassen gegen die Fremdherrschaft sahen die Junker dann eine willkommene Gelegenheit, ihre alte Herrlichkeit wiederherzustellen. Ein Urjunker gab mit der Konvention von Tauroggen das Signal zum Kampfe, und die Junker setzten sich an die Spitze des Volksheeres. Ihren geliebten König drängten sie ungeniert in die Ecke, und wenn er sich schließlich nicht doch gefügt hätte, so hätten sie es wohl auch auf die »Revolution« ankommen lassen, die damals die fremden Gesandten am preußischen Hofe prophezeiten: eine »Revolution«, die beiläufig nach der ganzen Lage der Dinge nur darin hätte bestehen können, an die Stelle des Königs ein vielleicht weniger unfähiges Mitglied der königlichen Familie zu setzen. Im Kriege selbst führten die Junker das Heer oft genug wider den Willen und selbst den Befehl des Königs und, wie nicht bestritten werden darf, mit einer Tapferkeit, die die Schmach von Jena einigermaßen zu tilgen geeignet war.

Man sagt wohl, das alles hätten sie im Interesse ihrer Klasse getan. Das ist auch ganz richtig und eine treffende Abwehr der Prahlerei, womit sich die Junker dem Gemeinwohl geopfert haben wollen. Allein es wäre manches anders und besser gekommen, wenn auch die bürgerliche Klasse ein wenig an ihre Interessen gedacht hätte, ehe sie ihre Jugend mit Gott für König und Vaterland in Kampf und Tod schickte.

Um einen Napoleon zu besiegen, reichte freilich die geistige Kraft der Junker nicht aus. Sie bedurfte noch der Reformer, aber keiner von ihnen erhielt ein selbständiges Kommando. Wie wohl sich Gneisenau, der namhafteste General des preußischen Heeres und der verbündeten Heere überhaupt, der wegen seines zweifelhaften Adels und sonstiger »Inkorrektheiten« den Junkern besonders verhaßt war, auf seiner Siegeslaufbahn befand, zeigt die Tatsache, daß er nach jedem neuen Siege, nach der Katzbach, nach Leipzig, nach Laon, den Staatskanzler immer flehentlicher bat, ihn nach dem Friedensschluß als Generalpostmeister anzustellen.

Als Führer eines siegreichen Volksheeres aus dem Kriege heimkehrend, waren die Junker obenauf, und sie machten nun kurzen Prozeß mit den Reformern, die ihnen das Leben so sauer gemacht hatten. Freilich rächte sich auch an den Reformern, daß sie im Grunde doch nur die Helfer und Stützen des Junkerstaats und nicht die Vorkämpfer eines kräftig aufstrebenden Bürgertums waren. An der europäischen Hegemonie des Moskowitertums tragen die Stein und Gneisenau eine schwere Schuld, und nachdem ihr Haß gegen Napoleon gekühlt war, verloren sie vollends jeden politischen Blick. Gneisenau, der gleich nach dem Frieden von den Junkern aus dem Heere geekelt worden war, erklärte sich damit einverstanden, daß der König sein Verfassungsversprechen brach; Stein war kaum noch von einem in der Wolle gefärbten Reaktionär zu unterscheiden und tobte gegen die harmlose Burschenschaft; Hardenberg gar wurde zum Kinderspott der Junker und scheute nicht davor zurück, um sich auf seinem wackligen Posten zu halten, die blöde Angst des Königs vor den Demagogen zu schüren. Mit den Karlsbader Beschlüssen wurden dann die letzten Reformer ausgeschifft. Daß sie nun gar noch wie entlassene Zuchthäusler unter polizeiliche Aufsicht gestellt wurden, war wohl etwas hart, aber an Sentimentalität kranken die preußischen Junker nun einmal nicht.

Seitdem sind hundert Jahre vergangen, in denen sich wieder und wieder gezeigt hat, daß mit dem Junkertum weder die Monarchie fertig wird noch das Bürgertum, so sehr beide an Glanz und Macht und Reichtum gewonnen haben. Aber dennoch ist sein Untergang besiegelt durch den Kampf der Arbeiterklasse, der frei ist von jeder »Zwiespältigkeit«, wie sie das Andenken der Befreiungskriege trübt.

Franz Mehring: 1813 bis 1819.
Von Kalisch nach Karlsbad, Stuttgart 1913.
Franz Mehring: Gesammelte Schriften,
Bd. 6, Berlin 1979, S. 309—391.

Die Entstehung
des neudeutschen Reichs

24. Juli 1914

Als im Jahre 1863 die Halbjahrhundertfeier des Jahres 1813 stattfand, wurde mit ihr die Jahrhundertfeier des Hubertusburger Friedens von 1763 verbunden. So hätte man erwarten können, daß mit der Jahrhundertfeier von 1813, die eben mit so großem Tamtam begangen worden ist, auch die Halbjahrhundertfeier von 1863 und der folgenden Jahre verbunden worden wäre. Denn die Zeiten, in denen das neudeutsche Reich entstand, sind am Ende doch auch des Gedenkens wert, zumal da dieses Reich nach der Vorstellung der herrschenden Klassen die herrliche Erfüllung alles patriotischen Sehnens gebracht haben soll.

Davon ist aber ganz und gar keine Rede gewesen, und auch in diesem Jahre sind in Molochs Lieblingslande nicht einmal die Schlachttage von Düppel und Alsen bei ihrer fünfzigsten Wiederkehr gefeiert worden, es sei denn mit einigen flüchtigen Zeitungsnotizen. Das erscheint etwas wunderbar in Tagen, die sich im Feiern offizieller Feste sonst nicht genug tun können, doch ist die ungewohnte Schweigsamkeit leicht genug zu erklären. Von den Ereignissen, die das neudeutsche Reich geschaffen haben, gilt für die patriotischen Festharfner, was in Goethes »Faust« von den »Müttern« gesagt wird: Von ihnen sprechen ist Verlegenheit. Der monarchische Spektakel verstummt, wenn es gilt, daran zu erinnern, daß der Vater der deutschen Kaiserin um sein legitimes Erbrecht auf Schleswig-Holstein von Preußen geprellt und der Thron von Gottes Gnaden, den nach allem göttlichen und menschlichen Rechte der Schwiegervater des deutschen Kaisers einnehmen sollte, von demselben Preußen zertrümmert worden ist. Dafür wird sich das alldeutsche Bardengebrüll um so heftiger austoben, wenn im Jahre 1920 der fünfzigste Jahrestag der Schlacht von Sedan[18] wiederkehrt. Das patriotische Lärmen gegen ein großes Kulturvolk verletzt im »Reiche der Gottesfurcht und frommen Sitte« keine allerhöchsten Hühneraugen, darf vielmehr damit rechnen, einen Regen von Orden und Titeln zu entfesseln.

Die Arbeiterklasse ist glücklicherweise nicht an die Gebote der zarten Rücksicht gebunden, die die patriotischen Federn und Zungen bei der Erinnerung an die Tage vor fünfzig Jahren fesselt. Sie hat vielmehr allen Anlaß, der Jahre zu gedenken, in denen das neudeutsche Reich entstanden ist, und keineswegs nur zu dem — höchstens nebensächlichen — Zwecke, das schamhafte Schweigen der patriotischen Welt zu beschämen. In erster Reihe handelt es sich für sie um viel ernstere Zwecke, um die Erkenntnis der Frage, wieso es kommt, daß sie heute noch, in einem klassischen Lande der modernen Großindustrie, mit einer historisch so rückständigen Klasse wie dem ostelbischen Junkertum als mit ihrem stärksten und zähesten Gegner kämpfen muß, ohne bisher dabei die Erfolge erzielt zu haben, die ihren gewaltigen Anstrengungen einigermaßen entsprochen hätten. Die Frage, wie die scheinbar unerschütterliche Machtposition des Junkertums erschüttert werden kann, hängt aufs engste zusammen mit der Frage, wie das Junkertum diese Machtposition hat erhalten können, und man kann dieser Frage nicht auf den Grund gehen, ohne daß lehrreiche Streiflichter auf die Gegenwart fallen.

Hierauf zielen die nachfolgenden Ausführungen ab, und nicht etwa auf eine einseitige Kritik, sei es des Junkertums, sei es der Bourgeoisie. Diese Kritik liefern die Ereignisse selbst schon; was sich aber nicht ohne weiteres aus ihnen ablesen läßt — trotz der schier unabsehbaren Literatur, in der sie geschildert werden —, ist ihr innerer Zusammenhang. Ihn zu erkennen ist ungleich wichtiger, als die herrschenden Klassen mit Vorwürfen zu überschütten, die bei aller sachlichen Berechtigung so hart gesottenen Geschäftsleuten schließlich kein Haar krümmen.

I

In einer Kritik Stirners, die Bernstein vor etwa zehn Jahren in den »Dokumenten des Sozialismus« veröffentlicht hat, führen Marx und Engels aus, daß sich der Zustand Deutschlands am Ende des achtzehnten Jahrhunderts vollständig in Kants »Kritik der praktischen Vernunft« abgespiegelt habe. Kant und die deutschen Bürger, deren beschönigender Wortführer er gewesen sei, hätten nicht gemerkt, daß den theoretischen Gedanken der Französischen Revolution materielle Interessen und ein durch die materiellen Produktionsverhältnisse bedingter und bestimmter Wille zugrunde gelegen habe; Kant habe daher diesen theoretischen Ausdruck von den Interessen getrennt, die er ausdrückte; er habe die materiell begründeten Bestimmungen des Willens der französischen Bourgeoisie zu reinen Selbstbestimmungen des »freien Willens«, des Willens an und für sich, des menschlichen Willens gemacht, ihn so in rein ideologische[19] Begriffsbestimmungen und moralische Postulate verwandelt. Erst durch die Julirevolution von 1830 seien die der ausgebildeten Bourgeoisie entsprechenden politischen Formen den Deutschen von außen zugeschoben worden. Da die deutschen ökonomischen Verhältnisse noch bei weitem nicht die entsprechenden Entwicklungsstufen erreicht gehabt hätten, so hätten die Bürger diese Formen wiederum nur als abstrakte Ideen angenommen, als an und für sich gleichgültige Prinzipien, als fromme Wünsche und Phrasen, als Kantsche Selbstbestimmungen des Willens und der Menschen, wie sie sein sollten. Endlich hätte die immer heftiger werdende Konkurrenz des Auslandes und der Weltverkehr, in den Deutschland getreten sei, die deutschen zersplitterten Lokalinteressen zu einer gewissen Gemeinsamkeit zusammengefaßt; namentlich seit 1840 hätten die deutschen Bürger begonnen, auf die Sicherstellung dieser gemeinsamen Interessen zu denken; sie seien national und liberal geworden und zur Zeit — im Jahre 1845 oder 1846 — beinahe so weit wie die französischen Bourgeois im Jahre 1789.[20]

In dieser treffenden Schilderung fehlt jedoch ein historischer Gesichtspunkt, der von Anbeginn in die nationalen und liberalen Bestrebungen der deutschen Bourgeoisie hineinspielte und sie je nachdem schwächer oder stärker beeinflußte. Es ist die Gründung des preußisch-deutschen Zollvereins, der zwar nicht den Zweck hatte, ein Geburtshelfer der deutschen Bourgeoisie zu sein, aber doch die Wirkung. Er wurde von der preußischen Regierung betrieben, um drängender Finanznot zu steuern, aber er begann ein gemeinsames Wirtschaftsgebiet und damit die Grundlage eines nationalen Staates zu schaffen. So hat denn schon das erste namhafte Preßorgan, das sich die deutsche Bourgeoisie zur Vertretung ihrer nationalen und liberalen Tendenzen schuf, für die preußische Vorherrschaft über Deutschland gekämpft.

Es war die »Rheinische Zeitung« von 1842, an der sich, wie bekannt, Karl Marx seine literarischen und politischen Sporen verdient hat. Geborener Rheinländer, hat Marx altpreußisches Wesen nie geliebt, und Berlin, wo er nahezu fünf Jahre studiert hatte, war ihm im Grunde der Seele zuwider. Aber der preußenfreundlichen Politik der »Rheinischen Zeitung« hat er sich zunächst nicht entzogen, selbst dann noch nicht, als er nicht mehr nur ständiger Mitarbeiter, sondern leitender Redakteur des Blattes war. Im Kölner Stadtarchiv befindet sich noch eine von ihm eigenhändig geschriebene Eingabe an den Oberpräsidenten der Rheinprovinz, worin er die ersten Angriffe der Regierung gegen das Blatt abwehrte, indem er dessen Ab- und Ansichten darlegte. Eine Skizze seines Gedankenganges hat G. Mayer kürzlich in einer wissenschaftlichen Zeitschrift veröffentlicht, und aus ihr mögen hier einige Sätze mitgeteilt werden.

Marx führte darin aus, die »Rheinische Zeitung« wolle, soviel an ihr liege, den Weg des Fortschritts bahnen helfen, auf dem Preußen gegenwärtig dem übrigen Deutschland vorangehe. Sie betrachte es als ihre Aufgabe, in der Provinz, wo sie erscheine, die Blicke auf Deutschland zu lenken und hier statt eines französischen einen deutschen Liberalismus hervorzurufen, was der Regierung Friedrich Wilhelms IV. gewiß nicht unangenehm sein werde. Auch sei in ihren Spalten stets darauf hingewiesen worden, daß von der Entwicklung Preußens die Entwicklung des übrigen Deutschlands abhänge. Neben ihren polemischen Artikeln gegen die antipreußischen Bestrebungen der »Augsburger Allgemeinen Zeitung« und neben ihrer Agitation für die Ausdehnung des Zollvereins auf das nordwestliche Deutschland zeigten sich ihre preußischen Sympathien vor allem in ihren steten Hinweisen auf norddeutsche Wissenschaft im Gegensatz zu der Oberflächlichkeit der französischen und auch der süddeutschen Theorien. Die »Rheinische Zeitung« sei das erste »rheinische und überhaupt süddeutsche Blatt«, das hier den norddeutschen Geist einführe und damit zu der geistigen Einigung der getrennten Stämme beitrage.[21]

Man wird nicht jedes Wort dieser Urkunde auf die Goldwaage legen dürfen; sie war kein freiwilliges Bekenntnis, sondern eine notgedrungene Abwehr. Aber im Wesen der Sache hat auch der junge Marx noch an eine nationale Mission des preußischen Staates geglaubt, wenn auch nicht für lange; wenige Monate später schrieb er an Ruge: Der Prunkmantel des Liberalismus ist gefallen; der widerwärtigste Despotismus steht in seiner ganzen Nacktheit vor aller Welt Augen.[22]

So schnell bekehrt war die deutsche Bourgeoisie nun freilich nicht und konnte es ihrem Wesen nach auch nicht sein. Aber wenn sie durch den Zollverein an den preußischen Staat gekettet blieb, so bemühte sie sich in vormärzlicher Zeit wenigstens, ihn ihren Zwecken dienstbar zu machen und nicht umgekehrt sich seinen Zwecken zu unterwerfen. Sie lehnte damals noch mit höflicher Entschiedenheit ab, das zu werden, was sie heute geworden ist: nämlich eine »Pumpanstalt« für den ostelbischen Absolutismus und Feudalismus; auf dem Vereinigten Landtag von 1847, dessen Einberufung der preußischen Krone durch die wachsende Finanznot abgezwungen worden war, trieb sie die »Erpresserpolitik«, die die Worthelden des heutigen Freisinns mit so schönem sittlichem Pathos verfluchen; sie weigerte sich, eine Anleihe von einigen zwanzig Millionen Talern für den Bau der aus militärischen und volkswirtschaftlichen Gründen gleich notwendigen Ostbahn zu bewilligen, ehe nicht die regelmäßige Einberufung des Vereinigten Landtags gesichert und seine parlamentarischen Rechte erweitert seien. Ein ostpreußischer Liberaler erklärte: »Wenn ich auch alle Hütten meines Landes durch die Bewilligung des Anlehens zu Schlössern verwandeln könnte, so würde ich in dem Glauben, daß mit leichtem und ruhigem Gewissen es sich glücklicher und behaglicher in einer Hütte als mit einem beschwerten im Palast selbst wohnen läßt, dagegen stimmen«, ein Ausdruck edelsten Gemüts, den ein rheinischer Liberaler dann in die richtige Sprache der Bourgeoisie mit dem geflügelten Worte übersetzte, daß in Geldsachen die Gemütlichkeit aufhöre.

Die preußische Krone hatte aber kein Verständnis, weder für den einen noch für den anderen Stil der Bourgeoisie. Emporgekommen durch beständigen Verrat von Kaiser und Reich an das Ausland, besaß sie für nationale Interessen selbst nur im bürgerlichen Sinn überhaupt keinen Sinn, und auch ihr immer reger Appetit nach des Nächsten Hab und Gut war in ihrem damaligen Träger weniger stark entwickelt als in seinen Vorgängern oder seinem Nachfolger. Friedrich Wilhelm IV. war sogar ein Mann von »teutscher« Gesinnung, wenn auch nur in der pathologischen Form, daß er die Wiederherstellung eines mittelalterlichen Reiches erstrebte, wie es etwa zur Zeit der Hohenstaufen bestanden haben mochte. Über diese persönlichen Schrullen siegte dann freilich sofort die preußische Staatsräson, als der 18. März die romantischen Träume des Königs bis auf die letzte Spur verweht hatte. Noch brummte der königliche Schädel von den Schlägen der Barrikadenkämpfer, als sein erlauchter Träger bereits — am 21. März — wie ein Jahrmarktsreiter, aufgeputzt mit schwarzrotgoldenen Farben, durch die Straßen Berlins ritt und feierlich erklärte, für die Tage der Gefahr übernehme er die Leitung der deutschen Dinge; er nehme die deutschen Farben an und stelle sein

Volk unter das ehrwürdige Banner des Deutschen Reiches; Preußen gehe fortan in Deutschland auf. ·

Die geschmacklose Komödie erweckte das Hohngelächter ganz Europas, nur leider nicht den Abscheu der deutschen Bourgeoisie, den sie am ehesten hätte erwecken sollen. Auch die Bourgeoisie hatte aus den Barrikadenkämpfen des 18. März gelernt; diese entschlossene Manier, schwebende Fragen zu lösen, unterschied sich gar zu sehr von der langsamen Methode, die Krone kleinzukriegen, womit sie auf dem Vereinigten Landtag begonnen hatte. So verfiel sie auf den verwünscht gescheiten Gedanken, das, was sie verlangte, dadurch zu erkaufen, daß sie die Interessen der Volksmassen der Krone opferte. Dieser schnöde Verrat zieht sich wie ein roter Faden durch die Politik, die die deutsche Bourgeoisie vom Frühjahr 1848 bis 1849 trieb. Aber als die Frankfurter Nationalversammlung eine Reichsverfassung nach bürgerlichem Geschmack zurechtgemacht und den preußischen König zum deutschen Kaiser erwählt hatte, lehnte dieser treffliche Monarch die papierene Krone ab, weil sie, wie er in seinem »Sauherdenton« sagte, mit dem »Ludergeruch« der Revolution behaftet sei.

Was er an seinem Teil plante, war ein Leichenraub an dieser Revolution. Er versprach den deutschen Mittel- und Kleinfürsten den Schutz der preußischen Waffen gegen ihre rebellischen »Untertanen«, wofür sie die preußische Oberherrschaft anerkennen sollten. Sie gingen darauf ein, solange die Gefahr drohte; in Dresden, in Baden, in der Pfalz sind damals preußische Truppen mißbraucht worden, um die Aufstände für die Reichsverfassung niederzuwerfen. Und zu diesem schmählichen Handel sagte ein großer Teil der Bourgeoisie, die die Reichsverfassung gemacht hatte, ja und amen auf einer Versammlung, die diese Biedermänner in Gotha abhielten. Sie opferten ihr eigenes, vom bürgerlichen Standpunkt halbwegs leidliches Machwerk einem Wechselbalg von sogenannter Unionsverfassung, dessen Hauptzierde das Dreiklassenwahlrecht war, das im preußischen Staate sofort widerrechtlich an die Stelle des allgemeinen Wahlrechts gesetzt wurde.

So hatten sich der preußische Staat und die deutsche Bourgeoisie, die sich solange nicht verstanden hatten, doch endlich im Kot gefunden. Jedoch das Ausland gestattete seinem preußischen Liebling keine rollenwidrigen Seitensprünge. Am wenigsten Väterchen, der den preußischen Ministerpräsidenten nach Warschau beschied, um die Knute drohend über ihn zu schwingen. Aber selbst mit Österreich, das trotz seiner inneren Zerrüttung sich keineswegs gutwillig aus Deutschland hinauskomplimentieren zu lassen gedachte, konnte der preußische Staat es auf keinen Waffengang ankommen lassen. Der Versuch einer Mobilmachung erwies das Heer als innerlich gänzlich zerfallen, trotz der wohlfeilen Triumphe, die es im Kampfe gegen einige Freischaren davongetragen hatte. In der Schande von Olmütz[23] endeten vorläufig die Versuche, ein Deutsches Reich herzustellen, einer Schande, an der die schwachköpfigen Liberalen, die laut darüber jammerten, keinen geringeren Anteil hatten als die Junker, die laut darüber jubelten, wie der Junker Otto v. Bismarck.

Diese Junker wollten überhaupt nichts von einem »deutschen« Beruf Preußens wissen, sondern sich in ihrem ostelbischen Winkel gegen alles verschanzen, was ein historischer Fortschritt war oder auch nur danach aussah. Die oktroyierte Dreiklassenwahl hatte ihnen das Heft in die Hand gegeben, und wenn es je eine parlamentarische Regierung im preußischen Staate gegeben hat, so war es in den fünfziger Jahren des vorigen Jahrhunderts. Die sogenannten Landratskammern spielten die Herrscher des Staates, die das Ministerium Manteuffel ganz nach ihrem Willen lenkten, oft genug gegen dessen eigenen Willen, denn Manteuffel blickte als gewitzter Bürokrat etwas weiter um sich als der Landjunker von altem Schrot und Korn.

Ihre einzige Aufgabe sahen die »Landratskammern« darin, das Recht des Landes nach Kräften zu zerstören. Wenn der »Rechtsstaat« Preußen in geschichtlichem Sinne überhaupt die reine Ironie war, so beruhte er nach bürgerlichen Rechtsbegriffen auf den Gesetzen vom 6. und 8. April 1848. Um das

Recht der Revolution zu verleugnen und die »Kontinuität des Rechtszustandes« aufrechtzuerhalten, hatte das bürgerliche Märzministerium Camphausen-Hansemann den Vereinigten Landtag einberufen und mit seiner Zustimmung jene beiden Gesetze erlassen, von denen das eine (vom 8. April) das allgemeine, gleiche, geheime, aber indirekte Wahlrecht, das andere (vom 6. April) als die Grundlage des öffentlichen Rechtes im preußischen Staate verkündete: Freiheit der Presse ohne Kautionen, Schwurgerichte auch für politische Vergehen, Unabhängigkeit des Richterstandes und Beseitigung der über ihn verhängten Disziplinargesetze, freies Vereins- und Versammlungsrecht, Genuß der staatsbürgerlichen Rechte ohne Rücksicht auf das religiöse Bekenntnis und endlich, als die Krone von allem, die Verheißung, daß der Erlaß aller Gesetze, die Festsetzung des Etats und die Erhebung der Steuern von der Zustimmung der künftigen, auf Grund des allgemeinen Wahlrechts zu wählenden Volksvertretung abhängig sein solle. Vom revolutionären Standpunkt mochte man diese Gesetze anfechten, wie es Karl Marx getan hat[24], aber vom bürgerlichen Standpunkt waren sie das allein geltende Recht des Landes, von Regierung, Junkertum und Bourgeoisie einmütig beschlossen, gerade um die »Kontinuität des Rechtszustandes« zu wahren.

Durch eine Reihe widergesetzlicher Gewaltstreiche, Sprengung der Berliner Vereinbarerversammlung, Oktroyierung der Dreiklassenwahl usw., wurden sie alsbald zertrümmert oder verkümmert, und die preußische Verfassung von 1850 gab nur noch ein klägliches Zerrbild von ihnen. Aber auch an der immer stärkeren Verzerrung dieses Zerrbildes arbeiteten die Junker in den fünfziger Jahren unausgesetzt. Im Jahre 1857 schrieb darüber der junge Treitschke in den »Preußischen Jahrbüchern«: »Jedes öffentliche Recht der Preußen entbehrt der Garantie, die verfassungsmäßigen Rechte so gut wie die schon länger bestehenden. Sämtliche Verwaltungsbeamten, sogar die rein technischen, stehen in der unbedingten Abhängigkeit vom Ministerium. Mit der Abhängigkeit von oben steht die rechtlich unbeschränkte Machtbefugnis nach unten in Wechselwirkung. Ein Widerstand gegen die Polizeibehörden ist fast unmöglich; wer die Vorschriften derselben nicht erfüllt, kann dazu im Exekutionsweg gezwungen werden durch Geld- und Gefängnisstrafe, selbst wenn jene Vorschriften auf Irrtum beruhen oder geradezu gesetzwidrig sind. Eine rechtliche Klage wegen solcher Exekution findet durchaus nicht statt. Selbst die Klage auf Schadenersatz in solchen Fällen ist ausgeschlossen durch das Gesetz vom 13. Februar 1854, das den Artikel 97 der Verfassung statt ihn auszuführen tatsächlich vernichtet hat. Das Ministerium hat das Recht, in Fällen der Gefahr eine Anzahl der wichtigsten Verfassungsartikel zeit- und schrittweise außer Kraft zu setzen (Artikel 111), und es gibt keinen rechtlichen Weg, den Mißbrauch dieser Befugnis zu hindern. Finden die Kammern die Suspension ungerechtfertigt, so hört damit der Ausnahmezustand nicht auf. Nach einer Erklärung des Ministers des Innern wäre dies ein Eingriff in die Regierungsexekutive, es bleibe dem Landtag nichts übrig, als die Minister in den Klagezustand zu versetzen — was ihm bekanntlich unmöglich gemacht ist. Die Freizügigkeit war schon lange vor dem parlamentarischen Leben ein Recht jedes Preußen, aber wenn die Polizeibehörden nach ihrem Ermessen auf Niederlassungsgesuche die Bestimmungen über die Fremdenpolizei anwenden, so gibt es kein Rechtsmittel dagegen. Artikel 5 und 6 gewährleisten die persönliche Freiheit und die Unverletzlichkeit der Wohnung, aber die Polizei darf ohne richterliche Erlaubnis in die Wohnungen eindringen, wenn sie glaubt, daß durch Angehung des Staatsanwalts oder des Gerichts der Zweck der Untersuchung vereitelt werde. Bin ich durch Fahrlässigkeit eines Beamten meiner Freiheit beraubt, so habe ich gar keine Klage; bin ich verhaftet durch böse Absicht des Beamten, so habe ich nur dann eine Klage, wenn die vorgesetzte Behörde es nicht für gut befindet, den Kompetenzkonflikt zu erheben. Kein Gericht schützt den Staatsbürger, wenn ein Ministerialerlaß durch Veränderung des Wahlkreises ihm die Ausübung der ersten staatsbürgerlichen Pflicht unmöglich macht ... Und so könnten wir all die köstlichen Früchte der Verwaltung aufzählen, um die wir Tantalusqualen leiden, weil sie vom Scharfsinn der Verwaltung so hoch gehängt werden. Solange die Grundrechte nicht unter richterlichen Schutz gestellt sind, steht der Interpretation der Regierung nichts im Wege, welche die prägnantesten und wichtigsten Verfassungsbestimmungen kurzweg für allgemeine Grundsätze und darum für nicht bindend erklärt. Solange ist es den bestehenden Zuständen ganz angemessen, wenn in den Kammern mit antiker Offenheit gesagt wird: Es handelt sich nur darum, ob dieser Artikel formell geändert oder im Verwaltungsweg umgangen werden soll.« Soweit Treitschke, dessen Zeugnis um so unanfechtbarer ist, als er die Dinge immer noch in viel zu rosigem Lichte sah; wären die »Grundrechte« unter den »richterlichen Schutz« des feilen Obertribunals gestellt worden, so wäre es Hose wie Jacke gewesen.

Man könnte nun fragen: Weshalb machten die Junker nicht überhaupt kurzen Prozeß mit der ganzen Verfassung? In der Tat haben sie den Gedanken immer wieder erwogen. Und Friedrich Wilhelm IV. hat sich bis in die Nacht des Wahnsinns mit der Absicht eines Staatsstreichs getragen, der die Verfassung durch einen »Königlichen Freibrief« ständischen Charakters ersetzen sollte. Was schließlich alle diese Pläne vereitelt hat, war nicht irgendein sittliches Bedenken und am wenigsten der Eid, den der König auf die Verfassung geleistet hatte, sondern die sehr nüchterne Tatsache, daß der Scheinkonstitutionalismus die preußische Krone aus dem ewigen Dalles befreit hatte, worin sie seit Jahrzehnten gelebt hatte. Durch die Zustimmung einer gewählten Volksvertretung gewann sie auf dem europäischen Geldmarkt einen Kredit, der dem vormärzlichen Absolutismus immer versagt geblieben war. Darauf konnte nicht verzichtet werden, und die Junker sorgten nur dafür, daß die parlamentarische Geldbewilligungsmaschine niemals in einen ihnen unbequemen Gang gesetzt werden konnte. Der Staatshaushalt wurde dem im Anfang des Jahres zusammentretenden Landtag erst für das laufende Jahr vorgelegt, so daß er immer schon verausgabt wurde, während das Abgeordnetenhaus ihn erst beriet. Dann aber wurde er nur in allgemeinen Titeln und Summen ausgeworfen, die dem Ministerium gerade in den wichtigsten Verwaltungszweigen, namentlich in der Militärverwaltung, einen der Kontrolle der Volksvertretung fast gänzlich entzogenen Spielraum und die Machtvollkommenheit gewährten, auch *ohne* und *gegen* den Willen des Parlaments tiefgreifende Einrichtungen zu treffen. Endlich hatten die Junker noch in der Verfassung eine besondere Zwickmühle für den Fall angebracht, daß die Budgetbewilligung des Abgeordnetenhauses einmal unbequem werden könnte. Artikel 99 der Verfassung bestimmte, daß der Etat jährlich durch ein Gesetz festgestellt werden müsse, und da ein Gesetz auch der Zustimmung der Krone bedurfte, so folgerte die junkerliche Logik daraus, daß die Volksvertretung nur solche Abstriche am Budget machen dürfe, die sich die Regierung gefallen lasse.

Diese ganze Junkerwirtschaft hätte sich niemals so auswachsen können, wenn die Bourgeoisie nur ein wenig auf dem Posten gewesen wäre. Aber ihre halbwegs entschiedenen Elemente, wie sie etwa die Linke der Vereinbarerversammlung von 1848 gebildet hatten, beteiligten sich überhaupt nicht am politischen Leben, weil sie die widerrechtlich oktroyierte Dreiklassenwahl nicht anerkennen wollten, und die sogenannten Gothaer taten zwar mit, waren aber viel zu mattherzig und schwachköpfig, als daß sie sich von den Junkern nicht hätten nasführen lassen. Im übrigen wurde die ganze Bourgeoisie über ihr politisches Elend durch den glänzenden Aufschwung der Geschäfte getröstet, die ihr die fünfziger Jahre gewährten. Allein dadurch wurde sie nun doch wieder ihres »deutschen Berufs« inne, denn die deutsche Zerrissenheit legte der Entwicklung der kapitalistischen Produktionsweise unzählige Hemmnisse in den Weg. Die Bourgeoisie begann nach der deutschen Einheit zu schmachten, wobei sie mit rührender Anhänglichkeit ihrer alten Liebe treu blieb, der »preußischen

Spitze«, die sie gegen die Revolution schützen sollte und ihr deshalb durch die ärgste Junkerwirtschaft nicht verleidet worden war. In den fünfziger Jahren stellte sie eine ganze Reihe von Historikern, die durch die verwegensten Geschichtsklitterungen die »nationale Mission« des preußischen Staates im allgemeinen und des Hohenzollernhauses im besonderen bewiesen, und sie brach in den berufenen »Krönungsochsenjubel« aus, als im Herbst 1858 der Wahnsinn des Königs nicht mehr zu verheimlichen war und sein Bruder die Regentschaft übernahm, um eine »Neue Ära« zu beginnen.

Das Geheimnis dieser Neuen Ära ist heute längst aufgeklärt. Der Prinzregent war der alte beschränkte Reaktionär geblieben, den die siegreichen Barrikadenkämpfer im März 1848 aus Berlin getrieben hatten. Von liberalen und nationalen Bestrebungen wußte er soviel wie der Mann im Monde. Weder aus liberalen noch aus nationalen, sondern nur aus militärischen Gründen war ihm die Schande von Olmütz wider den Strich gegangen; er wollte die preußische Heeresverfassung, deren Verfall sich nicht bestreiten ließ, so weit wiederherstellen, daß der preußische Staat nicht bei jedem Konflikt mit einer europäischen Großmacht die Segel zu streichen brauchte. Sicherlich spielte seine subalterne Kommißnatur auch bei seinen Heeresplänen mit, aber er hatte den 18. März noch in den Gliedern und hütete sich sehr davor, die Bourgeoisie geschweige denn das Proletariat herauszufordern. Die Kosten der Heeresreform sollten vielmehr die Junker tragen, und eben um ihnen die feudalen Grundsteuerbefreiungen abzuknöpfen, hatte der Prinzregent die Neue Ära begonnen und ein ,,liberales'' Ministerium berufen. Es bestand aus schwächlichen Gothaern, den Auerswald, Patow, Schwerin und anderen verbürgerlichten Aristokraten, die im Jahre 1848 im Ministerium Camphausen-Hansemann gesessen hatten.

Als getreue Diener ihres Herrn dachten sie gar nicht daran, die Mißwirtschaft zu beseitigen, die das Ministerium Manteuffel hinterlassen hatte. Und ebensowenig dachte die liberale

Mehrheit des Abgeordnetenhauses daran, die aus den Herbst-
wahlen von 1858 hervorgegangen war. Ihr lag 1848 ebenso in
den Knochen wie dem Prinzregenten; wenn der Prinzregent
sich hütete, die Bourgeoisie zu reizen, so hütete sich die
Bourgeoisie, den Prinzregenten zu reizen. Sie wählte zu ihrer
Devise: Nur nicht drängeln!, womit sie sich selbst in den
Sumpf drängte, worin sie ersticken sollte.

II

Hatte das Junkertum verstanden, ein parlamentarisches Regiment zu führen, solange es die Mehrheit im preußischen
Abgeordnetenhaus besaß, so verstand sich die liberale Bourgeoisie nicht ebenso darauf, sobald sie das parlamentarische
Heft in der Hand hatte. Drei Jahre lang verzichtete die liberale
Mehrheit auf jede Initiative zur Herstellung verfassungs-
mäßiger Zustände, aus reiner Angst, daß der Prinzregent darüber böse werden und sein »liberales« Ministerium entlassen
könnte.

Dies Ministerium begnügte sich unter solchen Umständen
auch mit dem Genuß seines zwecklosen Daseins und erstarb
in derselben Ehrfurcht vor seinem Herrn und Meister wie die
Mehrheit des Abgeordnetenhauses vor ihm. Als im November
1859 der hundertste Geburtstag Schillers durch einen öffentlichen Aufzug in den Berliner Straßen gefeiert werden sollte,
empörte sich der Korporalsgeist des Prinzregenten über diese
einem Zivilisten und nun gar einem desertierten Regiments-
medikus erwiesene Ehre, und der Minister des Innern, der
»liberale« Graf Schwerin, verbot den öffentlichen Aufzug
unter der famosen Begründung, der »Herr v. Schiller« habe ja
zweifellos einige Verdienste, aber so weit über das Maß des
»Hergebrachten« hinaus dürfe man ihn nicht feiern. Als ein
demokratischer Schriftsteller gegen diesen Abderitenstreich
protestieren wollte, verweigerte sowohl die »Nationalzeitung«
wie die »Volkszeitung« seiner Erklärung die Aufnahme, und

nur der alte Jacob Grimm fand den Mut, in der Sitzung, die die Akademie der Wissenschaften am 10. November abhielt, wenigstens gegen die adlige Verhunzung von Schillers Namen zu protestieren.

Mit solchen und ähnlichen Heldentaten wurde eine kostbare Zeit vertrödelt, und das ganze Ergebnis der Neuen Ära bestand darin, den Karren der Bourgeoisie gründlich zu verfahren. Die Heeresreform war die Stelle, wo der Prinzregent sterblich war und deutlich verriet, daß er sich sterblich fühlte. Er hätte nie gewagt, sie wider den Willen des Abgeordnetenhauses durchzuführen, und um sie zu erlangen, konnte er zu weitgehenden Zugeständnissen getrieben werden. Dabei hätte sich die Mehrheit des Abgeordnetenhauses nichts zu vergeben brauchen, wenn sie sich auf den Handel eingelassen hätte. Sie bestand aus Gothaern, und die Gothaer hatten die Politik mitgemacht, die bei Olmütz an dem Mangel eines kriegstüchtigen Heeres gescheitert war. Zudem hatte die Mobilmachung, die im Jahre 1859 durch den französisch-österreichischen Krieg veranlaßt wurde, die Schäden des preußischen Heeres von neuem aufgedeckt. Gewiß, es mochte ein eigener Geschmack sein, sich in die »preußische Spitze« zu verlieben, aber wenn man einmal diesen Geschmack besaß, so mußte man diese heilbringende Spitze auch spitz und nicht stumpf machen.

Wenn man sich einmal auf diesen Standpunkt stellte, so war gegen die Heeresreform, die der Prinzregent plante, wenig einzuwenden. Sie machte mit dem Grundsatz der allgemeinen Wehrpflicht, der in argen Verfall geraten war, einigermaßen Ernst, wälzte das Schwergewicht der Militärlast von den Schultern von Familienvätern auf junge Burschen, und die Mehrkosten von gegen 10 Millionen Talern, die sie jährlich verursachte, sollten aus den Taschen der Junker aufgebracht werden. Der einzige wesentliche Einwand, der sich gegen sie erheben ließ, war die Länge der Dienstzeit unter der Fahne, aber ihre Verkürzung von drei Jahren auf zwei wäre — nebst manchem anderen — zu haben gewesen, wenn die liberale

Mehrheit des Abgeordnetenhauses einer halbwegs konsequenten Politik fähig gewesen wäre.

Gewiß hatte sie auch Gründe genug zum Mißtrauen. Die Heeresreform stärkte unzweifelhaft nach innen die Stellung der Krone und des Junkertums, während die Bourgeoisie nicht die geringste Sicherheit hatte, daß sie benutzt werden würde, die »preußische Spitze« nach außen zu kehren. In der Krise des Jahres 1859 hatte der Prinzregent eine geradezu klägliche Politik getrieben, freilich in holder Übereinstimmung mit seinem »liberalen« Ministerium. Aber alles das konnte die liberale Mehrheit des Abgeordnetenhauses nur veranlassen, die Kosten der Heeresreform unter Bedingungen zu bewilligen, die den Interessen der Bourgeoisie entsprachen, nicht aber sie als solche zu verwerfen, wenn sie sich einmal an die »preußische Spitze« klammerte.

Geht man heute die damaligen Kommissionsberichte und Plenarverhandlungen des Abgeordnetenhauses durch, so kann man nur sein Erstaunen nicht unterdrücken über die äußerst dilettantischen Vorschläge, die den Plänen der Regierung entgegengesetzt wurden. Man schrieb der bisherigen Landwehrverfassung Vorzüge zu, die sie nie gehabt hatte. Daß mit ihr kein auswärtiger Krieg geführt werden konnte, hatte sich 1850 und 1859 klar genug gezeigt. Aber nicht minder klar hatte sich 1848 und 1849 gezeigt, daß sie auch keine Schutzwehr gegen Staatsstreiche bot. Die gelegentlichen Widersetzlichkeiten der Landwehr in den Revolutionsjahren spielten auf beiden Seiten eine Rolle, aber mit einem sehr bezeichnenden Unterschied. Während die Wortführer der Regierung mit einer sozusagen brutalen Offenheit erklärten, daß die Haltung eines preußischen Heeres auf dem Schlachtfeld nicht von der politischen Einsicht der Landwehrmänner, nicht von ihrem mehr oder minder zutreffenden Urteil über die politische Tragweite des einzelnen gegebenen Falles abhängig werden dürfe, heuchelten die Liberalen — dieselben Leute, die tatsächlich die Landwehrverfassung beibehalten wollten, weil sie in ihr mit Recht oder Unrecht einen Schutz gegen Staatsstreiche erblickten —, es sei das »ehrendste Zeugnis« für die Landwehr, daß sie auch in den Tagen der Revolution im großen und ganzen »Beweise ihrer Treue, ihres Gehorsams und ihrer Disziplin« gegeben habe, obgleich alle möglichen Versuchungen an sie herangetreten seien, sie ihren militärischen Pflichten abwendig zu machen!

Diese Mischung von Heuchelei und Torheit erreichte dann ihren Gipfel, als der »liberale« Finanzminister v. Patow dem Abgeordnetenhaus vorschlug, die Mittel für die Heeresreform im Betrag von 9 Millionen Talern zunächst auf ein Jahr zu bewilligen; man gewinne dadurch Zeit, sich endgültig zu einigen; könne sich das Abgeordnetenhaus nach wie vor nicht mit der Heeresreform befreunden, so werde sie dann rückgängig gemacht werden. In diese plumpe Falle tappte das Abgeordnetenhaus fast einstimmig. Der Prinzregent gewann dadurch die Mittel, die von ihm geplante Heeresreform durchzuführen. Es wurden 117 neue Bataillone der Infanterie errichtet, dazu wurden die Kavallerie und Artillerie entsprechend vermehrt. Im Oktober 1860 erhielten die neuen Truppenteile ihre Fahnen oder Standarten, und im Januar 1861 wurden diese Feldzeichen feierlich eingeweiht, während sich die Bourgeoisie in der holden Hoffnung wiegte, durch ein einfaches Nein diese bewaffnete Macht wieder von der Bildfläche zu fegen, wenn die Regierung sich nicht zur Erhaltung der Landwehrverfassung und Einführung der zweijährigen Dienstzeit bequeme.

Im Januar 1861 starb Friedrich Wilhelm IV., und der Prinzregent gelangte auf den Thron. In einer schäbigen Amnestie, voller tückischer Fallen und Hinterhalte, und seiner Krönung in Königsberg, wo er die Krone von Gottes Gnaden vom Tische des Herrn nahm, offenbarte er vor aller Welt, daß er seit 1848 nichts gelernt und nichts vergessen hatte. Mochte nun aber in liberaler Beziehung nichts mehr von ihm zu hoffen sein, so suchte ihm das Abgeordnetenhaus in seiner Session von 1862 auf den nationalen Zahn zu fühlen. In seiner Antwortadresse auf die Thronrede wollte es erklären, daß Preußen kein Interesse habe, sich der Einigung Italiens zu widersetzen, und ferner, daß eine Gesamtreform der Bundesverfassung unter Erlangung der dem preußischen Staat gebührenden Stellung »an der Spitze des deutschen Bundesstaats« ein nationales Bedürfnis sei. Das hieß fragen, ob das neue Heer für die »preußische Spitze« im Interesse der Bourgeoisie eingesetzt werden solle. Der »liberale« Minister v. Schleinitz beeilte sich jedoch zu erklären, diese Anträge gingen weit über den Standpunkt der Regierung hinaus. Dadurch wurde die Abneigung des Abgeordnetenhauses gegen die Heeresreform begreiflicherweise gesteigert, aber seine Courage reichte nur so weit, die 8 Millionen, die diesmal von der Regierung gefordert wurden, um ein weniges zu kürzen und den Rest nur im Extraordinarium zu bewilligen. Der König quittierte über diese harmlose Demonstration in der Thronrede, durch die er den Landtag schloß, mit der trockenen Bemerkung, er könne über die Form der Bewilligung hinweggehen, da »das Lebensprinzip der großen Maßregel« dadurch nicht berührt werde.

Damit schloß die dreijährige Legislaturperiode des Landtags. Für die Neuwahlen spaltete sich nun von der Mehrheit eine Fraktion ab, die nachgerade einsah, daß es der liberalen Blamagen genug sei. Sie bestand zunächst nur aus einem Dutzend namentlich ostpreußischer Abgeordneter, die nach der Ablehnung der »preußischen Spitze« durch Schleinitz der liberalen Mehrheit den Scheidebrief sandten. Anfangs als »Jung-Litauer« verspottet, wuchs sie sich durch Verbindung mit alten »Demokraten« von 1848 zur »Deutschen Fortschrittspartei« aus. Diese »Demokraten«, die sich wegen der widerrechtlich oktroyierten Dreiklassenwahl in den fünfziger Jahren vom politischen Leben ferngehalten hatten, waren nicht ohne Mitschuld an den Sünden der Neuen Ära; selbst der als starrer Doktrinär verrufene Johann Jacoby hatte dem seligen Vertrauen auf »die wahrhaft männliche, verfassungstreue« Politik des Prinzregenten nicht nur die Republik, sondern für absehbare Zeit auch das allgemeine Stimmrecht geopfert. Im allgemeinen hatten die »Demokraten« sich bisher selbst für unwählbar erklärt, um durch Männer von ihrer »revolutionären Vergangenheit« dem »liberalen« Ministerium keine Schwierigkeiten zu bereiten. Nunmehr aber glaubten sie, ihre staatsmännischen Bedenken opfern und das Vaterland dadurch retten zu sollen, daß sie ihre demokratischen Prinzipien opferten.

Die Fortschrittspartei begann damit, das Landesrecht zu verraten, wie es in den Aprilgesetzen von 1848 niedergelegt worden war, und alle Staatsstreiche der Gegenrevolution zu besiegeln, indem sie die preußische Verfassung, zusammengehudelt und -gesudelt und tausendmal zerfetzt, wie sie war, einschließlich der Dreiklassenwahl für das »unlösliche Band« erklärte, das »Fürst und Volk« zusammenhalte. Sie schwor »unerschütterliche Treue« dem König und machte die Einigung Deutschlands von »einer starken Zentralgewalt in den Händen Preußens« abhängig. In ihren liberalen Forderungen ging sie nicht über die Gothaer hinaus und verriet wie das allgemeine Wahlrecht so auch den Namen der Demokratie; ihre Absicht lief darauf hinaus, die »Demokraten« und »Konstitutionellen« zu einem allgemeinen Mischmasch zu verschmelzen, der etwas stärker auf das »liberale« Ministerium drücken solle, als die Gothaer auf eigene Faust getan hatten. Es ist wahr, daß einzelne »Demokraten«, wie Waldeck und Ziegler, nur zögernd in diesen Pott stiegen, aber schließlich überwanden sie ihre bange Ahnung, daß die Sache schiefgehen werde.

Bei den Wahlen im Dezember 1861 errang die Fortschrittspartei zwar noch nicht die Mehrheit des Abgeordnetenhauses, aber doch einen großen Erfolg. Sie begann nun ihr stärkeres »Drängeln« mit dem Antrag auf eine größere Spezialisierung des Budgets. Darin sah das »liberale« Ministerium ein Mißtrauensvotum und löste im März 1862 das Haus auf, trollte sich dann aber wenige Tage darauf selbst, da es sich endlich über seines Nichts durchbohrendes Gefühl klargeworden war. Die Neue Ära starb so elend, wie sie gelebt hatte. Nun berief der König ein Ministerium, das überwiegend aus bürokratischen und reaktionären Nullen bestand, übrigens aber auch nicht viel Verstand dazu gebrauchte, die Wahlmaschinerie spielen zu lassen, die die Neue Ära sorgsam aus den Tagen der Landratskammern erhalten hatte. Einstweilen versagte die Maschine jedoch, und in dem neuen Abgeordnetenhaus hatte die Fortschrittspartei eine weit überwiegende Mehrheit.

Sie stand nun auf dem Rhodus, worauf sie tanzen sollte. Wenn zu diesem Tanze nicht ganz leicht aufzuspielen war, so hatte sie sich bei ihrer eigenen Halbheit zu bedanken. Wollte sie nach ihrem Programm den preußischen Staat als »starke Zentralgewalt« an die Spitze Deutschlands setzen, so konnte sie vernünftigerweise nicht damit beginnen, einen großen Teil des preußischen Heeres zu entwaffnen, indem sie die Mittel für die Heeresreform endgültig verweigerte. Wollte sie diese Mittel aber endgültig bewilligen, so war ein großer Aufwand schmählich vertan, denn das hätte die frühere liberale Mehrheit, deren Sünden gutzumachen mit großem Eklat als ihre Aufgabe verkündet worden war, am letzten Ende auch fertiggebracht. Dabei tat ihr die Regierung nicht einmal den Gefallen, sie an die Wand zu drücken. Es gehört zu den eingewurzelten Fabeln über die preußische Konfliktzeit, daß die Regierung durch brutales Auftreten den inneren Konflikt heraufbeschworen oder doch verschärft haben soll. Das ist im späteren Verlauf der Dinge, unter besonderen Umständen geschehen, nicht jedoch von Anfang an. Ganz im Gegenteil erbot sich die Regierung im Sommer 1862 zu Einräumungen, die sie in militärischen Fragen niemals wieder dem Land- oder später dem Reichstag gemacht hat.

Zunächst erklärte sie sich bereit, die Forderung zu erfüllen, wegen deren das »liberale« Ministerium das vorige Abgeordnetenhaus aufgelöst hatte, und den Etat zu spezialisieren. Ferner verpflichtete sie sich, den Etat fortan rechtzeitig einzubringen, so daß er immer schon vor Beginn des Jahres beschlossen sein mußte, für das er gelten sollte. Weiter versprach sie, die Steuerlast zu mindern und die Kosten der Heeresreform aufs äußerste einzuschränken. In der Tat brachte sie diese Kosten von 9 auf 6 Millionen Taler herab und verzichtete auf die Zuschläge von 25 Prozent zu der Einkommen- und Klassen-, wie der Mahl- und Schlachtsteuer, die seit 1859 mit der Zustimmung des Landtags beschlossen worden waren und jährlich über 3 Millionen Taler einbrachten. Endlich erkannte das Ministerium ausdrücklich an, daß alle Staatsausgaben der Zustimmung des Landtags bedürften. Nur meinte sie, wenn das Abgeordnetenhaus die Mittel für die unbedingt notwendige Heeresreform streiche, so könne sie dem nicht zustimmen, und insoweit griff sie auf die Zwickmühle zurück, die die Landratskammer in der Verfassung angebracht hatte. Sie erklärte, da der Etat durch ein Gesetz festgestellt werden müsse und zu einem Gesetz auch die Zustimmung der Regierung und des Herrenhauses gehöre, die der Streichung der für die Heeresreform notwendigen Mittel nicht zustimmen könnten, so mache das Abgeordnetenhaus, wenn es auf dieser Streichung beharre, das Zustandekommen eines Etatsgesetzes unmöglich. Deshalb könne der Staat aber nicht untergehen, und er müsse dann unter den einmal gegebenen Verhältnissen fortbestehen, also unter Aufrechterhaltung der Heeresreform, deren Mittel für die beiden Vorjahre vom Abgeordnetenhaus bewilligt und für das laufende Jahr von der Regierung in gutem Glauben schon großenteils verbraucht worden seien.

In der Theorie war damit nun freilich das Budgetrecht des Abgeordnetenhauses einfach ausgeschaltet, worüber alles »tatsächliche Entgegenkommen« der Regierung nicht hinwegtäuschen konnte. Wenn das Abgeordnetenhaus nur je mit der Zustimmung der Regierung und des Herrenhauses Ausgaben bewilligen oder nicht bewilligen konnte, so war sein Budgetrecht nicht mehr als ein Schattenspiel an der Wand. Aber die Gelegenheit war so ungünstig wie nur irgend denkbar, um eine Machtprobe auf diese Theorie zu machen, und die Fortschrittspartei hatte ein begreifliches Grauen davor, Beschlüsse zu fassen, von denen sie, wie einer ihrer angesehensten Führer sagte, gar nicht einmal wünschen konnte, daß sie ausgeführt würden. Sie war auch bereit, ihre geliebte Landwehrverfassung preiszugeben und sich mit der zweijährigen Dienstzeit zu begnügen. Einen Augenblick schien der Kriegsminister nicht abgeneigt, darauf einzugehen, aber der König war für das Zugeständnis nicht zu haben. Die Ängste des 18. März waren wieder in ihm erwacht; er sah in den Fortschrittlern eine neue Schar von Barrikadenkämpfern; da sich unter den fortschrittlichen Abgeordneten ein Flüchtling von 1848 befand, gerade nur einer, der harmlose Löwe-Calbe, so schüttete er einer Deputation von Pastoren sein bekümmertes Herz aus: »Man schickt Menschen nach Berlin, welche als politische Verbrecher verurteilt sind und welche nur durch die Amnestie die Erlaubnis erhalten haben, zurückzukommen.« Er gedachte des alten Sprüchleins, daß gegen Demokraten nur Soldaten helfen, und wollte am wenigsten auf das dritte Dienstjahr verzichten, das zwar militärisch überflüssig, aber geeignet war, den »soldatischen Geist« zu züchten, der, wenn der »Kriegsherr« befiehlt, auch auf Vater und Mutter schießt. Diese Hartnäckigkeit des Königs entschied den Streit; am 23. September 1862 strich das Abgeordnetenhaus die Mittel für die Heeresreform, und der König berief den Pariser Botschafter v. Bismarck, der an die Spitze des Ministeriums trat, mit der Aufgabe, die Heeresreform durchzuführen, auch gegen den Willen des Abgeordnetenhauses.

Was für den König der Zweck war, das war für Bismarck aber nur das Mittel. Als hartgesottener Junker hatte er sich in den Tagen der Gegenrevolution so hervorgetan, daß Manteuffel ihn zum Gesandten am wiedererweckten Bundestag ernannt hatte. In dieser Stellung und später als Botschafter in Petersburg und Paris hatte Bismarck die reichlichste Gelegenheit gehabt, höchst demütigende Erfahrungen über die klägliche Stellung Preußens in der europäischen Politik zu machen. Er trennte sich allmählich von den Kraut- und Zaunjunkern, in deren Gedankenkreis er bisher gelebt hatte, insoweit, als er die altpreußischen Eroberungstendenzen wieder aufnahm, die aus Deutschland ein »verlängertes Preußen« zu machen gedachten. Es war altfriderizianische Politik, die er treiben wollte, in all ihrer Gescheitheit, aber auch in all ihrer Beschränktheit, so wie ihn Friedrich Engels einmal treffend gekennzeichnet hat[25]: ein Mann von großem praktischem Verstand und großer Schlauheit, ein geborener und geriebener Geschäftsmann, der unter anderen Umständen auf der New-Yorker Börse den Vanderbilts und Jay Goulds den Rang streitig gemacht hätte, aber neben diesem entwickelten Verstand auf dem Gebiete des praktischen Lebens ein Mann von einer entsprechenden Beschränktheit des historischen und politischen Gesichtskreises. Darin stand er selbst noch weit hinter dem falschen Bonaparte in Paris zurück, den er sich sonst vielfach zum Muster genommen hatte.

So war ihm der Gedanke der deutschen Einheit als eines Zieles, das im nationalen Interesse zu verfolgen sei, auch völlig fremd. Mit welchen Absichten er seine preußische Ministerschaft antrat, schildert sein Historiker Sybel also: »Fest stand ihm die Tatsache, daß die jetzige Stellung Preußens im Deutschen Bund unerträglich sei, daß sie, wie er einst dem Minister Schleinitz geschrieben hatte, durch Eisen und Feuer geheilt werden müsse. Und nicht minder gewiß war die weitere Tatsache, daß für die Entscheidung der Frage alles auf die realen Mächte in Deutschland, auf das Verhältnis zwischen Österreich und Preußen ankam. Eine friedliche Umgestaltung desselben hielt Bismarck für äußerst unwahrscheinlich; jeder andere Krieg, sagte er wohl, den Preußen vor diesem österreichischen Kriege führte, wäre die reine Munitionsvergeudung. Er war bereit, in den Kampf einzutreten, verkannte aber die Gefahren desselben nicht und hätte, wenn sich ein Einvernehmen möglich zeigte, ein solches Friedenswerk gern begrüßt. In voller Klarheit lagen die verschiedenen, in Krieg oder Frieden denkbaren Systeme vor seinem unvergleichlich scharfen und weiten Blick; gemeinsame Beherrschung Deutschlands durch die beiden Großmächte oder Teilung Deutschlands unter dieselben nach der Mainlinie oder gänzlicher Ausschluß Österreichs aus Deutschland und in diesem letzten Falle wieder mehr die föderative oder mehr die unitarische Gestaltung des neuen Bundes, die engere oder weitere Kompetenz der von Preußen zu leitenden Reichsgewalt und der nationalen Volksvertretung. Ohne eine doktrinäre Vorliebe für irgendeines dieser Systeme, wog er ihre Aussichten und Vorteile sowie ihre Kosten und Gefahren und vor allem ihre Erreichbarkeit trotz der Eifersucht der fremden Großmächte ab, stets bereit, je nach der Lage der Dinge das Verfahren oder auch das Ziel zu wechseln; nur unter dem unverbrüchlichen Gesetz, daß Preußen immer vorwärtsschreite, niemals zurückweiche, niemals den gewonnenen Boden und niemals den eigenen Stab verliert.« Sieht man von der verhimmelnden Form ab, so ist diese Schilderung durchaus zutreffend, und von Bismarck selbst, der sich in seinen Denkwürdigkeiten häufig auf Sybels Werk beruft, niemals bestritten worden. Es wäre auch vergebliche Mühe gewesen, denn noch im Mai 1866, nach Abschluß des Bündnisses mit Italien, hat Bismarck ernsthaft den Plan der Mainlinie erwogen, eine Teilung der Herrschaft über Deutschland zwischen Österreich und Preußen, einen Plan, worin jeder deutsche Patriot mit Recht den schmählichsten Verrat an der deutschen Einheit erblickte.

Nun aber lag die Sache so, daß Bismarck, als er ins Ministerium gelangte, vom König- und Junkertum zwar die Vollmacht hatte, ein verfassungswidriges Regiment zu führen, aber keineswegs die friderizianischen Überlieferungen wieder aufzunehmen und eine preußische Eroberungspolitik zu treiben. Gerade ein Jahr vorher hatten die preußischen Junker, und an ihrer Spitze Bismarcks Busenfreunde Kleist-Retzow, Blanckenburg, Wagener — als Gegengewicht gegen den liberalen Nationalverein, der nach dem italienischen Vorbild für die deutsche Einheit unter »preußischer Spitze« agitierte —, einen preußischen Volksverein begründet, der im ersten Satze seines Programms zwar »die Einigkeit unseres deutschen Vaterlandes« hatte, aber nur »in der Einigung seiner Fürsten und Völker und in Festhaltung an Obrigkeit und Recht«, nicht jedoch »auf den Wegen des ›Königreichs Italien‹ durch Blut und Brand«, nicht durch »Kronenraub und Nationalitätenschwindel«. Da Bismarck gar sehr die Möglichkeit erwog, durch »Blut und Brand«, durch »Kronenraub und Nationalitätenschwindel« an sein Ziel zu gelangen, so fiel ihm dies Programm schwer auf die Nerven, aber er durfte nicht wagen, ihm zu widersprechen, und mußte sich begnügen, seinem gepreßten Herzen in einem Briefe an einen vertrauten Freund Luft zu machen. Er sagte darin, die konservative Partei dürfe sich doch nicht zum Don Quichotte für den ganz unhistorischen, gott- und rechtlosen Souveränitätenschwindel der von Napoleon geschaffenen und von Metternich sanktionierten Kleinstaaten machen. Sie habe auch gar keinen Anlaß, vor der Idee einer Volksvertretung im Deutschen Bund zimperlich zurückzuschrecken. Mit sehr mäßigen Zugeständnissen sei da viel zu erreichen; man könne eine recht konservative Nationalvertretung schaffen und doch selbst bei den Liberalen Dank dafür ernten.

Aus dieser Anschauung Bismarcks erklärt es sich, daß er als leitender Minister sich mit der Fortschrittspartei zu einigen suchte. In der für ihn entscheidenden Frage der »preußischen Spitze« hatte er mit ihr viel engere Berührungspunkte als mit dem König- und dem Junkertum. Soweit er irgend konnte, deckte er seine Karten auf, indem er in der Budgetkommission des Abgeordnetenhauses erklärte, man möge den Konflikt nicht zu tragisch auffassen; die Regierung suche keinen Kampf und böte gern die Hand dazu, die Krisis in Ehren beizulegen. Aber Preußen müsse seine Kraft zusammenhalten für den günstigen Augenblick, der schon einige Male verpaßt sei; Preußens Grenzen seien für einen gesunden Staatskörper nicht günstig. Man möge nicht in den Fehler von 1848 und 1849 verfallen und die großen Fragen der Zeit, die nur durch Blut und Eisen entschieden würden, durch Majoritätsbeschlüsse und parlamentarische Rede entscheiden wollten. Es kennzeichnete die Lage, daß der stramm konservative Kriegsminister v. Roon, wie Bismarck in seinen Denkwürdigkeiten erzählt, sofort lebhaften Protest gegen diese »geistreichen

Exkurse« erhob und daß Bismarck sich beeilte, dem von einer Reise heimkehrenden König bis Jüterbog entgegenzufahren, um ihn abzufangen, ehe ihm in Berlin der Kopf wegen der Offenherzigkeiten seines Ministers verkeilt wurde.

Die Fortschrittspartei ihrerseits lehnte es ab, auf die Sirenengesänge Bismarcks zu hören. Daraus läßt sich auch kein Vorwurf gegen sie schmieden, wie es von reaktionärer Seite oft geschehen ist. Sie hatte wohl eine allgemeine Ahnung, daß Bismarck wieder eine aktive auswärtige Politik treiben wolle, aber sie wußte auch, daß diese Absicht zunächst nur seine persönliche Sache sei. Wenn aber seine Persönlichkeit – ein Heißsporn der Junkerpartei, der seinerzeit die Schande von Olmütz gefeiert hatte wie kaum ein anderer – ihr kein Vertrauen einflößte, so war auch das vollkommen in der Ordnung. Nicht *daß* sie den Kampf mit ihm aufnahm, war ihr Verbrechen und mehr noch ihr Fehler, sondern *wie* sie den Kampf mit ihm führte. Wollte sie in der Tat, wie sie behauptete, in »tief sittlichem Ernste« das »Recht des Landes« verteidigen, so mußte sie über die unzähligen Rechts- und Verfassungsbrüche der Gegenrevolution zurückgehen auf die Aprilgesetze von 1848 und in allererster Reihe das allgemeine Wahlrecht als das Recht des Landes fordern. Aber gerade davor hatten diese biederen Rechtsmänner den tiefsten Abscheu; sie erklärten feierlich, nachdem des »Königs Majestät« die Verfassung und damit die Dreiklassenwahl beschworen habe, würde die Wiederherstellung des allgemeinen Wahlrechts der allergemeingefährlichste Staatsstreich sein. Worum sie kämpften, war die Erhaltung der preußischen Verfassung, die selbst nur das Produkt wiederholter Rechtsbrüche war, und auch von allen Vergewaltigungen dieser Verfassung wollten sie nur die verhältnismäßig entschuldbarste sühnen, die in erster Reihe durch die liberale Bourgeoisie selbst verschuldet war. Hätte sie nicht zweimal die Mittel für die Heeresreform bewilligt, so hätte die Regierung gar nicht die Möglichkeit gehabt, diese Reform aufrechtzuerhalten, auch wenn das Abgeordnetenhaus zur Abwechslung einmal die Mittel verweigerte.

Bekanntlich hat sich damals Lassalle bemüht, der Fortschrittspartei die ganze Hoffnungs- und Sinnlosigkeit der Opposition klarzumachen. Er forderte nichts Übermenschliches von ihr, sondern nur, was dem eigensten Wesen entsprach und selbst in vormärzlicher Zeit, in den Tagen des Vereinigten Landtags, von ihr ganz gut exekutiert worden war: nämlich alle parlamentarischen Verhandlungen mit der Regierung abzubrechen, dadurch den Scheinkonstitutionalismus zu vernichten, den unverhüllten Absolutismus seinem unvermeidlichen Bankrott zu überliefern, danach aber mit ihm zu verhandeln, »den Daumen aufs Auge und das Knie auf die Brust«. Davon wollte jedoch die Fortschrittspartei nichts hören, denn das hätte geheißen, alle Rechts- und Verfassungsbrüche aufrollen, namentlich auch die, die an der Arbeiterklasse begangen worden und der liberalen Bourgeoisie mindestens ebenso ans Herz gewachsen waren wie der Regierung. So entschloß sich die Fortschrittspartei, mit dem Ministerium Bismarck ruhig weiterzuverhandeln, als ob gar nichts geschehen wäre, und ihm auch alljährlich das Budget zu bewilligen, bis auf das halbe Dutzend Millionen Taler, die zur Aufrechterhaltung der Heeresreform gebraucht wurden, gegen die widerrechtliche Ausgabe dieser Summe aber sich auf Proteste zu beschränken. Waldeck, der angesehenste Führer der Fortschrittspartei, führte aus, wer ein Mandat vom Volke habe, dürfe nicht auf den Erfolg sehen, wenn er sich in seinem guten Rechte wisse, und müsse »das übrige der Vorsehung überlassen«; wenn das Abgeordnetenhaus mit richtigem Gewissen seine Schuldigkeit tue, brauche es um die Zukunft nicht zu sorgen und könne in »majestätischer Ruhe« verharren, während das Ministerium, auf einer schiefen, »vollständig abschüssigen Ebene« herabgleitend, sehen möge, wo es bleibe.

Mit der »majestätischen Ruhe« stimmte es nur insofern nicht, als die liberalen Kammergrößen von vornherein einen Ton gegen Bismarck anschlugen, der sich nicht zu seinem Vorteil von der ganz höflichen, ruhigen und sicheren Sprache des Ministers unterschied. Es war nicht der derbe Ton einer inneren Empörung, sondern ein hysterisches Gekreisch, worin sich namentlich die Bankrotteure der Neuen Ära hervortaten. Simson, der Meister feierlich gespreizter Gemeinplätze, verglich Bismarck mit einem Don Quichotte und Seiltänzer, und noch ärger trieb es der Graf Schwerin, das angebliche Urbild deutscher Ehrlichkeit. Bismarcks Vorschlag, sich gütlich zu einigen, da sich sonst die Rechtsfragen zu Machtfragen auswüchsen, verdrehte Schwerin dahin, Bismarck habe gefordert, daß Macht vor Recht gehen solle, und erklärte, daß »die Größe unserer Dynastie, die Größe unseres Landes«, die Verehrung, die das preußische Regentenhaus im Inland und im Ausland genieße und immer genießen werde, auf dem umgekehrten Satze beruhe: Recht geht vor Macht. Wenn sich darüber der alte Fritz im Grabe umgedreht haben wird, so spendete das Haus donnernden Beifall, dasselbe Haus, das auf dem brutalen Gewaltstreich der Dreiklassenwahl beruhte und in diesem infamen Rechtsbruch sogar das herrlichste Kleinod preußischen Rechtes sah.

Studiert man heute die stenographischen Berichte über die damaligen Verhandlungen des preußischen Abgeordnetenhauses, so ist man geneigt, das Verdienst zu unterschätzen, das sich Lassalle erwarb, indem er die deutsche Arbeiterklasse aus der Gefolgschaft dieser Bourgeoisie erlöste. Auch ein minder genialer Kopf mußte erkennen, daß ein Feldzug, der so abgeschmackt begann, nur mit einer elenden Niederlage enden konnte.[26]

Die Neue Zeit
32. Jg. 1913/14, Zweiter Band, S. 764–772, 808–817.
Franz Mehring: Gesammelte Schriften,
Bd. 7, Berlin 1980, S. 185–205.

Die Gründung
des Deutschen Reichs

Januar 1896

Die prunkenden Feste, mit denen sich die herrschenden Klassen des Deutschen Reichs seit dem vorigen Sommer unterhalten, werden am 18. Januar ihren Gipfelpunkt finden. An diesem Tage wird das neue Deutsche Reich fünfundzwanzig Jahre alt. Am 18. Januar 1871 erließ der König von Preußen, Wilhelm I., eine Proklamation an das deutsche Volk, worin er verkündete, daß er und seine Nachfolger an der Krone Preußens, nachdem die deutschen Fürsten und freien Städte den einmütigen Ruf an ihn gerichtet hätten, mit Herstellung des Deutschen Reichs die seit mehr denn sechzig Jahren ruhende deutsche Kaiserwürde zu erneuern und zu übernehmen, den kaiserlichen Titel in allen Beziehungen und Angelegenheiten des Deutschen Reichs führen würden. Er hoffte zu Gott, daß es der deutschen Nation gegeben sein werde, unter dem Wahrzeichen ihrer alten Herrlichkeit das Vaterland einer segensreichen Zukunft entgegenzuführen, daß es ihm und seinen Nachfolgern verliehen sein werde, allzeit Mehrer des Deutschen Reichs zu sein, nicht an kriegerischen Eroberungen, sondern an den Gütern und Gaben des Friedens auf dem Gebiete nationaler Wohlfahrt, Freiheit und Gesittung.

Es hat Gott nicht gefallen, diese Hoffnung zu erfüllen. Mehrer des Reichs wurde der neue Kaiser nur durch kriegerische Eroberungen, durch die Annexion von Elsaß-Lothringen, die in erster Reihe dazu beigetragen hat, den latenten Kriegszustand in Europa zu verewigen, die Güter und Gaben des Friedens zu verkümmern, die nationale Wohlfahrt, Freiheit und Gesittung zu unterdrücken. Unter der eisernen Last der Waffen versagt sich das Deutsche Reich mehr und mehr die bescheidensten Kulturaufgaben. Diese Tatsache wird die

herrschenden Klassen nicht hindern, den fünfundzwanzig-
jährigen Gedenktag in rauschendem Fest- und Wortschwalle
zu feiern. Die ganze abgetriebene Herde der patriotischen
Schlagworte wird abermals aufgestört werden, um blökend
über die Bühne zu traben. Die »Heroen des großen Jahres«
werden als riesige Schattenbilder an der Wand erscheinen und
den »Dank des Vaterlandes« empfangen für Gedanken, die sie
nie gehegt, für Taten, die sie nie getan haben. Und vielleicht
spenden die begeisterten Festredner auch das Brosamlein
eines kargen Dankworts den namenlosen Toten, die zu Zehn-
tausenden auf den französischen Schlachtfeldern schlummern,
den armen Invaliden, die noch heute im dankbaren Vaterlande
frieren und hungern, nachdem sie und sie allein durch ihrer
Arme Kraft vor fünfundzwanzig Jahren das Deutsche Reich
zurechtgehämmert haben.

Sie und sie allein, denn von all den gefeierten »Gründern des
Deutschen Reichs« hat keiner das Deutsche Reich gewollt,
keiner, es sei denn der damalige Kronprinz und spätere Kaiser
Friedrich, und der wollte es nicht als modernen Staat, sondern
als mittelalterlich-romantische Dynastie. Als sein Vater einmal
dem Kaiser von Rußland, weil er Kaiser sei, den Vortritt ließ,
rief der Kronprinz heftig: »Das soll kein Hohenzoller sagen,
und das darf für keinen Hohenzollern gelten«, und sein Ver-
trauter Gustav Freytag schreibt über ihn: »Aus dem fürstlichen
Stolze erwuchs in der Seele des deutschen Kronprinzen die
Idee des deutschen Kaisertums, sie wurde ein heißer Wunsch.
Der Kronprinz aber bewahrte die Auffassung, daß die neue
Kaiserwürde nur dann die rechte Weihe erhalte, wenn sie als
Fortsetzung jener alten römisch-kaiserlichen Majestät betrachtet werde, und er war es, welcher bei der Eröffnung des
ersten deutschen Reichstags 1871, zum Erstaunen der Abgeordneten, den uralten Stuhl der Sachsenkaiser in die moderne Eröffnungsfeier hineinschob... Bei späterer Begegnung
hatte er die Huld zu bemerken: Ich denke nicht mehr so.
Dennoch kam er von derselben Auffassung nicht los. Wenigstens war in schmerzvoller Zeit noch einmal von einer rö-

mischen IV die Rede, welche hinter der ersten Unterschrift des neuen Kaisers gestanden haben soll und die der Erinnerung an Kaiser Friedrich III., den Vater Maximilians I., ihren Ursprung verdankt.« Aber selbst mit dieser höchst feudalen Auffassung von Kaiser und Reich fand der Kronprinz keine Gegenliebe bei seinem Vater und auch nicht bei Bismarck, wie in seinem Tagebuche des näheren nachgelesen werden kann.

Es war eine eherne ökonomische Notwendigkeit, die das Deutsche Reich schuf, und diese Notwendigkeit trat um so schärfer hervor, je widerwilliger die Werkzeuge waren, deren sie sich bediente. Sie zwang die »großen Helden« unter ihre starke Faust, und vor ihrem nüchternen Muß zerstob alle romantische Herrlichkeit. Dem romantischen König von Bayern mußte die Unterschrift des »hochherzigen« Briefes, worin er dem preußischen König die Kaiserkrone anbot, mit der Pistole auf der Brust abgezwungen werden, und Delbrück legte die neugebackene Kaiserkrone auf den Tisch des Reichstags nieder wie eine neue Warenprobe, von der er nicht ganz im klaren war, unter welche Rubrik des Zolltarifs sie eigentlich gehöre. Der Kronprinz wütete über dies geschäftsmäßige Gebaren, und selbst Bismarck, zu dessen Fehlern überflüssiges Komödienspiel sonst gerade nicht gehörte, setzte »seinen Leuten« auseinander, wie Delbrück die Sache vom Komödienstandpunkte hätte behandeln müssen. Er meinte: »Es mußte eine wirksamere mise en scène stattfinden. Es hätte einer auftreten müssen, um seine Unzufriedenheit mit den bayerischen Verträgen auszusprechen. Es fehlte dies, und es mangelte jenes. Dann mußte er sagen: Ja, wenn sich ein Äquivalent für diese Mängel gefunden hätte, etwas, worin die Einheit ausgesprochen wäre, das wäre was anderes, und nun mußte man den Kaiser hervorziehen.« Wir lassen dahingestellt sein, ob die »welthistorische Szene« durch diese komödiantenhafte Aufstutzung viel gewonnen hätte. So wie sie sich abspielte, brachte sie wenigstens ihren wirklichen Gehalt zum ungeschminkten Ausdruck. Herr Friedenthal, der in seiner Person den großen Grundbesitzer und großen Industriellen vereinte, fragte in trockenem Geschäftstone an, ob das deutsche Volk nicht ein Oberhaupt erhalten werde, und Herr Delbrück verlas mit seiner blechernen, tonlosen Stimme ebenjenes »hochherzige« Schreiben, das dem König von Bayern durch die Pistole auf der Brust abgepreßt worden war. Mit allen gegen die sechs sozialdemokratischen Stimmen genehmigte der norddeutsche Reichstag ein paar Tage darauf die Vorlage der Regierung, welche das Deutsche Reich und den deutschen Kaiser in die Bundesverfassung einführte.

Die klugen Geschäftsleute des norddeutschen Reichstags täuschten sich natürlich nicht über das, was sie wollten. Das neue Reich sollte das Reich der Bourgeoisie sein, und in der Wechselrede Friedenthal-Delbrück kam seine Bedeutung und sein Zweck treffend zum Ausdruck. Jene Geschäftsleute wußten auch recht gut, daß die feudale Hof- und Militärpartei in Versailles mit schlecht verhehltem Mißbehagen auf das neue Gebilde blickte. Aber die Bourgeoisie ist nun einmal in der üblen Lage, indem sie ihre selbstsüchtigen Zwecke verfolgt, so tun zu müssen, als ob sie sich heldenmütig für das Volk opfere. Um den Massen einigen Sand in die Augen zu streuen, schickte der norddeutsche Reichstag eine Deputation von dreißig Mann nach Versailles mit einer Adresse, die den König von Preußen himmelhoch anflehte, im Interesse des Vaterlandes die Kaiserkrone anzunehmen. In seinem kauderwelschesten Deutsch begründete Lasker diese Adresse, und die Deputation machte sich durch Eis und Schnee auf den sauren Weg. Die Vertreter des deutschen Volkes standen im Schloßhofe von Versailles etwa wie weiland Kaiser Heinrich IV. im Schloßhofe von Canossa. Hohn und Spott regnete auf sie herab. Höflinge und Krautjunker variierten in allen Tonarten das verächtliche Wort des preußischen Königs: »Ei, da verdanke ich Herrn Lasker ja eine rechte Ehre.« Jedoch fand die Deputation auch ein fühlendes Herz in Versailles, und dies Herz schlug in der Brust des Herrn Stieber. Der meineidige Faiseur des Kölner Kommunistenprozesses empfand mit richtigem Instinkt, daß solche Halunken, wie er einer war, im

Reiche der Bourgeoisie noch bessere Aussichten auf gute Verköstigung hätten als im absolutistisch-feudalen Staate, und er schwänzelte wohldienerisch um die Deputation des Reichstages. Sie war nicht undankbar, und in einem feierlichen Schreiben empfing Stieber ihren »verbindlichsten Dank« und ihre »vollkommene Ergebenheit«. Er sandte den Brief nach Berlin, damit er den spätesten Stiebern noch als ein Ehrenzeugnis ihres Ahnherrn aufbewahrt werde, und schrieb dazu: »Mir hat die Deputation viel Arbeit gemacht, um ihr einen anständigen Empfang zu bereiten. Die Hof- und Militärpartei war ziemlich kühl, ich vertrat hier die Zivilpartei und das deutsche Volk. Wunderbare Zeiten.« Ach ja, die »Zeiten« waren »wunderbar«, und man kann es schließlich begreifen, daß sie sogar diesem hartgesottenen Sünder einige Krokodilstränen erpreßten...

Das Deutsche Reich hat gehalten, was es bei seiner Gründung versprach. Es ist geworden, was es nach den Bedingungen seiner Entstehung werden mußte: ein mächtiger Hebel der großindustriellen Entwicklung. Es ist ein goldenes Land der Bourgeoisie, die in ihm ihren geschichtlichen Beruf des revolutionären Auflösens und Zersetzens prächtig erfüllt, die so gewaltig aufgeräumt hat unter den feudal-juchtigen Trümmern, welche vor fünfundzwanzig Jahren noch fußhoch den deutschen Boden bedeckten. Sollen wir diese aufräumende Arbeit nicht anerkennen, nicht loben, nicht preisen? Wir wären Toren, wenn wir es nicht täten. Wir sind darin gerechter als die Bourgeoisie selbst, die vor den Folgen ihrer eigenen Taten erschrickt und sich am liebsten aus mittelalterlichem Schutt eine neue Burg erbaute, worin sie, sicher für alle Ewigkeit, mit ihren ungezählten Schätzen wuchern könnte. Aus Angst vor ihrem stolzen und trotzigen Kinde möchte sie sich zitternd in das Grab ihrer längst selig entschlafenen Mutter wühlen.

Nein, wir feiern die Gründung des Deutschen Reichs aufrichtig und herzlich, viel aufrichtiger und herzlicher als die Bourgeoisie. Wir feiern sie in dem Sinne von Marx, im Sinne seines prophetischen Worts, daß der Deutsch-Französische Krieg den Schwerpunkt der internationalen Arbeiterbewegung nach Deutschland verlegen werde.[27] Mag die fünfundzwanzigjährige Geschichte des Deutschen Reichs nur *eine* glänzende und große Seite haben, den revolutionären Kampf der Arbeiterklasse um ihre Emanzipation, nun, so ist diese Seite glänzend und groß genug, um einen bewundernden und dankbaren Rückblick zu verdienen, um aus den Kämpfen der Vergangenheit neue Kraft und Zuversicht für die Kämpfe der Zukunft zu schöpfen.

Teilen wir uns also redlich mit den herrschenden Klassen in die Feier des 18. Januar: uns die revolutionäre und ihnen die romantische Feier. Wir gönnen ihnen ihr Teil neidlos, ja wir sind teilnehmend genug zu wünschen, daß ihnen die, um mit Bismarck zu sprechen, mise en scène ihrer patriotischen Geschichtslegenden diesmal besser glücken möge als vor fünfundzwanzig Jahren. Es ist gewiß eine verteufelt schwere Aufgabe, aber um so mehr sollte sie den Ehrgeiz der Edelsten und Besten anspornen.

Die Neue Zeit
14. Jg. 1895/96, Erster Band, S. 481–484.
Franz Mehring: Gesammelte Schriften,
Bd. 7, Berlin 1980, S. 243–247.

Anmerkungen

1 Gemeint ist die preußische Nationalversammlung, die am 22. Mai 1848, nach dem Sieg der Revolution in Berlin am 18. März 1848, vom preußischen König einberufen wurde, um die Verfassung auszuarbeiten. Nach dem Einmarsch der Truppen Wrangels in Berlin am 10. November wurden ihre Sitzungen geschlossen, und am 5. Dezember 1848 wurde sie schließlich vom König aufgelöst. 20

2 Gemeint ist das Hausgesetz des Hohenzollern Albrecht Achilles von 1473, das die fränkischen Fürstentümer der Hohenzollern vom Kurfürstentum Brandenburg zwar für die Erbfolge trennte, aber gleichzeitig die Unteilbarkeit aller Landesteile – auch der noch zu erwerbenden – verfügte. 23

3 Gemeint ist das von Kaiser Karl IV. 1356 auf den Reichstagen zu Nürnberg und Metz erlassene Reichsgesetz, das besonders den sieben Kurfürsten das ausschließliche Recht bestätigte, den Kaiser zu wählen (»küren«).
Bulle: ursprünglich die Kapsel für das mit einer Schnur an einer Urkunde befestigte Siegel, dann das Siegel, endlich die Urkunde selbst, wie zum Beispiel bei der »Goldenen Bulle«; insbesondere für die vom Papst ausgehenden Urkunden. 23

4 In seiner Arbeit »Der rote Faden der preußischen Geschichte« (Franz Mehring: Gesammelte Schriften, Bd. 5, Berlin 1977, S. 386) berichtigt sich Mehring wie folgt: ». . . in der notariellen Urkunde, die der Kurfürst aufsetzen ließ, nachdem er endlich für den Habsburger gestimmt hatte, hat er nicht ›in ohnmächtiger Wut über seine Niederlage‹ bestätigt, daß er ›diese Wahl aus rechter Furcht tue und nicht aus rechtem Wissen‹, sondern sich vielmehr in ohnmächtiger Heuchelei gegen diese Annahme verwahrt, was im Wesen der Sache auf dasselbe hinauslief.« 30

5 1913 setzte ein gewisser Leutnant Freiherr von Forstner in der elsässischen Stadt Zabern eine »Belohnung« von zehn Mark aus für denjenigen Soldaten, der einen »elsässischen Wackes« niederstechen würde. Die Bewohner der Stadt empörten sich, woraufhin im November über die Stadt der »kleine Belagerungszustand« wegen »anarchistischer Ausbrüche« verhängt wurde. Lenin charakterisierte die »Zabernaffäre«: »Nicht die ›Anarchie‹ ist in Zabern ›aus-

gebrochen‹, sondern die *wahre* Ordnung in Deutschland, die Säbelherrschaft des halbfeudalen preußischen Grundbesitzers hat sich verschärft und ist ans Licht getreten.« (W. I. Lenin: Zabern. In: Werke, Bd. 19, S. 510.) 42

6 miles perpetuus (lat.) – stehendes Heer. 52

7 Muß heißen: Dem der Kurfürst Stange hielt.
Ausführlicher zum Landtagsrezeß siehe Franz Mehring: Gesammelte Schriften, Bd. 9, Berlin 1975, S. 98/99. 65

8 Point de pays, point de Prussien (franz.) – wörtlich: kein Land, kein Preuße. Gebraucht für: ohne Annexion(saussichten) wird von Preußen nicht Krieg geführt. 69

9 Franz Mehring: Gesammelte Schriften, Bd. 8, Berlin 1976, S. 368–439. 81

10 Die Zusammenkunft der am Kriege gegen Napoleon I. beteiligt gewesenen Herrscher und leitenden Staatsmänner der meisten europäischen Staaten fand von September 1814 bis Juni 1815 in Wien statt. Sie diente der Restaurierung der politischen Verhältnisse Europas. Der Kongreß wurde durch die Wiener Schlußakte vom 9. Juni 1815 abgeschlossen, die von den fünf Großmächten und Portugal und Schweden unterzeichnet wurde. England, Rußland, Österreich und Preußen annektierten zum Teil erhebliche Gebiete. Der Deutsche Bund wurde gegründet. 101

11 *Reichsdeputationshauptschluß* – 1803 wurden zwecks Entschädigung einiger ehemaliger linksrheinischer deutscher Fürsten 112 Reichsstände im Rechtsrheinischen beseitigt, und zwar fast alle geistlichen Fürstentümer, 44 Reichsstädte und eine Vielzahl kleiner Fürstentümer und Herrschaften. Preußen erhielt das Fünffache seiner linksrheinischen Gebietsverluste, Baden das Achtfache, Württemberg das Vierfache; desgleichen wurden Österreich, Bayern, Hannover, Oldenburg, Hessen-Kassel, Hessen-Darmstadt und Nassau vergrößert. Im Ergebnis wurden die schlimmsten Auswüchse der territorialstaatlichen Zersplitterung beseitigt. Durch den Machtzuwachs Preußens und durch die Schaffung größerer und geschlossenerer, von Napoleon abhängiger Territorialstaaten in Süddeutschland wurde aber andererseits die Zersplitterung vertieft. Österreichs Stellung als Kaisermacht wurde entscheidend geschwächt, die endgültige Auflösung des Deutschen Reiches eingeleitet. 109

12 Rosa Luxemburg: Die industrielle Entwickelung Polens. Inaugural-
    Dissertation. In: Rosa Luxemburg: Gesammelte Werke, Bd. 1,
    Erster Halbbd., Berlin 1979, S. 113–216. 121

13 Siehe Karl Marx: Das Kapital. Erster Band. In: MEW, Bd. 23, S.
    743. 127

14 Siehe Friedrich Engels: Die preußische Militärfrage und die deut-
    sche Arbeiterpartei. In: Ebenda, Bd. 16, S. 44. 149

15 *Konvention von Tauroggen* – die Befreiungsbewegung in Ost-
    preußen veranlaßte General Johann David Yorck von Wartenburg,
    Befehlshaber des preußischen Hilfskorps in der napoleonischen
    Armee, zum eigenmächtigen Abschluß dieser Konvention am 30.
    Dezember 1812 mit dem russischen General Karl Friedrich Anton
    Graf von Diebitsch. Die preußischen Truppen bezogen eine neu-
    trale Position, der russischen Armee wurde der Weg nach Ost-
    preußen geöffnet. 154

16 Britische politische Gruppierung, hervorgegangen aus den Kö-
    nigsanhängern in der bürgerlichen Revolution. Der Name wurde
    seit 1867 übernommen für die Konservative Partei Englands. 226

17 Gemeint sind einige seit 1816 gegründete politische Geheimgesell-
    schaften, deren Ziel die Abschaffung der Leibeigenschaft und der
    zaristischen Selbstherrschaft war. Die bekannteste war der »Ret-
    tungsbund«, nach dessen Auflösung sich 1818 der »Wohlfahrts-
    bund« bildete, aus dem 1821 der »Nordbund« und der »Südbund«
    der Dekabristen hervorgingen. 249

18 Der Sieg des deutschen Heeres bei Sedan am 1. September 1870
    führte am 2. September zur Gefangennahme der eingeschlossenen
    französischen Armee und Napoleons III. und war entscheidend für
    den Ausgang des Deutsch-Französischen Krieges 1870/1871. 265

19 Mehring gebraucht das Wort »ideologisch« im Sinne von »ideali-
    stisch«. 266

20 Siehe Karl Marx/Friedrich Engels: Die deutsche Ideologie. In:
    MEW, Bd. 3, S. 179. 266

21 Karl Marx an Justus Wilhelm Eduard von Schaper in Koblenz.
    Köln, zwischen 12. und 17. November 1842. In: Karl Marx/Fried-
    rich Engels: Gesamtausgabe (MEGA), Dritte Abteilung, Brief-
    wechsel, Bd. 1, Text, Berlin 1975, S. 33–36. 268

22 Siehe [Karl Marx:] [Briefe aus den »Deutsch-Französichen Jahr-
    büchern«.] In: MEW, Bd. 1, S. 337. 268

23 Das Bestreben Preußens, einen Bund aller deutschen Staaten unter Ausschluß Österreichs, die sogenannte Union, zu bilden, führte zur ernsten Krise zwischen Preußen und Österreich, das vom russischen Zarismus unterstützt wurde. In der Olmützer Punktation vom 29. November 1850 fand die preußische Unionspolitik – der erste Versuch, die nationale Einigung von oben durchzusetzen – ihr Ende. Auf Verlangen des russischen Zarismus und Österreichs mußte Preußen nicht nur die schon erklärte Mobilmachung (gegen Kurhessen – der Kurfürst appellierte an den Schutz Österreichs) zurücknehmen, sondern auch auf die Durchsetzung seiner Hegemoniebestrebungen in Deutschland verzichten. Alle entscheidenden Bestimmungen der Verhandlungen fielen zuungunsten Preußens aus. 271

24 Gemeint ist der Kampf von Marx und Engels in der »Neuen Rheinischen Zeitung« gegen das vom Vereinigten Landtag genehmigte Wahlgesetz für die preußische Nationalversammlung, die »Vereinbarerversammlung«, und die Bewilligung der von der Regierung gewünschten Kredite (siehe MEW, Bd. 5). 272

25 Siehe Friedrich Engels: Die Rolle der Gewalt in der Geschichte. In: Ebenda, Bd. 21, S. 427. 286

26 Der Schluß dieses Artikels vom 31. Juli wurde nicht mehr geschrieben; einen Tag später begann mit der deutschen Mobilmachung der erste Weltkrieg. 291

27 Siehe Karl Marx/Friedrich Engels: [Brief an den Ausschuß der Sozialdemokratischen Arbeiterpartei.] In: MEW, Bd. 17, S. 270. 297

Nachwort:
Franz Mehring über Preußentum
und preußische Geschichte

Seit die Arbeiterklasse den Schauplatz der Geschichte als selbständige Kraft betreten hat, gehört der Kampf gegen alle reaktionären Erscheinungen in der Gesellschaft zu ihren wichtigsten, zudem tagtäglich zu erfüllenden Aufgaben. Das war und ist in allen kapitalistischen Ländern so. Welche reaktionären Erscheinungen es sind, gegen die zuerst und am meisten gekämpft werden muß, das ergibt sich aus den politischen Zuständen eines jeden Landes.

Vor den deutschen Arbeitern stand von Beginn ihres Kampfes an die Aufgabe, gegen das militante Preußentum mit seiner Staatsräson, bestehend aus Militarismusanbetung, kriegerischen Eroberungen und bürokratischer Allmacht, beharrlich zu kämpfen. Jeder ihrer Schritte sich zu organisieren, sich über Weg und Ziel in der gesellschaftlichen Praxis zu verständigen und eine revolutionäre Vorhut in Gestalt einer eigenen Klassenpartei zu bilden, die fähig war, die Massen des Proletariats zu führen, stieß auf die wütende Feindschaft der preußischen Monarchie. Der brandenburgisch-preußische Militärstaat hatte seit der Stunde seiner Geburt alle Bestrebungen unterdrückt, die an der alten Ordnung rüttelten und zu neuen Ufern drängten. Erst mit der Arbeiterbewegung erstand der konsequente Gegner, der sich nicht einschüchtern ließ. Sie war es auch, die sich die unerfüllt gebliebene aufklärerische Forderung zu eigen machte, den gehorsamen Untertanen, der weder politische Freiheit noch staatsbürgerliche Verantwortung besaß, zum selbstbewußten Staatsbürger als Träger und Bewahrer demokratischer Rechte und Freiheiten zu erheben.

Wohl waren die ärgsten despotischen Sünden des morsch gewordenen altpreußischen Regiments nach dem Schrecken von Tilsit durch liberale Reformen beseitigt worden, und auf dieser Basis hatte sich die mächtige Befreiungsbewegung gegen das napoleonische Joch entwickeln und erfolgreich kämpfen können, aber in dem bürgerlich verjüngten Preußen existierte ein halbabsolutistisches Regime fort, das sich auf Armee, Bürokratie und Feudaladel stützte. Die in den folgenden Jahren feudaler Restaurationspolitik neubelebte Selbstherrlichkeit der regierenden Hohenzollern rief den militanten preußischen Geist wieder hervor, der bei Jena und Auerstedt seine längst verdiente Züchtigung erhalten hatte und jetzt in der spezifisch reaktionären Politik und Ideologie des Preußentums seine Auferstehung feierte. Hof und ostelbisches Junkertum lähmten die gesellschaftliche Entwicklung, ohne freilich fähig zu sein, ökonomische Triebkräfte und soziale Konflikte dauernd zu unterdrücken. Vielmehr befanden sie sich sogar in der Zwangslage, fördernde Maßnahmen wirtschafts- und zollpolitischer Art widerwillig selbst zu ergreifen, um die eigene Existenz zu wahren und ihre Macht zu erhalten. Was die staatsbürgerliche Mündigkeit betrifft, so blieben die Versprechen des Königs, zum Beispiel das von 1815 auf eine Verfassung, unerfüllt. Das durch den Wiener Kongreß bedeutend vergrößerte Königreich Preußen besaß jetzt beiderseits des Rheins Provinzen, in denen gesellschaftlich fortgeschrittnere Zustände herrschten und die frei waren von altpreußischen Traditionen, aber preußisches Recht und Gesetz begünstigte auch weiterhin die feudalreaktionären Elemente.

Geschichtliche Pflicht des besitzenden Bürgertums und seiner liberalen Fraktionen wäre es gewesen, im Bündnis mit den arbeitenden Klassen eine bürgerlich-demokratische Konstitution durchzusetzen, selbst die Herrschaft anzutreten und das Preußentum als drückenden Ballast über Bord zu werfen. Statt dessen verkrochen sich im Sturmjahr 1848/49 alle liberalen Politiker aus Angst um Eigentum und Vermögen, aus Angst vor den besitzlosen Massen unter die Fittiche des preußischen Aars und überließen die, die ihnen Kampf- und Bundesgenossen hätten sein können, seinen Krallen. Aber der größere, der nationale Markt ohne partikulare Widerstände war ein ökonomisches Erfordernis. Um ihn unter preußischer Führung zu schaffen, wurde von den Ideologen der Bourgeoisie unter Berufung auf die Regierungszeit Friedrichs II. und die Reformära unter Stein und Hardenberg der »deutsche Beruf« Preußens erfunden, die Hohenzollernlegende gewebt, wonach die Joachims, Friedrich Wilhelms und Friedrichs bislang Krieg und Länderraub, Vertragsbrüche und Ränke, Verräteureien an Kaiser und Reich und auch alle Hinterlist gegenüber den Nachbarn nur betrieben hätten, um für ihr Haus, mit dem sie Gott und dem Vaterlande dienen wollten, ein festes Fundament zu bauen.

Gelehrte von Ruf, ernst zu nehmende und windige Schriftsteller bemühten sich jeder auf seine Weise, die echtpreußische Gesinnung, den ganzen verderblichen Geist des Preußentums mit seinem »Großhungern und Gehorchen« in allen deutschen Landen zu verbreiten. Ihr Eifer fand denn auch mit der Gründung des deutschen Kaiserreichs und der späteren »Weltpolitik« seinen offensichtlichen Lohn. Vom Katheder, vom Podium, von der Kanzel aus beschworen konservative wie liberale Redner — mit einigen feinen Unterschieden — die göttliche Vorsehung, das zu schützen und zu mehren, was Preußen und die Hohenzollern so opferwillig erkämpft hätten: Erfüllung der uralten Sehnsucht der deutschen Stämme nach einem mächtigen Reich. Wilhelm, der greise Heldenkaiser, Bismarck, der eiserne Kanzler, und auch Moltke, der schweigende Feldherr, galten von nun ab als die Heroen, denen nachzueifern sei. Preußisch zu fühlen, zu gehorchen und auch zu sterben wurde vaterländische Pflicht für hoffnungsvolle Jünglinge wie für betagte Greise. Preußische Staatsmänner scheuten sich nicht, öffentlich von einem »sozialen Königtum der Hohenzollern« zu sprechen und unbefangen zu behaupten, daß ihre Fürsten sich eigentlich stets als Könige der Geusen und Bettler angesehen hätten.

Von allen Klassen und Schichten war die Arbeiterklasse, bedingt durch ihren Platz in der gesellschaftlichen Produktion, am wenigsten anfällig für die Einflüsse des Preußentums. Dennoch drangen auch in sie über Schule, Kirche, Kaserne und selbst das Wirtshaus klassenfremde Denkinhalte ein. Auch der Zustrom ruinierter Kleinbürger und Bauern in die Arbeiterschaft vornehmlich der großen Industriestädte öffnete solchen Gefahren Tür und Tor.

Die etablierten Bourgeoisparteien hatten zu Bismarcks Eisen-und-Blut-Politik, zum bonapartistischen System im neudeutschen Reich, zur Verfassung ohne Grundrechte und gar zur Ohnmacht des Reichstages feigherzig ja und amen gesagt, nicht aber die Arbeiterbewegung. Mit dem Wachstum fester proletarischer Organisationen um ihren Kern, die Partei von Marx und Engels, von Bebel und Liebknecht, und mit den sich ausbreitenden Ideen des Sozialismus und Kommunismus — die eine von Ausbeutung freie Gesellschaft ankündigten, deren Grundgesetz die Arbeit und der Frieden sein würde und die Obrigkeit und Untertanen nicht kennen werde — fanden sich auch die Kämpfer ein, die trefflich gegen das Preußentum zu Felde zogen. Geduldige Aufklärung in den eigenen Reihen und unter den arbeitenden Menschen war nötig, um sie gegen preußische Legenden skeptisch und gegen den verderblichen Geist des Preußentums fest zu machen.

Gegen den preußischen Geist und gegen die preußische politische Praxis hatten Marx und Engels schon zeit ihres Lebens gekämpft, mit ihnen Wilhelm Liebknecht und August Bebel. Und diesem Kampf widmete sich auch Franz Mehring, der wie kein zweiter im deutschen Kaiserreich Preußentum und preußische Legenden leidenschaftlich angriff.

1846 zu Schlawe in der damaligen preußischen Provinz Pommern geboren, entstammte Mehring einer Familie von Landpfarrern und Juristen, die seit Generationen der Krone und der Kirche treu gedient hatten. Sein Vater war aktiver Offizier gewesen, hatte es aber schließlich doch vorgezogen, seine Laufbahn im königlichen Dienst als höherer Steuerbeamter fortzuführen. Welche Erziehung der junge Mehring genoß, macht das Thema seines Abiturientenaufsatzes, »Preußens Verdienste um Deutschland« verständlich, das von ihm nach eigenem Geständnis in der lauteren Milch preußischer Vorstellungen auch gläubig abgehandelt worden ist. Mehrings pommersche Herkunft und die Erinnerungen an seine Schul- und Jugendzeit erklären seine intimen Kenntnisse der versteckten Seiten des sozusagen alltäglichen, des gewöhnlichen oder gemeinen Preußentums, boten doch die preußischen Kleinstädte besten Nährboden für Untertanengeist und bürokratische Bevormundung in allen öffentlichen Bereichen ebenso wie im häuslichen Milieu.

Entgegen den Erwartungen seiner Familie brach der Beamtensohn, nachdem er das Studium der klassischen Philologie aufgenommen und durch verwandte Fächer ergänzt hatte, noch während seines Studiums mit Herkommen und Standesansichten. Mehring schloß sich politisch dem an Zahl gewiß geringen, trotzdem aufrecht gebliebenen Häuflein bürgerlicher Demokraten an, die selbst nach Königgrätz und Sedan ihre Grundsätze und Ideale weder einem Bismarck noch dem Profithunger des Kapitalismus aufzuopfern bereit waren. Und als die Hurrapatrioten ob der Siege der deutschen Armeen über die französischen Truppen 1870 förmlich in Rausch gerieten, da stand der junge Mehring schon auf der Seite der Männer, die mutig gegen die Annexion von Elsaß-Lothringen und auch gegen die Fortsetzung des Krieges nach der Gefangennahme Kaiser Napoleons III. protestierten. Mit seiner Haltung nahm sich Mehring natürlich jede Aussicht auf eine Versorgung in einem beamteten Brotberuf, und von nun an mußte er seinen Unterhalt als Publizist und Literat bestreiten.

In seinen frisch gewonnenen demokratischen Ansichten wurde Mehring durch die ökonomischen, sozialen, politischen und ideologischen Folgen der Reichsgründung bestätigt. Die kapitalistische Industrie entwickelte sich mächtig, doch im gleichen Maße vertiefte sich der Gegensatz von Kapital und Arbeit; es verschärfte sich die Ausbeutung der politisch fast rechtlosen Arbeiter und aller anderen Werktätigen. Das Kaiserreich, in dem Junkertum und Großbourgeoisie die Macht innehatten, war durch die Vorherrschaft Preußens und besonders des preußisch-deutschen Militarismus geprägt. Das reaktionäre Junkertum behielt die politische Führung im neudeutschen Reich, dessen herrschende Klassen die Militarisierung verstärkten und Spannungen in der internationalen Politik bewußt förderten. Schließlich fand die demokratiefeindliche Machtpolitik Bismarcks ihre ideologische Abrundung in der um sich greifenden Verherrlichung des Preußentums, insbesondere der Vergötzung der friderizianischen Zeit. Jedoch blieb Mehring anfangs nicht von Widersprüchen und Fehlurteilen frei, wenn es um seine Haltung zur Sozialdemokratie ging. Erst als der Polizeistaat die Arbeiterpartei während des Sozialistengesetzes brutal unterdrückte und zu zerschlagen versuchte, die Justiz dazu ihre helfende Hand bot, die verfolgten Parteimitglieder und ihre illegale Organisation aber mutigsten Widerstand leisteten und selbst Schläge austeilten, wo immer sie konnten, trat Mehring öffentlich für die Sozialdemokratie ein. Als das Schandgesetz und sein Urheber gefallen waren, wurde er Mitglied der Partei, deren politische Arbeit künftig sein ganzes Leben erfüllte. Dabei erwies sich Mehring als ein überzeugter und unbeugsamer Revolutionär, der mit seiner bürgerlichen Vergangenheit vollständig gebrochen hatte und fortan gemeinsam mit allen Gleichgesinnten gegen Revisionismus und Reformismus kämpfte. Folgerichtig wurde er nach der Jahrhundertwende einer der bedeutendsten Vertreter der Linken in der deutschen Arbeiterbewegung.

Mehrings Übergang auf die Seite der revolutionären Arbeiterklasse gründete sich auch auf das Studium des wissenschaftlichen Sozialismus und der materialistischen Geschichtsbetrachtung, das er seit Jahr und Tag betrieb. Bald begann er selbst die Methode des historischen Materialismus erfolgreich und mit wachsender Meisterschaft anzuwenden. Das betraf die Arbeiterbewegung, deren Historiker Mehring in besonderem Maße war, und auch die preußische Geschichte mit ihren Ursprüngen, Widersprüchen und Legenden. Vor allem war es sein Anliegen, die Herausbildung der deutschen Nation an weltgeschichtlichen Maßstäben zu messen und auch die Frage zu stellen, wie ihr Schicksal sich gestaltete, solange es in den Händen der Feudalherren, also des Junkertums, und später in den Händen der Bourgeoisie lag. Hieraus erhellt, daß Mehring als Schüler von Marx und Engels in streitbarem Geiste gegen alles Reaktionäre zu Felde zog, das auch nur geneigt schien, das Streben der deutschen Arbeiterklasse nach ihrer Befreiung zu hemmen. Mit Leidenschaft und Hingabe hat er die geschichtliche Vergangenheit des deutschen Volkes untersucht und eine stattliche Reihe von Schriften verfaßt, die in der Arbeiterpresse oder in den Parteiverlagen erschienen und sofort ihr breites Leserpublikum fanden; die historischen Schriften Franz Mehrings hatten ihren festen Platz in den Bibliotheken der klassenbewußten deutschen Arbeiter.

Preußen, Preußentum und preußisch-militaristische Praxis waren im Kaiserreich vor und nach dem Übergang zum Imperialismus für die Arbeiterklasse und ihre revolutionäre Partei als Erzfeind immerfort, Tag für Tag, Woche für Woche, Jahr für Jahr politisch existent. Bismarcks Abgang und der Sturz seines bonapartistischen Regimes hatten das Schalten und Walten preußischer oder erst stramm preußisch gewordener Minister, Diplomaten, Militärs und anderer höherer Beamter samt ihres allerhöchsten Herrn nicht verringert. Wilhelms des Zweiten forsches Auftreten widerspiegelte zwar treffend die geistige Hohlheit des neudeutsch-preußischen Kaisertums, wurde aber auch zum Symptom für eine gefährliche Wende. Des verpreußten Deutschlands imperiale Weltpolitik und militaristisches Wettrüsten bedrohten den Frieden und beschworen unübersehbare Gefahren für das eigene Volk und für alle europäischen Völker herauf. Seine Aggressivität wurzelte ganz beträchtlich in den preußischen Grundlagen des Reiches und im Bemühen dessen regierender Kreise, die militanten Traditionen des Preußentums fortzusetzen. So wurde der Kampf gegen diese Traditionen wie überhaupt gegen alle in der Wolle gefärbten preußischen Legenden zu einer lebenswichtigen Tagesaufgabe, was aber eine vertiefte kritische

Auseinandersetzung mit der Geschichte Preußens von ihren brandenburgischen Anfängen an erforderte.

Mit beispielhafter Energie unterzog sich Franz Mehring dieser großen Aufgabe und wurde dabei von Friedrich Engels ermuntert, der 1892 in einem Brief an August Bebel zur »Lessing-Legende« zustimmend äußerte, daß die preußische Legende zerstört werden müsse, »ehe Preußen in Deutschland verschwinden kann«. In einem zielbewußten Studium der preußischen Geschichte erforschte Mehring Ursachen und Grundlagen des Preußentums und legte diese rücksichtslos bloß. Dabei lag es ihm fern, alle preußische Geschichte samt und sonders zu verdammen oder gar an die Stelle des von ihm bekämpften Preußenmythos preußenfeindliche Mythologien zu setzen — wie das klerikal und prohabsburgisch gesinnte bürgerliche Historiker taten; für ihn war auch hier der bestimmende Faktor der Kampf zwischen Fortschritt und Reaktion. Mehring entlarvte die verderbliche Rolle, die der auf erobertem slawischem Boden sich ausbreitende brandenburgisch-preußische Militärstaat seit dem späten Mittelalter in der deutschen und europäischen Geschichte gespielt hatte, und zerschlug alte und neue Legenden über die angebliche nationale Mission der Hohenzollern; deren engstirnigen Eigennutz nannte er beim richtigen Namen. Zornig prangerte Mehring die Schandtaten der brandenburgischen und preußischen Markgrafen und Kurfürsten, Herzöge und Könige und vor allem des ostelbischen Rittertums und späteren Junkertums gegenüber den Städten und den gedemütigten und ausgeplünderten leibeigenen Bauern an. Dabei zeigte er, wie sehr das Übergewicht der Landesfürsten und Gutsbesitzer das Kräfteverhältnis bestimmt und den antifeudalen Kampf der Bürger, Tagelöhner und Bauern gehemmt hatte, ohne ihn freilich gänzlich niederhalten zu können.

Auch deshalb bemühte sich Mehring, das Bild von Preußens Vergangenheit mit kräftigen Farben zwar, aber in seinen vielfältigen Erscheinungen und Widersprüchen nachzuzeichnen, und räumte dem Wirken von Persönlichkeiten und den fortschrittlichen Einflüssen der Volkskräfte große Bedeutung ein. Selbst gekrönten Despoten wie Friedrich II. versagte er nicht seine Anerkennung, soweit es dessen geistige und militärische Fähigkeiten betraf, selbstredend nicht zur Entlastung der friderizianischen Raubpolitik. Ein bedeutendes Exempel für das »andere Preußen« war für Mehring die Reformzeit und der antinapoleonische Kampf, deren Darstellung mit zu seinen besten historischen Arbeiten gehört. Zu welchen Leistungen sich die Volksmassen auch in Preußen fähig zeigten, haben nicht nur die Jahre 1813 und 1814, sondern auch und vor allem das Sturmjahr 1848/49 bewiesen. War im ersten Fall die feudaladlige Reaktion durch äußere Kräfte geschwächt worden, so im zweiten Fall durch innere Kräfte, und auch deshalb stellte Mehring die Märzkämpfe über alle anderen Ereignisse. Mit bitteren Worten klagte er die preußische Bourgeoisie an, die es nicht fertigbrachte, den Sieg der Märzkämpfer für eine grundlegende Wende im Kräfteverhältnis in Preußen auszunützen und der preußischen und deutschen Geschichte einen ganz anderen Verlauf zu geben.

Zweifellos stimmten die herben Urteile Mehrings über die preußische Geschichte in keiner Weise mit den zur gleichen Zeit zahlreich verfaßten Geschichtsbüchern der echtpreußisch einexerzierten Historikerzunft überein. Statt wie jene Weihrauch zu verbreiten, übte Mehring scharfe Kritik; und im Unterschied zu liberalen Historikern, die mit feinen Hämmerlein auch mal an diese oder jene Seite der preußischen Vergangenheit behutsam anschlugen, verwandte er kräftiges Werkzeug und erteilte der Preußenlegende und dem Preußentum wuchtige Schläge mit der Streitaxt. Gerade der polemische Zug seiner Schriften zur Geschichte Preußens machte sie unter den Arbeitern und auch bei vielen anderen Zeitgenossen so populär. Ihre Wirksamkeit kann noch nachträglich an dem großen Anteil ermessen werden, den sie an der antifaschistischen und antimilitaristischen Umerziehung der von Faschismus und Imperialismus beeinflußten Generationen hatten.

Mehring konnte kurz vor seinem Tode den revolutionären

Sturz der Hohenzollernmonarchie noch erleben. Allerdings rettete sich Preußen als sogenannter Freistaat in der Weimarer Republik mit wenigen Zugeständnissen an den bürgerlichen Parlamentarismus und brachte es fertig, seine traditionellen Strukturen ohne Hof und König zu bewahren. Das formell geringfügig den neuen Bedingungen angepaßte Preußentum gebärdete sich konterrevolutionär und antirepublikanisch, trachtete nach Revanche und nach Restauration der Monarchie und wurde mitschuldig an Hitlers Barbarei sowie an den entsetzlichen Verbrechen der Faschisten an der Menschheit. Als 1945 das Ende des gerade erst 75 Jahre alt gewordenen Deutschen Reiches kam, zu dessen Untergang — wie Marx und Engels vorausgesagt hatten — seine preußischen Grundlagen beitrugen, läuteten auch für Preußen die Todesglocken. Nachdem der preußische Staat schon faktisch aufgehört hatte zu existieren, beschloß der Alliierte Kontrollrat 1947 auch seine formelle Auflösung.

Preußen ist tot, aber sein Erbe — das wir nicht wie eine Privatperson nach dem Zivilgesetzbuch antreten oder auch ausschlagen können — erhält den ihm zukommenden Platz im Geschichtsbild der sozialistischen Gesellschaft. Inzwischen ist eine Generation herangewachsen, für die Preußen allmählich zu einem lediglich historischen Begriff wird, dessen Konturen ihre ehemals scharfen Kanten zudem langsam verlieren. Gerade hier ist notwendig, wenn es um unser Verhältnis zur preußischen Geschichte geht, von den Urteilen auszugehen, die Marx, Engels und Mehring fällten. Da die sozialen, ökonomischen und politischen Wurzeln des Preußentums auf dem Territorium der DDR sehr im Gegensatz zur BRD endgültig vernichtet worden sind, haben wir nicht nur das Recht, sondern auch die Pflicht, neue Fragen zur preußischen Geschichte aufzuwerfen, ist diese doch objektiv ein integrierender Bestandteil der gesamten Vergangenheit unseres Volkes. Deshalb, aus politischer Verantwortung für die Geschichte, die Gegenwart und die Zukunft bewahren wir alle wertvollen Zeugnisse für Preußens historische Existenz, ohne daß damit militante Gloria, trügerischer Glanz und territoriale Expansion nachträgliche Anerkennung finden. Dabei stehen die Ergebnisse umfangreicher Forschungen marxistisch-leninistischer Historiker zur Verfügung, die es gestatten, den Kampf zwischen Fortschritt und Reaktion in seiner ganzen Vielfalt und in seinem dialektischen Verlauf nachzuzeichnen und das progressive Erbe im denkbar breitesten Umfang für uns aufzuheben.

Im Unterschied dazu fühlen sich in der BRD die herrschenden Klassen und ihre regierenden Kreise ungetrübt der antidemokratischen, fortschrittsfeindlichen Staatsräson Preußens verpflichtet, der bezeichnenderweise Verdienste um soziale Gerechtigkeit und für die Bewahrung des Friedens in Europa zugeschrieben werden. Sogenannte preußische Tugenden, wie Gehorsam und Unterordnung, sind Modewaren geworden, die profitabel vermarktet werden. Anfangs waren Versuche, die Politik des preußischen Staates zu rehabilitieren, auf Mißbilligung gestoßen. Inzwischen hat die sich auf ihre konservativen Werte rückbesonnene bürgerliche Geschichtsschreibung ganz offiziell mit der Ehrenrettung Preußens und des Preußentums begonnen. Solcher Apologetik ist gehörig entgegenzutreten, und eine scharfe Waffe in dieser Auseinandersetzung besitzen wir in den Schriften Franz Mehrings.

Leipzig–Berlin, im Februar 1981   *Heinz Helmert*

Inhalt